教育の財政構造

経済学からみた費用と財源

赤井伸郎《Akai Nobuo》　宮錦三樹《Miyaki Miki》［著］

慶應義塾大学出版会

まえがき

　わが国は戦後、目覚ましい経済成長を遂げてきたが、近年はその成長に翳《かげ》りが見えてきている。人口減少にも直面する中、日本国民が豊さを感じつつ暮らしていくには、一人ひとりの質の向上、および人材育成が欠かせない。その意味では、教育制度の設計は、今後、世界での日本の存在感を維持し、また、高めるためにも、最も重要な政策の一つである。

　一方で、日本国政府の借金は、世界でも突出しており、単に教育支出を増やせばよいという、量の議論をしていては、実行可能な真の政策とはならない。すなわち、この財政的制約を考慮して、効率的効果的な教育政策を検討しなければならない時期に来ている。限られた予算でも、より有効に使える仕組みはないのか、すなわち、教育財政の運営における効率的効果的な仕組み・制度（資金配分とガバナンス）を考えることが求められている。

　本書は、このような危機意識から、教育の財政構造を明らかにし、今後の日本にとって望ましい制度の設計に役立つ情報を提供することを目指して執筆したものである。執筆者の一人である赤井は、2014年2月、RIETI（経済産業研究所）における「教育財政ガバナンス研究会」のプロジェクトリーダーとしてこの研究を開始し、ほかのメンバーとともに、その成果として「教育財政の資金配分の在り方（教育財政ガバナンス）に関する考察―教育段階を超えた視点も考慮して―」

（https://www.rieti.go.jp/jp/publications/summary/14020001.html）をまとめた。共著者の宮錦は、このプロジェクトを支えた一人である。このレポートは、教育段階を超えて教育財政の視点で教育財政の資金配分のあり方を研究したもので、これまでにない視点が特徴である。

その後、教育の財政制度とその課題や特徴をよりわかりやすくまとめることができないかとのお誘いを、慶應義塾大学出版会の増山修氏からいただき、赤井と宮錦の二人で本書の執筆を行うことにした。初めてお話をいただいたのが２０１３年である（当時、同氏は別の版元に在籍されていた）から、10年を越える月日が経ってしまった。どのようなかたちでまとめるのか、どのようにすれば、今後に役立つ書籍となるのか、思い悩んだ末、まずは、教育の財政構造の実態や特徴を伝えることが大切であるとの結論に至った。

特に、これまで、教育分野の研究であまり着目されていなかった視角として、責任主体別に費用と財源の整理を行った点が、本書の特徴である。最終的には、だれが財政的責任を担うのかが、教育制度の運営には欠かせない。なぜなら、財政的責任を担う主体が、その管理責任を負うため、その責任者には、効率的効果的な教育を行うための十分な財政的情報とインセンティブが与えられていないといけないからである。その構造を明らかにしていくことに意義があると考えた。

また、本書では、これまであまり研究されておらず、財政的情報も少ない高専（高等専門学校）や、国立大付属学校、私立大学の公立化などについても、コラムで取り入れることにし、独自のヒアリングなども重ねた。

途中で、内容について悩むことがあり、月日は経ってしまったものの、このようにまとめることができ、うれしく思う。随時、本書を発刊する意義について著者たちの気持ちを鼓舞していただき、刊行の実現に向け支えていただいた増山氏に感謝したい。

私たち著者は、この10年で、ライフイベントや研究科長職など、くじけそうになる環境にも置かれたが、何とか乗り越えて、発刊に至ることができ、今となっては、達成感も得られている。本書が、これまでにない教育関連書籍として、教育及び人的資本育成・人材育成に関わる、より多くの人に読まれ、望ましい教育制度、教育政策を考える一助になれば幸いである。

最後に、執筆にあたり、以下の方々にお世話になった。データ収集や制度設計の背景に関しては、文部科学省（文部科学省高等教育局学生・留学生課、文部科学省高等教育局国立大学法人支援課、文科省初等中等局財務課）に、教育財政に関する考え方に関しては、財務省主計局文科係に、教育資金を受ける教育機関の視点では、大阪大学財務部財務課、独立行政法人国立高等専門学校機構理事長・谷口功様、研究の視点では、鳥山真由美様（三条公立大学）、赤林英夫先生（慶応義塾大学）、水田健輔先生（独立行政法人大学改革支援・学位授与機構）から、貴重な意見をいただいた。また、野津成希氏には、図表作成のサポートをいただいた。ここに記して感謝の意を表したい。

２０２４年12月

赤井伸郎、宮錦三樹

◆目次◆

第3章　国立大学（高等教育）における財源構造
――国による財源責任……65

装丁　岩橋香月（デザインフォリオ）

序　章　教育財政の視点

1　財政の視点から現代のわが国の教育制度をみる

国が支出する教育費（日本の公財政教育支出）の規模については、文部科学省と財務省の間で、長年の議論がある。文部科学省には、「日本の公財政教育支出の対ＧＤＰ比」に対して、ＯＥＣＤ諸国の中で低レベルにあると主張する一方で、財務省は、そもそも対象となる学生数が少ないことが理由だとし、「在学者一人あたり公財政教育支出対国民一人あたりＧＤＰ比」で見れば、高いレベルにあると主張する。（詳細は第1章を参照。）この議論は、教育支出の規模をどの視点で見るのかというちがいに依存しており、この点での議論から新たな方向性を見つけることは難しい。

近年、アジア諸国の成長により、アジア地域での日本の大学の評価は、ＴＨＥ（Times Higher Education）世界大学ランキングで見れば、低下の一途をたどっている。２０１４年までは、日本は上位１００校に入っている大学数（6校）も最高順位（1位東京大学）もアジア地域で1位だったが、２０１８年では、上位１００校に入っている大学数は2校に減った上に中国・韓国に抜かれ、最高順位も8位にまで低下した。２０２２年でも、最高順位6位にとどまっている。

このような状況を踏まえて、単に教育支出額を増額すればよいとの主張もあるが、国家財政状態および、その支出が国民の税金であることを考えれば、新たな負担を伴う追加支出を検討する前に、現在の支出が真に費用対効果が高いかたちで配分され使われているのかを見極めることが大事である。支出内容、決定方法を精査し、費用対効果が高い政策から優先して支出していくことには、誰も異論はないであろう。客観的なデータ（エビデンス）に基づく費用対効果・政策の分析および政策への反映は、ＥＢＰＭ（Evidence based policy making）の流れとともに広がりつつあるが、教育の質をどのように捉えるのか、すぐに成果が出ると考えてよいのかなど、克服すべき課題もいまだ残されている。

教育支出の費用対効果を的確に捉えるためには、まずは、複雑な財政制度を通じて教育資金の配分がどのように行われているのかを理解することが欠かせない。本書の狙いは、その理解を深めることにある。

教育の政策評価については、これまで、社会学や行政学の分野で、エビデンスよりも歴史や理念を重視した研究・政策が多く行われてきた。しかしながら、第3期教育振興基本計画（２０１８－２０２２年）に、「今後の教育政策の遂行に当たって特に留意すべき視点」として、「客観的な根拠に基づくＰＤＣＡ（Plan Do Check Action）サイクルを徹底し、国民の理解を醸成」という点が追加されたことからもわかるように、エビデンス・数値指標に基づく政策にその目標が大きく変わりつつある。現在、ＥＢＰＭ、ＰＤＣＡの視点は、教育政策で最も注目されているといっても過言ではない。

この視点からの分析は経済学が得意とするところであるが、教育に関わるエビデンスは、わが国では海外に比べてまだまだ乏しい。これまでの教育に関する経済学的分析は、教育経済学の分野で行われており、個人から見た人的投資としての教育に着目したものが多い。一方で政策を議論する際には、財政制度を無視した分析はできず、財政学の知識も欠かせない。

たとえば、学校の統廃合や学級の少人数化は、社会的注目度が高い一方で、学校教育の費用構造が不透明であれば、その費用対効果を見極めることは難しい。運営費交付金の業績連動部分における算定の詳細や、公立学校運営費の地方交付税算定の詳細などは、質の高い教育・研究を促すインセンティブ設計の意味でも極めて重要である。

教育学分野での研究については本章の後半で触れるが、このような財政制度を踏まえた研究は、これまで十分にはなされてこなかったといってよい。また、経済学分野でも、教育財政を対象に財政分野からの経済学的分析を行っている研究も少ない。書籍に関しても、教育財政の構造を経済学的視点から繙《ひもと》くものは存在せず、これまでに発刊されている教育財政に関わる書籍のほとんどは、行政学的視点からのアプローチに限られている。

本書は、望ましい教育制度・政策を検討するための材料として、現在の教育財政の構造と資金配分の実態を明らかにし、費用・財源面から教育の財政構造を経済学的に評価することを目的とする(1)。この実態把握がない限り、適正な制度・政策分析ができないからである。財政構造を考慮せずに分析を行ってしまうと、判断を見誤る可能性が高い。たとえば、同じ教育支出額であっても、インセンティブを考慮した制度設計になっているのか、規模の経済性や範囲の経済性を考慮した設計になっているのかによって、その費用対効果が大きく異なるからである。

このように、教育の財政制度を理解し、これまでにない幅広い視野での議論が生まれることで、新たな方向性を提示できる可能性がある。これこそ、本書が生み出す価値であると考える。本書は、教育財政構造のあり方を考える上で重要となる「費用（構造）と財源（構造）の財政分析」を試みる初めての書籍といえる。

2 教育財政と公共経済学アプローチ

(1) 財政と教育財政

財政とは、公的部門が、税などにより資金を徴収し、それを用いて支出を行う、歳入・歳出の活動を捉えたものであり、財政学とは、その歳入および歳出の望ましいあり方を議論する学問体系である。さらに、教育分野における財政活動を、教育財政と呼び、公的部門が行う歳入・歳出のうち、教育の歳入（一般財源・授業料等）、教育の歳出（人件費・設備費・学校運営費等）が該当する。

その問題を考える学問体系は、「教育財政学」と呼べるであろう。具体的には、教育財源のあり方、教育財政制度（資金配分およびそのガバナンス）のあり方を研究することになる。ただし、教育財政学は、教育分野の財政を研究するという整理はできるものの、その研究アプローチは多様である。

教育分野における研究アプローチにはさまざまなものがある。文科系分野としては、経済学、社会学・行政学があり、また、文理融合分野では心理学が、さらに理科系分野では、方法学[2]・工学が

図Ｊ－１　教育分析のアプローチと各研究分野の関係

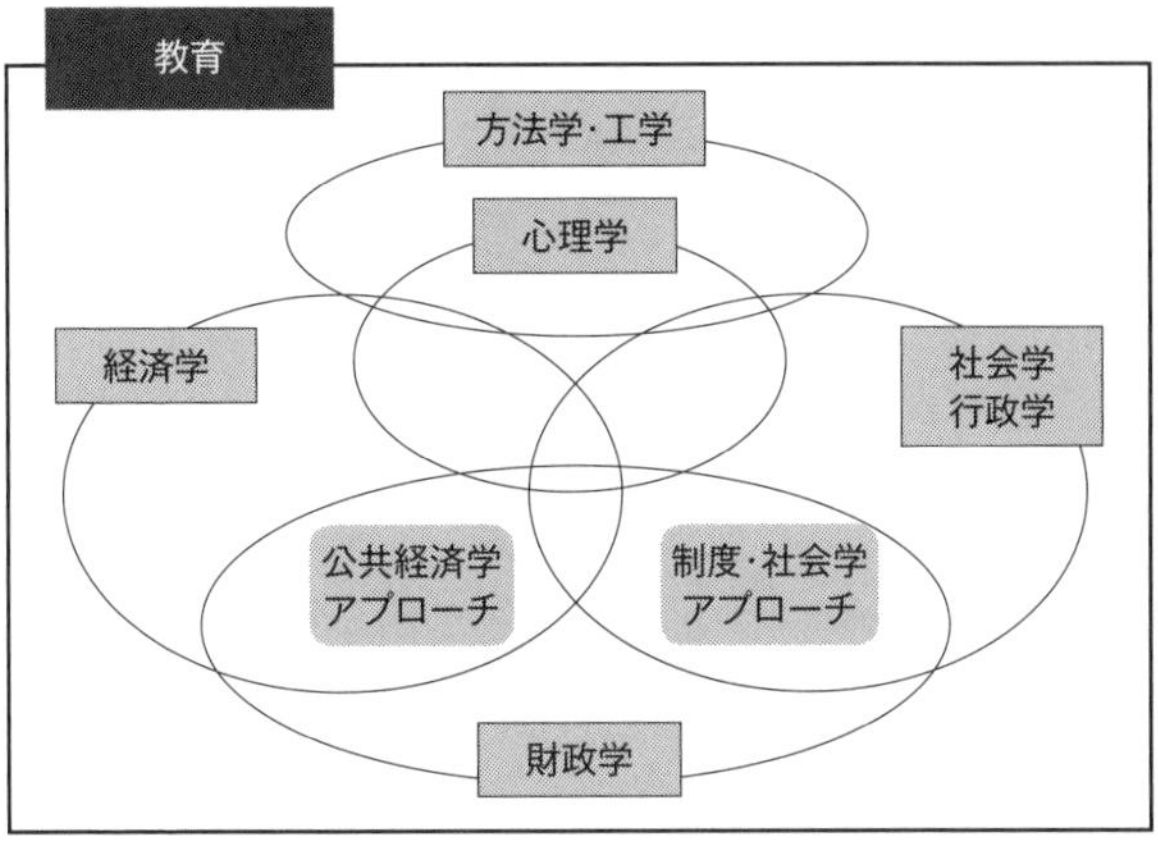

出所：筆者作成

ある。教育工学の分野は、教育現場での実施方法を探求するものであり、技術的な議論も行われる。これらの関係は、図Ｊ－１にまとめられている。

ここで、教育財政学と重なるのは、経済学・社会学・行政学である。教育財政学の分析方法としては、財政制度を歴史的に読み解き評価する「制度・社会学アプローチ」と、経済学的に評価する「公共経済学アプローチ」がある。

(2)　公共経済学アプローチとは

「公共経済学アプローチ」とは、経済学的な手法を用いて、財政制度の下で起きる現象の要因や帰結の因果関係を、制度に潜む行動インセンティブに着目して経済学的に評価するものである。

本書の特徴は、「公共経済学アプローチ」を用いて教育財政を経済学の視点で分析することにある。

この「公共経済学的アプローチ」において、財政の機能は「資源配分機能」「所得再分配機能」

「経済安定機能」の三つの機能であると体系化されており、教育財源のあり方、教育財政制度（資金配分およびそのガバナンス）のあり方を研究する教育財政学は、財政の三機能のうち、主に効率的・効果的な教育による豊かな経済社会を実現するための「資源配分機能」・「所得再分配機能」を担う制度を議論することになる。

3　教育財政学における「公共経済学アプローチ」という新しい視点
——これまでの研究との補完関係

(1)　教育経済学との補完関係

まず、アプローチ方法が近いと思われる教育経済学とのちがいについて整理することにしたい。「公共経済学アプローチ」による教育財政学を、経済学において位置づけたものが、図J－2である。

教育経済学は、主に個人の効用最大化行動に基づき、子ども・親などの教育を受ける主体の私的便益最大化の視点から、教育の収益率など、人的資本論に基づく私的教育投資の費用対効果を分析することが多い。私的な教育投資は、将来の労働生産性（所得）を高めるという視点や親の所得とも関わるため、労働経済学と近く、主として私的便益の視点から教育の分析や評価が行われている。2000年以降の書籍としては、年代順に、小塩（2002、2003）、中室（2015）、ヘックマン（2015）、松塚（2022）、北條（2023）[3]などがある。

図J-2　「公共経済学アプローチ」による教育財政学と「教育経済学」との関係

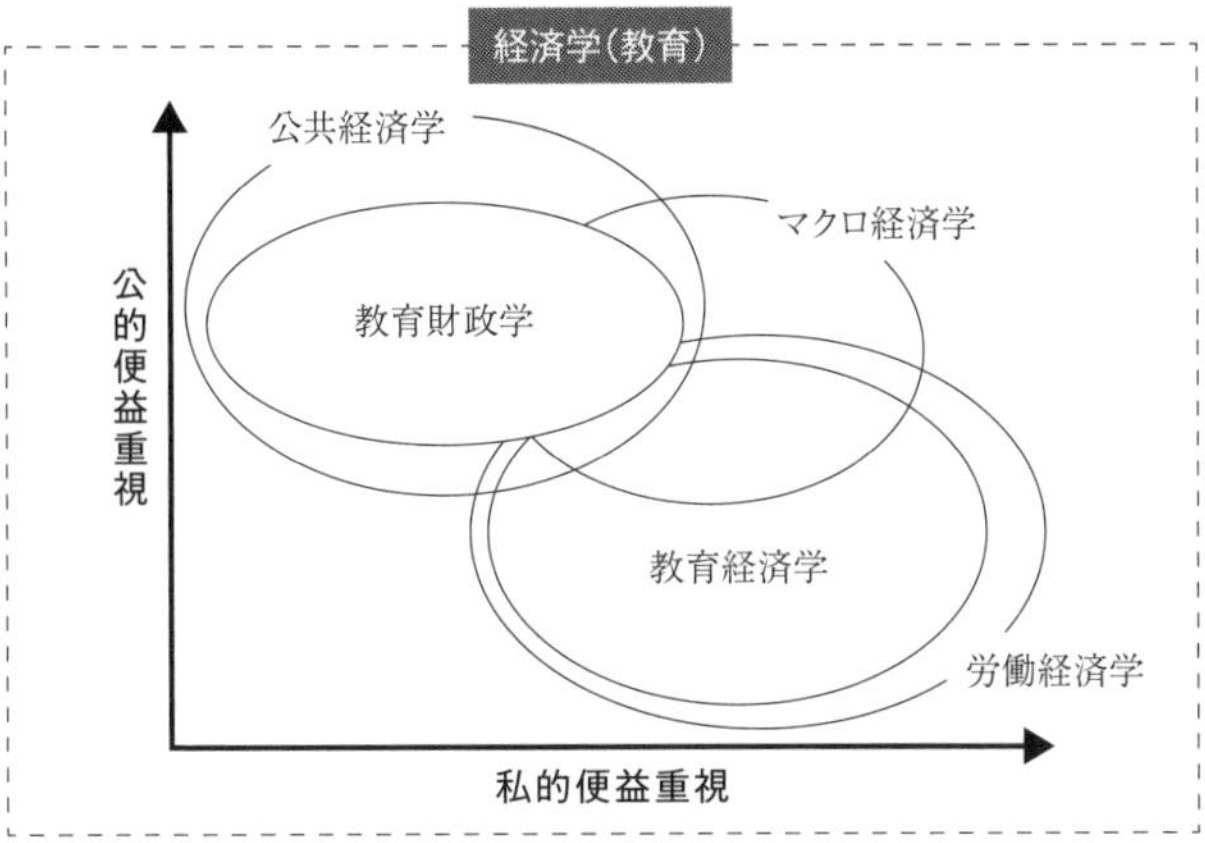

出所：筆者作成

一方で、「公共経済学アプローチ」による教育財政学には、公共経済学理論をベースとして公的便益を重視しているという特徴がある。具体的には、公共経済学アプローチの視点に立てば、公共サービスとしての教育財政の機能は、以下の二点に整理できる。

第一は、教育財政の資源配分機能である。資源配分機能とは、資源を効率的に配分することで、市場で生じる非効率な状態（市場の失敗）を是正する役割のことであり、そのための政策・仕組みづくりをする機能である。たとえば、教育は、正の外部性を及ぼすものであるが、その外部性で生じる非効率性を是正（外部性の内部化）するため、政府（公共）が関与し、公共財・公共サービスのあり方（教育財政制度（資金配分およびそのガバナンス）のあり方）を考えることが望まれる。この役割は、財政の資源配分機能として整理できる。

第二は、教育財政の所得再分配機能である。所得再分配機能とは、所得を公平に再分配することで、公平性を確保する役割のことであり、そのための政策・仕組みづくりをする機能である。たとえば、教育は所得による機会の格差を生み出す原因になるものであるが、その機会の格差で生じる問題を是正（公平な機会の確保）するため、政府（公共）が関与し、公共財・公共サービスのあり方（教育財政制度（資金配分およびそのガバナンス）のあり方）を考えることが望まれる。この役割は、教育財政の所得再分配機能として整理できる。

また、これら二つの機能を発揮するために、政府が財政的に教育に関与する方法にも、大きく二つある。第一は、国公立学校・大学等を通じた教育の提供に対する「直接的な財政関与（公的教育機関への機関補助）」であり、第二は、私立学校・大学等への補助金（私的教育機関への機関補助）・個人への給付金（個人補助）などの「間接的な財政関与」である。(4)

本書では、経済学的視点から「教育の財政構造」の全体像を把握するための第一歩として国公立学校・大学等を通じた教育のあり方を考えるため、主に前者の「直接的な財政関与」に着目して、議論を進める。

本書において採用する「公共経済学アプローチ」により、公共経済学の考え方と、教育財政的視点が重なることで、教育経済学と補完的な研究が可能となり、教育財政制度（資金配分およびそのガバナンス）のあり方を考える視野が広がることが期待される。

(2) 教育学（行財政分野）における「制度・社会学アプローチ」研究との補完関係

次に、分野が近いと思われる、教育学（行財政分野）[5]における「制度・社会学アプローチ」研究に関わる書籍を年代順に紹介し、本書とのちがいおよび補完関係について整理することにしたい。末冨（2010）『教育費の政治経済学』は、教育費の公私負担について議論している。分析の視点を、教育費の公的負担よりも私的負担に置いている点が異なる。

塙（2012）『アメリカの教育財政（アメリカの財政と分権）』や文部科学省（2014）『諸外国の教育行財政（教育調査）』は、それぞれアメリカおよび諸外国の教育行財政制度を紹介しており、本書と読み比べることで、日本と諸外国の教育財政制度およびコスト構造のちがいを学ぶことができる。

中澤（2014）『なぜ日本の公教育費は少ないのか—教育の公的役割を問いなおす』は，政府の役割への意識などについてデータ分析を行っている。財政構造や財政制度に関するデータの提示や分析が行われているわけではないという点が本書と異なるが、財政構造および水準の実態を，政治的側面や社会保障財政との関連の中で，主に社会学・行政学・歴史学のアプローチにより詳細に議論しており、本書でカバーできていない部分を補完的に読める書籍である。

2020年度以降の書籍としては、以下が挙げられる。神林・樋口・青木（2020）『背景と実態から読み解く教育行財政』は、その中の一章（第4章）で「教育財政」を解説しており、制度の変遷や最近の制度変更について学ぶ際には適しているが、一般書であるという点が本書と異なる。

大桃・背戸編（2020）『日本型公教育の再検討―自由、保障、責任から考える』は、公教育を、「公が制度設計に関与するすべての教育」と規定し、私学も含めた教育を議論しており、幅広い視点での公教育のあり方を学べる書籍であるが、財政的視点としての資金配分についての議論をしていない点が本書と異なる。

青木（2021）『文部科学省―揺らぐ日本の教育と学術』は、文部科学省という組織のあり方に着目した書籍である。第3章において、文部科学予算の中身と、その決定における文部科学省ほかプレイヤーの動きについて説明をしており、教育財政を異なった側面から学ぶことができるが、財政的視点の分析ではないという点が本書と異なる。

これらの「制度・社会学アプローチ」をとる教育学（行財政分野）における先行研究は、教育財政学における「公共経済学アプローチ」とは異なった視点での研究となっており、本書とは、補完的な関係にあると言える。本書の分析を通じて、教育財政制度（資金配分およびそのガバナンス）のあり方を考える視野が広がることが期待される。

4　本書の構成

本書は以下のように構成されている。本書の構成の特徴は、教育財政制度（資金配分およびそのガバナンス）のあり方を考えるという視点から、一般的に行われる教育段階別の議論ではなく、財政的に直接関与する主体ごとに教育組織を取り上げて章立てしていることにある。具体的には、以下の三つに区分して議論していくこととしている。第一は、国（文部科学省）が主体となり財政的に関与する組織、第二は、国と地方自治体が共同で財政的に関与する組織、第三は、地方自治体が主体となり財政的に関与する組織であり、それらの教育財政制度（資金配分およびそのガバナンス）のあり方を順に考えていく。

本書の基幹は、七つの章から構成されている。第1章と第2章は、導入部分として、日本の教育の全体像を整理する。続く第3章では、国（文部科学省）が主体となり財政的に関与する組織としての国立大学（高等教育）を取り上げる。第4章では、国と地方自治体が共同で財政的に関与する組織として、公立小中学校（義務教育）を取り上げる。第5章では、地方自治体が主体となり財政的に関与する組織として、公立大学（高等教育）を取り上げる。第6章と第7章では、公立小中学校（義務教育）と、公立大学（高等教育）の費用構造に関して、規模および範囲の経済性に着目する。

各章の狙いは以下のようにまとめられる。

第1章では、日本の教育方針として教育振興計画を振り返るとともに、その方針の下で行われた教育の成果との関係を探る。本章では、本書の目的である教育財政構造を見ていく前に、これまでの教育の方針および、その成果の有無を概観する。教育の成果はすぐに出てくるものではないものの、教育の方針は、成果を意識して決められなければならない。1節では、教育基本法の基本計画として約10年前以来策定されてきた教育振興基本計画を振り返り、2節では、これまでの教育総支出と、その成果（学力）との相関関係を確認する。3節では、財政面に着目するため、国の財政方針である「骨太方針（経済財政運営と改革の基本方針）」（巻末資料参照）から、過去10年の教育財政政策を整理する。

第2章では、教育に関する財政的関与の意義と責任主体、状況を整理するとともに、直接的財政関与に関わる教育財政の姿を概観する。日本では、公的教育機関が提供する教育に対して、政府がどのように財政的に関与しているのかを検討する。また、その財政の流れを概観できる資料は存在しないため、全体像をまとめることにする。具体的には、1節で、直接的財政関与に関する論点および制度を整理する。2節では、直接的財政関与に関わる資金の流れを概観する。3節では、資金提供による財政的関与と財政ガバナンスについてまとめる。

第3章では、国が財政責任を持つ国立大学（高等教育）に関して、その財源構造を明らかにする。具体的には、1節で国立大学ガバナンスの仕組みを紹介し、2節で、国立大学の財政ガバナンスとして機能し、大学の財源を支える国立大学法人運営費交付金制度を紹介する。3節では、これまで詳細には議論されていない戦略的資金配分の評価に迫る。4節で、2022年度より始まった新たな国立大学法人運営費交付金制度の変化を紹介し、5節で、国立大学の潜在能力を発揮させる財政ガバナンスの仕組みの方向性を考える。

第4章では、国と地方自治体がともに財政責任を持つ公立小中学校（義務教育）に関して、その財源構造を整理する。特に、公立小中学校教育費の大部分を占める人件費に関わる国庫負担金制度としての義務教育費国庫負担制度に着目し、本制度の歴史・仕組み・実態を明らかにした上で、今後の義務教育の財源構造および制度設計の方向性を考える。具体的には、1節で、制度の歴史を、2

節で、金額の推移を、3節で、制度の仕組みを概観する。その上で、4節で、義務教育費負担の考え方を整理する。

第5章では、地方自治体が財政責任を持つ公立大学（高等教育）に関して、その財源構造を明らかにする。特に、公立大学の財源を支える地方交付税制度における国の財源保障に着目する。具体的には、1節で、公立大学数の実態と財源構造を、2節で、基準財政需要額の算定内容を、3節および4節で、国による財源保障の実態を概観する。その上で、5節で、公立大学の財源構造を踏まえた、今後の制度設計の方向性を考える。

第6章および第7章は、データに基づいたエビデンスを提示する観点から、それぞれ第4章および第5章を補足する位置づけとなっている。第6章では、公立小中学校（義務教育）に関して、規模の経済性の実態を検証し、費用構造を分析することを通じて、今後、費用対効果に基づく教育政策を行う上で有益な情報を提供する。具体的には、1節で、費用構造を把握することの重要性について述べ、2節で、公立小中学校教育費の実態を概観した上で、3節で、教育費の各費目の構造について仮説の設定をする。4節では、データと推定モデルを説明し、規模の経済性の実態を検証し、5節で、推定結果を考察する。6節では、規模の経済性の観点からみた公立小中学校の費用構造を踏まえ、今後の制度設計の方向性を考える。

第7章では公立大学（高等教育）に関して、その費用構造の検証に迫る。節の構成は第6章とおおむね同様であるが、第6章と異なり、規模の経済性だけではなく、範囲の経済性の実態も検証する。

最後に、巻末資料として、これまでの過去10年の「経済財政運営と改革の基本方針」（２０１３－２０２３年）において、本書で取り扱う各トピックを含む教育政策に関して述べられている部分を抜粋した資料を提示する。このようなかたちで抜粋された資料は存在しないため、国の財政面からの教育方針を学ぶ上では役に立つものである（なお、２００９年９月から２０１２年11月までは、民主党政権であったため、基本方針はつくられていない）。

【序章　注】

（１）財務省主計局法規課公会計室において、２０２１年１月に「コスト情報の活用に向けた取組について（事業別フルコスト情報の仕組化）」が提案され、コストを意識した評価の取組みが始まっている。https://www.mof.go.jp/about_mof/councils/fiscal_system_council/sub-of_fiscal_system/proceedings_pf/material/zaiseidg20210125/siryou3-2.pdf（参照2024-09-15）
令和２年度の各省庁の事業別フルコスト情報等へは、以下のリンクから参照できる。
https://www.mof.go.jp/policy/budget/report/public_finance_fact_sheet/fy2020/link.html（参照2024-09-15）

（２）（主に教育学などの分野で）方法論に重点を置いてその視野から研究する手法。

（３）北條（２０２３）では、私的便益の視点にとどまらず、少人数学級の教育政策の効果を幅広く検討しており、教育財政の視点に近い議論として、少人数学級の費用を考慮した費用対効果の分析も行っている。

（４）教育の場としては、学校以外の場所も考えられる（塾および家庭教師など）が、財政的関与は限定的であることから、本章の分析の対象外とする。

（５）教育学（行財政分野）には、行財政分野以外にもさまざまな研究トピックがある。具体的には、教育委員会を核とする学校経営のあり方を議論するものが多い。

第1章　日本の教育方針と教育支出

1　教育方針を振り返る

日本の教育方針としての理念については教育基本法で定められているが、理念を超えたより具体的な施策に関しては、「教育振興基本計画」で定められている。2008年7月1日、はじめての計画である「第1期教育振興基本計画」が閣議決定され、2008年度から2012年度の5年間に取り組むべき具体的な教育施策が示された。本計画の策定については、2006年12月に公布・施行された改正教育基本法第17条において新たに規定された。この法改正は、戦後まもなくの1947年に教育基本法が制定されて以来はじめてであり、2006年時点が、現在に至るまでの教育方針のスタート地点と考えてよいだろう。

第1期教育振興基本計画が対象とする5年間が終了した後は、2013年度－2017年度を対象期間として第2期教育振興基本計画が、2018年度－2022年度を対象期間として第3期教育振興基本計画が策定された。2023年度からは、第4期教育振興基本計画が進行中であり、これまでの教育振興基本計画の概要を振り返ることは重要であると考える。

第1期から第3期の教育振興基本計画のコンセプトと基本的方向性は、表1－1のようにまとめられる[1]。以下では、これらの中身を簡単に見ていこう。

まず、第1期教育振興基本計画[2]（対象期間：2008－2012年度）における教育の基本的方向性は、以下の四つである（表1－1参照）。

- 基本的方向1：社会全体で教育の向上に取り組む
- 基本的方向2：個性を尊重しつつ能力を伸ばし、個人として、社会の一員として生きる
- 基本的方向3：教養と専門性を備えた知性豊かな人間を養成し、社会の発展を支える
- 基本的方向4：子どもたちの安全・安心を確保するとともに、質の高い教育環境を整備する

これら基本的方向性の下に、具体的に取り組むべき施策（77項目）が提示されている。しかしながら、施策の達成状況を評価するような客観的指標に関する記述は一切なく、概念的な目標が提示されているのが特徴である。この時点では、教育施策の実施において、数値的な目標を明確にするという流れは浸透していなかったと思われる。

次に、第2期教育振興基本計画[3]（対象期間：2013－2017年度）における教育の基本的方向性（第2期では「ビジョン」と呼ばれている）は、以下の四つである（表1－1参照）。

表１－１　第１期から第3期の教育振興基本計画における コンセプトと基本的方向性

	第1期計画	第2期計画	第3期計画
対象期間	平成20(2008)年度～24(2012)年度	平成25(2013)年度～29(2017)年度	平成30(2018)年度～令和4(2022)年度
コンセプト	今後10年間を通じて目指すべき教育の姿 ● 義務教育終了までに、すべての子どもに、自立して社会で生きていく基盤を育てる ● 国際社会をリードする人材を育てる	一人一人の「自立」した個人が知識･能力を生かし、他者と「協働」しながら新たな価値を「創造」していくことができる「生涯学習社会」の構築	一人一人が豊かで安心して暮らせる社会の実現、社会の持続的な成長･発展を目指す姿の実現、人生100年時代における生涯を通じた学びの機会の保障
教育の基本的方向性	①社会全体で教育の向上に取り組む ②個性を尊重しつつ能力を伸ばし、個人として、社会の一員として生きる基盤を育てる ③教養と専門性を備えた知性豊かな人間を養成し、社会の発展を支える ④子どもたちの安全･安心を確保するとともに、質の高い教育基盤を整備する	①社会を生き抜く力の養成／生きる力の確実な育成／社会的職業的自立に向けた力の育成 ②未来への飛躍を実現する人材の養成／新たな価値を創造する人材／グローバル人材等の養成 ③学びのセーフティネットの構築／意欲あるすべての者への学習機会の確保／安全･安心な教育研究環境の確保 ④絆づくりと活力のあるコミュニティの形成／互助･共助による活力あるコミュニティの形成	● 基本方針1：夢と志を持ち、可能性に挑戦するために必要となる力を育成する ● 基本方針2：社会の持続的な発展を牽引するための多様な力を育成する ● 基本方針3：生涯学び、活躍できる環境を整える ● 基本方針4：誰もが社会の担い手となるための学びのセーフティネットを構築する ● 基本方針5：教育政策推進のための基盤を整備する

出所：文部科学省ホームページより筆者作成

- ビジョン1：社会を生き抜く力の養成
- ビジョン2：未来への飛躍を実現する人材の養成
- ビジョン3：学びのセーフティネットの構築
- ビジョン4：絆づくりと活力あるコミュニティの形成

第1期では、主に学校段階別に基本的方向性が整理されていたのに対して、第2期では、「自立」「協働」「創造」を基軸とした生涯学習社会の構築を掲げ、生涯の各段階を貫く方向性が設定された。さらに成果目標（8つの目標）と、その目標の達成度を計測するための指標、具体的方策（30の基本施策）が体系的に整理されていることに特徴がある。

また、第2期計画においては、四つの基本的方向性とは別に、それらを支える環境整備として、①学校運営・地方教育行政の改革、②教職員等の指導体制の整備、③教育環境の整備、④大学におけるガバナンス機能の強化、⑤大学の機能強化（機能別分化）、⑥大学等の財政基盤の確立と施設整備、⑦私立学校の振興、⑧社会教育推進体制の強化が挙げられている。このような教育の環境整備を明確に示した背景に、教育目標の達成のためには、人件費や施設費などの財源的なサポートが必要である点を強調する狙いがあったと思われる。

第3期教育振興基本計画[4]（対象期間：2018－2022年度）の基本的方向性（第3期では「基本方針」と呼ばれている）は、以下の五つである[5]（表1－1参照）。

〈基本的な方針〉

- 基本方針1：夢と志を持ち、可能性に挑戦するために必要となる力を育成する
- 基本方針2：社会の持続的な発展を牽引するための多様な力を育成する
- 基本方針3：生涯学び、活躍できる環境を整える
- 基本方針4：誰もが社会の担い手となるための学びのセーフティネットを構築する
- 基本方針5：教育政策推進のための基盤を整備する

第3期では、「教育を通じて生涯にわたる一人ひとりの『可能性』と『チャンス』を最大化する」ことを基本的な方針として掲げた。第2期の時点において基本的方向性とは区別して提示されていた環境整備に関する記述が、第3期では、基本的方向性の一つである基本方針5として加えられ、教育投資の充実・財源確保の必要性が、より強調されるかたちとなっている。

また、これを受けて、「今後の教育政策の遂行に当たって特に留意すべき視点」として、「教育投資のあり方（第3期計画期間における教育投資の方向）」が取り上げられ、「①教育費負担を軽減、②教育の質の向上のための教育投資の確保、③客観的な根拠に基づくPDCAサイクルを徹底し、国民の理解を醸成」することが挙げられている。教育の分野でもPDCAサイクルが意識され、エビデンスに基づく政策設計の流れが本格化し始めたといえよう（以下、表1－2参照）。

2023年6月16日には、第4期教育振興基本計画（対象期間：2023－2027年度）が閣

表１－２　第3期教育振興基本計画における教育政策のPDCAサイクル

実効性あるPDCAサイクルを確立するため、

▶「今後の教育政策に関する基本的な方針」「今後5年間の教育政策の目指すべき方向性」「主な施策(群)」の関係性をロジックモデルとして可視化。

▶第3期計画期間内で実施する施策(群)を正しく検証･改善していくために、「今後5年間の教育政策の目指すべき方向性」において、政策の大目的･方向性を明確化。
(例)子供たちの基礎的･基本的な知識･技能と思考力･判断力･表現力等、主体的に学習に取り組む態度を育成する。

▶「今後5年間の教育政策の目指すべき方向性」の状態を直接的･間接的に把握するため、以下の考え方のもと指標を設定。

① 「今後5年間の教育政策の目指すべき方向性」の状態を直接的･間接的に表す指標のうち、現在の水準等を踏まえ、改善の方向を明記することが必要かつ適切であるものを「目標」として設定。

② 指標のうち、大きな数値変動の有無を確認すれば足りるものや今後水準を把握していくものについては、「測定指標」として、その推移をフォローアップ時に把握し、「今後5年間の教育政策の目指すべき方向性」の状態の把握や、各地方公共団体が自らの地域における取組状況との比較に活用できるようにする。

③ 「今後5年間の教育政策の目指すべき方向性」の状態を定量的に把握することが難しい場合には、定量的な目標に代えて定性的な目標を設定する。

※指標については、アウトカム指標を基本とするが、アウトカムの測定が困難な場合には、アウトプット指標を設定する。測定困難な指標は、今後、国、民間シンクタンク･大学等における調査研究等の更なる進展が期待される。

※指標については、第3期教育振興基本計画の策定に向けた諮問を踏まえ、明確化かつ精選した指標を設定。

※「目標」の設定及び関連する施策の展開に当たっては、その数値の達成が自己目的化され、本来の目指すべき状況とのかい離や望まざる結果を招かないよう、十分に留意することが必要。

※指標は、課題の抽出、施策への反映により、状態の改善、展開を図るためのきっかけとなるものであり、目指すべき方向性の達成状況を全て評価できるわけではない。フォローアップに当たっては、当該指標の推移に加え、関連する情報も含め、多角的な評価を行うことが重要。

※なお、本計画における指標は、国として設定するものであり、各地方公共団体において計画を策定する際は、これらの指標も参酌しつつ、地域の実情に応じた指標の設定、全国レベルの調査結果との比較による適切な目標の設定について検討するとともに、複数の指標及び他のデータとのクロス集計等による現状把握等により、PDCAサイクルを構築することが期待される。

出所：文科省中央教育審議会教育振興基本計画部会(第8期～)(第13回)(平成29(2017)年7月10日)配付資料1より抜粋。引用元は、注6を参照。

議決定された。第4期教育振興基本計画[7]では、第3期で重視された基盤整備が一定程度進んだと評価した上で、不登校・いじめ等の増加や、長時間勤務や教師不足などが課題として残ると整理され、以下の二つの基本コンセプト（総括的な基本方針）が提示されている。

第一は、「2040年以降の社会を見据えた持続可能な社会の創り手の育成」であり、持続可能な社会を維持し、経済成長につなげていくため、人材の重要性と、人材育成のための教育の重要性が改めて再認識された。第二は、「日本社会に根差したウェルビーイング[8]」であり、個人・地域・社会が、幸せ・生きがい・豊かさを感じ、持続的な幸福を実現できる教育が重要とされている。そのための基本的方針としては、以下の五つが掲げられた。

① グローバル化する社会の持続的な発展に向けて学び続ける人材の育成
② 誰一人取り残されず、すべての人の可能性を引き出す共生社会の実現に向けた教育の推進
③ 地域や家庭でともに学び支え合う社会の実現に向けた教育の推進
④ 教育デジタルトランスフォーメーション（DX）の推進
⑤ 計画の実効性確保のための基盤整備・対話

この方針を実現するためには、限られた予算を有効に活用することが求められる、すなわち、第3期で重視されたPDCAをしっかり回していくことが、これまで以上に重要となっている。この視点では、「今後の教育政策の遂行にあたっての評価・投資等の在り方」として、以下の五つのチャ

レンジが必要であるとされている。

- 客観的な根拠を重視した教育政策のＰＤＣＡサイクルの推進
- 調査結果（定量・定性調査）に基づく多様な関係者の対話を通じた政策・実践の改善
- 教育政策の持続的改善のための評価・指標のあり方・教育投資のあり方
- データ等を分析し、企画立案等を行うことのできる行政職員の育成
- 教育データ（ビッグデータ）の分析に基づいた政策の評価・改善の促進

この中でも、パブリックガバナンスとしてのＰＤＣＡサイクルは、政府全体として取り組んでいる試みである。特に、Ｃ（Check）の段階が、政策の改善（教育支出の効果の最大化）には欠かせない。客観性のあるデータ（エビデンス）に基づく教育政策の評価と、政策への反映（ＥＢＰＭ）が求められる。

基本的方針の下、今後5年間の教育政策の16の目標と基本施策があり、それぞれに対して、客観性のある指標が提案されていることにも着目したい。教育支出の効果を最大限に発揮し、教育の質を高めるためには、客観性のあるデータ（エビデンス）を成果指標として把握し、評価を行い、ＰＤＣＡサイクルを回すことが求められる。

２　日本の教育支出と成果

⑴　ＯＥＣＤ諸国における日本の教育支出の規模の位置づけに関する論争

序章で述べたように、日本の公教育支出が多いのか少ないのかという問いに対しては、見る指標によって実態が異なってくる。

図１－１は、財務省が２０２２年４月に提示している資料である。この資料には、ＯＥＣＤ「Education at a Glance 2021」所収のデータを参考に、（１）ＯＥＣＤ諸国における「公財政教育支出の対ＧＤＰ比」（２０１８年）と、（２）ＯＥＣＤ諸国における「在学者一人あたり公財政教育支出対国民一人あたりＧＤＰ比」（２０１８年）の図が示されている。

（１）「公財政教育支出の対ＧＤＰ比」で見ると、日本の公教育支出はＯＥＣＤ平均と比較して低くなっている（ＯＥＣＤ平均４・１％に対して、日本は２・８％）。この点は、文部科学白書（２００９）でも紹介されている。一方で、図１－１には、（２）「在学者一人あたり公財政教育支出対国民一人あたりＧＤＰ比」も示されている。これは、日本はＯＥＣＤ平均と比較して総人口に対する在学者数の占める割合が小さいことを考慮した上で、公教育支出水準を検証するためである。

財務省は、（２）「在学者一人あたり公財政教育支出対国民一人あたりＧＤＰ比」で見れば、日本の公教育支出はＯＥＣＤ平均レベルにある（ＯＥＣＤ平均21・４％に対して、日本は20・９％）と主張する。

図1－1　公財政教育支出の規模

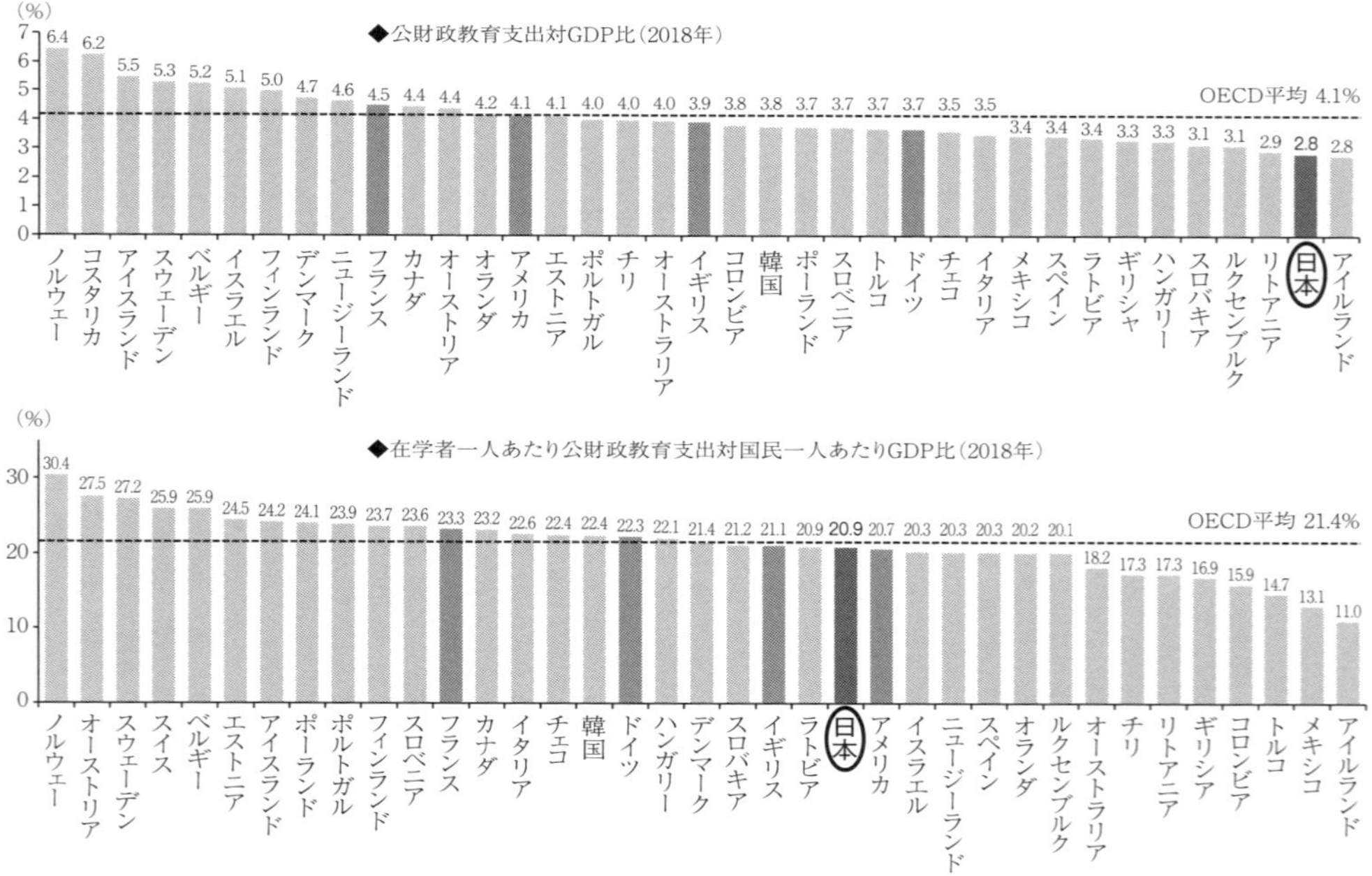

出所：財務省財政制度等審議会財政制度分科会（2022［令和4］年4月8日開催）配付資料２「文教・科学技術」より一部抜粋。引用元は、注9を参照。

（１）「公財政教育支出の対ＧＤＰ比」が、人口構成にかかわらず、マクロの国力に占めるマクロの公教育支出がどの程度占めているのかに着目するのに対して、（２）「在学者一人あたり公財政教育支出対国民一人あたりＧＤＰ比」は、一人あたりＧＤＰに対して学生一人あたりの公的支出がどの程度占めているのかに着目している。どちらの視点をベースに日本の公教育支出の水準を議論すべきなのかに関しては、意見の分かれるところであり、この議論から新たな方向性を見つけることは難しい。

(2) 教育支出と成果――ＯＥＣＤ諸国データによる検証

ＯＥＣＤ諸国に関して、パネルデータを用いて、教育支出と学力（ＰＩＳＡ（Programme for International Student Assessment）の成績）の関係を検証した研究はすでにあるが[10]、その結果は多様である。先行研究では、教育の質や社会状況が、教育支出の効果に影響を与えることが示されており、単なる政府支出の規模と学力の間に単純な正の関係が見出されるわけではない可能性が高い。

以下では、このような先行研究からの示唆を確認するために、ＯＥＣＤ諸国を対象に、教育支出と、成果の一つとして考えられる「学力」との間の関係を整理してみることにする。もし、教育支出と学力の間に正の相関が有意に見出されるのであれば、量的規模の拡大も一定の評価が得られるであろう。一方で、有意な正の相関が十分に見出せないのであれば、量的規模の拡大だけでは学力向上には不十分であり、教育の質や使い方の視点も必要であると考えられる。

被説明変数である「学力」のデータには、ＯＥＣＤのデータベースより入手したＰＩＳＡスコアを用いる。ＰＩＳＡとは、ＯＥＣＤが進める国際的な学習到達度に関する調査であり、日本では「ＯＥＣＤ生徒の学習到達度調査」として知られている。

２０００年から3年ごとに実施されており、「義務教育修了段階（15歳）において、これまでに身に付けてきた知識や技能を、実生活のさまざまな場面で直面する課題にどの程度活用できるかを測る」として、「読解力、数学的リテラシー、科学的リテラシーの３分野」での学力を測る調査である。[11]対象は、調査段階で15歳３カ月以上16歳２カ月以下の学校に通う生徒（日本では高等学校1年生が対象）である。分析には、読解力、数学的リテラシー、科学的リテラシーの３分野について、各国別[12]の平均得点データを用いる。

焦点を当てる説明変数の教育支出データには、ＯＥＣＤ「Education at a Glance」から採用した以下の三つの指標を用いる。[13]

指標Ａ：在学者あたり教育支出（千ドル）
指標Ｂ：教育支出対ＧＤＰ比（％）
指標Ｃ：公教育財政支出対政府総支出比（％）

ＰＩＳＡの調査対象が日本の高等学校1年生であることから、説明変数の教育支出には、Primary & lower secondary education（初等および前期中等教育）の値を用いて、小中学校教育に対する支出と高等学校1年生の学力を対応させる。その上で、教育投資が成果としての学力向上につながる

表1－3　各指標に対する説明変数と被説明変数の使用データ年と観測数

	説明変数：教育費	被説明変数：学力	観測数
パターン①　1期ラグモデル			
教育費指標A	2005, 2008, 2011, 2014, 2017	2006, 2009, 2012, 2015, 2018	147
教育費指標B	2011, 2014, 2017 （2005, 2008は入手不可）	2012, 2015, 2018	103
教育費指標C	2014, 2017 （2005, 2008, 2011は入手不可）	2015, 2018	71
パターン②　過去3カ年平均モデル			
教育費指標A	2009, 2010, 2011の平均 2012, 2013, 2014の平均 2015, 2016, 2017の平均	2012, 2015, 2018	101
教育費指標B	2009, 2010, 2011の平均 2012, 2013, 2014の平均 2015, 2016, 2017の平均	2012, 2015, 2018	106
教育費指標C	2012, 2013, 2014の平均 2015, 2016, 2017の平均	2015, 2018	71

出所：筆者作成

には、一定の期間が必要であることを考慮し、教育支出データは、①前期1期ラグと、②過去3カ年平均を用いた場合の2パターンの分析を行った。各指標に対する説明変数と被説明変数の使用データ年および観測数は表1－3にまとめられている。

固定効果モデルを用いた推定結果から、推定値95%信頼区間を示したものが図1－2である。推定値95%信頼区間のラインは0と重なっているものが多く、教育支出が学力に与える正に有意な影響はごく一部でしか得られていない。

これらの図における有意性の結果をまとめたものが、以下の表1－4である。

教育支出の過去3カ年平均を説明変数に用いたモデルにおいて、数学（数学的リテラシー）と科学（科学的リテラシー）の一部で学力に対する正に有意な効果が得られているものの、全

図１－２　教育支出が学力（PISA）に与える影響と信頼区間

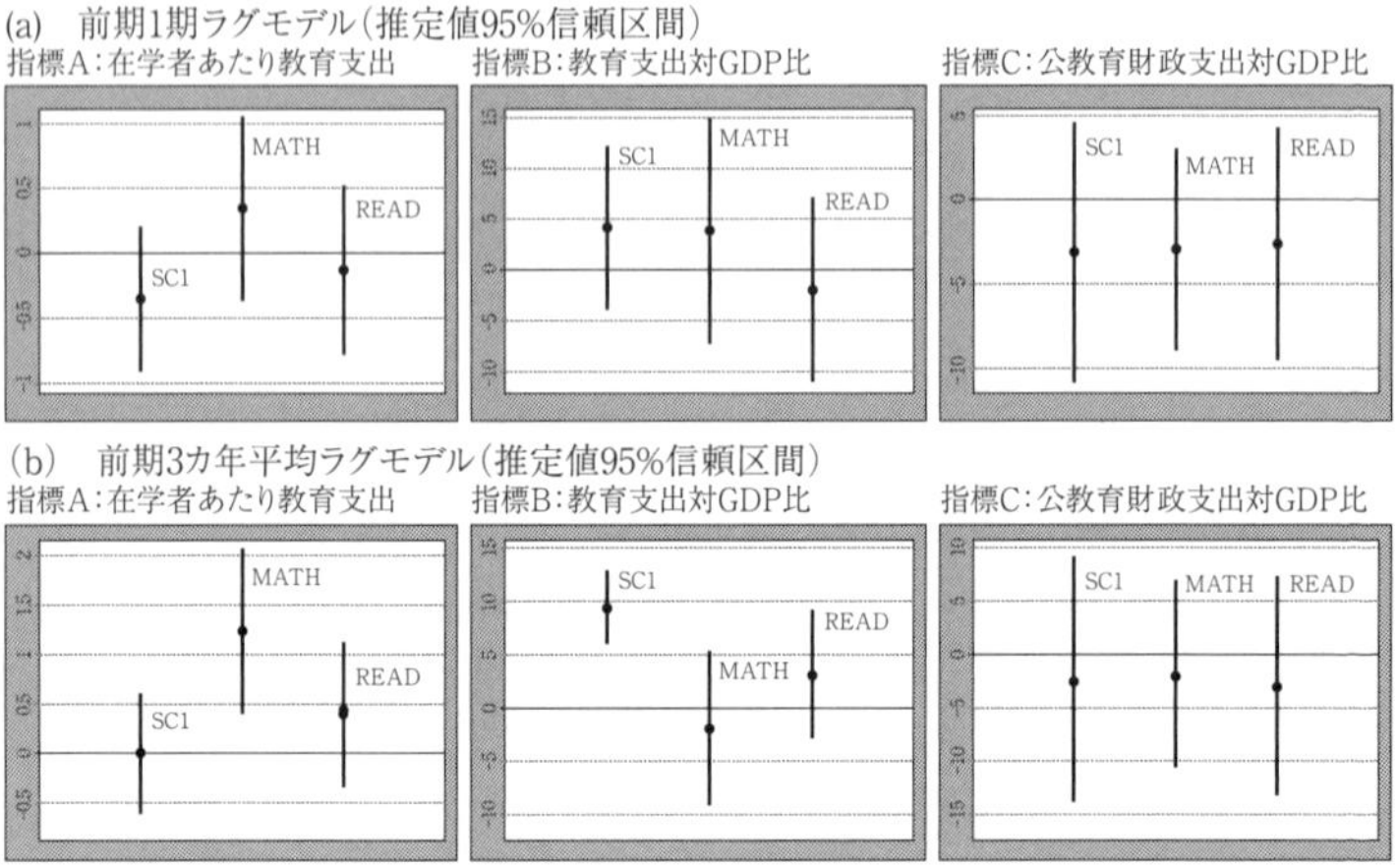

出所：筆者作成

体としてはほとんど有意な効果は見られない。

この結果から、教育支出の量的規模の拡大そのものが学力に一定の正の効果を持つわけではないことが考えられる。

その効果は多様であり、同じ教育支出であっても、教育の質、すなわち、支出の中身・使い方を工夫する余地があろう。より具体的には、学校の規模、その支出の財源の責任主体、配分方法（配分の意図が対象者に理解されているのかも含む）などを見直すことによって、同じ教育支出でも、効果を最大にする方策を見出せるかもしれない。以下の章では、この問題意識に従って、現在の教育財政の構造と資金配分の実態を明らかにし、費用・財源面から教育の財政構造を経済学的に評価する。

表1-4　教育支出が学力（PISA）に与える影響（符号と有意性）

説明変数	モデル	被説明変数：PISA得点		
		科学	数学	読解力
在学者あたり教育支出（1,000$）	前期ラグ	(−)	(+)	(−)
教育支出対GDP比（%）	前期ラグ	(+)	(+)	(−)
公教育財政支出対GDP比（%）	前期ラグ	(−)	(−)	(−)
在学者あたり教育支出（1,000$）	過去3カ年平均	(+)	+++	(+)
教育支出対GDP比（%）	過去3カ年平均	+++	(−)	(+)
公教育財政支出対GDP比（%）	過去3カ年平均	(−)	(−)	(−)

注：「+」は、正の効果を、「−」は負の効果を表す。「(　)」は、有意ではないことを表す。
　　+++は、1%水準で、正の有意な効果を持つことを示す。
出所：筆者作成

3　国の方針「骨太方針（経済財政運営と改革の基本方針）」にみる過去10年の教育財政政策

教育政策における支出を国における歳出として財政面で捉えた場合、財政政策としての教育支出の方向性は、毎年、骨太方針（経済財政運営と改革の基本方針）にまとめられる。この方針は、内閣府「経済財政諮問会議」でつくられる基本方針であり、ここに書かれた方向で歳出が決められていくため、教育支出に対する政府認識は、この方針の文章に現れることになる。

以下では、過去10年の骨太方針をトピックごとに振り返り、教育政策に対する費用対効果およびコスト意識について理解を深めることにする（教育に関連する「骨太方針」全体は、巻末にまとめている）。

骨太方針に明記される教育政策は、国が財政的に関与し責任を担う教育に関わる部分での方針となる。具体的には、大学であれば国立大学への運営費交付金、小中学校であれば、教員の給与負担を通じた教員定員に関わる国庫負担金の政策方針が主要なトピックとなる。

なお、これらの政策の土台をつくる場としては、文部科学省に設置されている中央教育審議会（以下、中教審と表記）と、内閣府に設置されている教育再生実行会議[14]がある。前者は、文科省の長期的な教育方針としての教育振興基本計画（本章1節を参照）や、制度改正のあり方についての答申を行っている。中教審には、多くの分科会・部会が設置されている。後者は、内閣の方針を受けて、21世紀の日本にふさわしい教育体制を構築し、教育の再生を実行に移していくための方向性を議論する場として２０１３年に設置された。前者は、歴史がある会議であり、政策・制度の中身を詰めるため各分科会で議論をし、関係者の意見を聞く場でもあるため、開催頻度は多い。一方で、後者は、より大きな視点から専門家が意見を述べる場合が多い。

教育再生実行会議は、設立当初の２０１３年には15回開催されたものの、２０１４年は11回、２０１５年は7回、２０１６年は6回、２０１７年以降は1、2回の開催頻度となっている。なお、２０１５年5月に、一度だけ、中央教育審議会と教育再生実行会議との意見交換会がなされているが、定期的には開催されていない[15]。

また、過去に一度、財政的な視点を中心に議論の場が持たれたことがある。２０１４年10月から２０１５年7月まで8回開催された、教育再生実行会議第3分科会「教育立国実現のための教育財源など教育行財政の在り方」である。この分科会では、本書で焦点を当てている、教育の財政面を意識した費用対効果の観点および、教育財源のあり方などの議論がなされ、「教育立国実現のための教育投資・教育財源の在り方について（第八次提言）（平成27年7月8日）」が提言としてまとめられている⒃。

本書では、財政およびコスト把握の視点から以下の四つのトピックに着目し、骨太方針から関連部分を抜粋しつつ過去10年（２０１３－２０２３年）の政策方針を振り返ることにする。

1　国立大学運営（国立大学運営費交付金）
2　学校規模の適正化（義務教育費国庫負担金）
3　少人数学級（義務教育費国庫負担金）
4　教員の多忙化に対する働き方改革と基礎定員（義務教育費国庫負担金）

⑴〈トピック１〉国立大学運営（国立大学運営費交付金）

トピック１は、「国立大学運営」である。教育支出としての国立大学運営費交付金に関わる政策であり、骨太方針では以下に現れている。

- 経済財政運営と改革の基本方針２０１４について（平成26年６月24日）
  （主な内容）国立大学法人について、評価と運営費交付金の配分の在り方を抜本的に見直し、教育研究の質の向上に努力した大学に対して重点的・戦略的配分を行う仕組みを検討。
- 経済財政運営と改革の基本方針２０１８について（平成30年６月15日）

（主な内容）大学教育の質の向上を図るために、各大学の役割や特色・強みの一層の明確化を検討。

- 経済財政運営と改革の基本方針２０１９について（令和元年６月21日）

（主な内容）努力する大学の取組を後押しするため、国立大学法人運営費交付金について、教育研究に係る客観・共通指標による成果に基づく配分対象割合・再配分率を順次拡大するとともに、私学助成について、教育の質保証や経営力強化に向けたメリハリある配分を検討。

- 経済財政運営と改革の基本方針２０２０について（令和２年７月17日）

（主な内容）国立大学法人運営費交付金について、客観・共通指標を用いた成果に基づく配分対象の割合及び再配分率を順次拡大しつつ、第４期中期目標期間における新たな配分ルールを検討。

- 経済財政運営と改革の基本方針２０２１について（令和３年６月18日）

（主な内容）国立大学法人運営費交付金について、客観・共通指標を用いた成果に基づく配分ルールの見直しを更に進めながら、新たなルールを本年度内に策定。

この国立大学運営に関するトピックは、２０１４年に一度取り上げられたのち、しばらくは議題に上がっていなかったが、再び、その運営のあり方が着目され、２０１８年から２０２１年にかけて４年連続で取り上げられている。

内容は、国立大学法人における第３期中期目標期間において新たに取り入れられた二つの資金配分の仕組みに関わるものである。第一は、２０１６年度から導入された「３つの重点支援の枠組みによる配分」と呼ばれるものであり、各大学の強み・特色を発揮し、機能強化の方向性に応じた取組をきめ細かく支援することを目的として創設されたものである。第二は、令和元年度（２０１９年）から導入された「成果を中心とする実績状況に基づく配分」である。基幹経費において、成果に関わる客観・共通指標により実績状況を相対的に把握し、これに基づく配分を行う仕組みである。財政運営と教育支出の視点では、より効率的効果的な大学運営を促す内容となっている。

⑵　〈トピック２〉学校規模の適正化（義務教育費国庫負担金）

トピック２は、「学校規模の適正化」である。教育支出としての義務教育費国庫負担金に関わる政策であり、骨太方針では以下に現れている。

- 経済財政運営と改革の基本方針２０１４について（平成26年６月24日）
（**主な内容**）学校規模の適正化に向けて、距離等に基づく学校統廃合の指針について、地域の実情も踏まえつつ見直しを推進。
- 経済財政運営と改革の基本方針２０１５について（平成27年６月30日）
（**主な内容**）地域コミュニティの核としての学校の役割を踏まえ、学校統廃合、統合困難な小規模校等の活性化、休校した学校の活用・再開に関する支援など、少子化に対応した活力ある学校づくりのきめ細かい支援を検討。

2014年、2015年の骨太方針において、学校規模の適正化が言及された背景には、少子化により、一人あたりの学校運営費が増加してきたことがある。さらには、一人あたりの学校運営費の増加に加え、教育の質の面（学校のクラブ活動などが制約を受けることなど）の問題も指摘されるようになった。

この方針を受けて、財務省により予算執行調査（コラム3［第4章］参照）が行われ、文部科学省によって学校統廃合を含む学校規模の適正化に向けた手引が作成された（文部科学省［2015］参照）。しかしながら、現実問題として、学校再編には地元住民の抵抗も大きく、いまもその政策の途上である。

(3) 〈トピック3〉少人数学級（義務教育費国庫負担金）

トピック3は、「少人数学級」である。教育支出としての義務教育費国庫負担金に関わる政策であり、骨太方針では以下に現れている。

- 経済財政運営と改革の基本方針2020について（令和2年7月17日）
（**主な内容**）全ての子供たちの学びを保障するため、少人数によるきめ細かな指導体制の計画的な整備やI

ＣＴの活用など、新しい時代の学びの環境の整備について関係者間で丁寧に検討。

● 経済財政運営と改革の基本方針２０２１について（令和3年6月18日）
（主な内容）デジタル時代にふさわしい質の高い教育を実現するため、デジタル教科書の普及促進、小学校における35人学級や高学年の教科担任制の推進、外部人材の活用を図るなど、ＧＩＧＡスクール構想と連動した教育のハード・ソフト・人材の一体改革を推進。ＧＩＧＡスクール構想や小学校における35人学級等の教育効果を実証的に分析・検証する等の取組を行った上で、中学校を含め、学校の望ましい教育環境や指導体制の在り方を検討。

２０２０年、２０２１年の骨太方針で、少人数学級（クラスサイズ）が言及された背景には、２０２０年1月頃から世界的流行が始まった新型コロナウイルス感染症拡大への対策として、教室内での密接・密集を避けるという意図が関係している。そのひとつの結果が、２０２０年に決定した小学校における35人学級の実現である。これは、小学校の学級編制の標準を5年間かけて計画的に40人から35人に引き下げるものである（小学校1年は２０１１年度より35人学級が実現）。また、遠隔教育にも対応できるデジタル教育も、これまで以上に促進されることとなった。

(4)〈トピック4〉働き方改革と基礎定員（義務教育費国庫負担金）

トピック4は、「教員の多忙化に対する働き方改革と基礎定員」である。教育支出としての義務教育費国庫負担金に関わる政策であり、骨太方針では以下に現れている。

- 経済財政運営と改革の基本方針２０１７について（平成29年６月９日）
（主な内容） 教員の厳しい勤務実態を踏まえ、適正な勤務時間管理の実施や業務の効率化・精選。学校の指導・事務体制の効果的な強化・充実や、勤務状況を踏まえた処遇の見直しの検討を通じ、長時間勤務の状況を早急に是正。

- 経済財政運営と改革の基本方針２０１８について（平成30年６月15日）
（主な内容） 学校現場での教員の勤務実態を改善するため、適正な勤務時間管理の徹底や業務の効率化・精選などの緊急対策を具体的に推進。学校の指導・事務体制の効果的な強化・充実や学校の実態に応じた教員の勤務時間制度の在り方など、勤務状況を踏まえた勤務環境の見直し、また、小学校における教育課程の弾力的運用についての検討。

- 経済財政運営と改革の基本方針２０１９について（令和元年６月21日）
（主な内容） 学校における働き方改革を実現するため、適正な勤務時間管理の徹底や業務の効率化・精選などの施策を推進。学校の指導・事務体制の効果的な強化・充実や、チーム学校の実現、教員の勤務時間の1年単位の変形労働時間制の導入に向けた取組を推進。

２０１７年、２０１８年、２０１９年と最近の骨太方針に現れていることからも、比較的新しいトピックである。教員の働き方が教育の質にも影響するという指摘が注目されるようになり、働き方を改善し質を高めるための政策が取り上げられている。これらの政策は、教育支出の話とは異なるように思えるが、教育に必要な教員数のあり方にもつながる議論であり、教育支出につながることから、この方針で言及されている。

【第1章　注】

（1）島（2018）においては、第1期から第3期の教育振興基本計画を比較し、国レベルのスタンダードについて整理している。
（2）詳細は、文部科学省ホームページ「第1期教育振興基本計画」参照。
https://www.mext.go.jp/a_menu/keikaku/detail/1335036.htm
（3）詳細は、文部科学省ホームページ「第２期教育振興基本計画」参照。
https://www.mext.go.jp/a_menu/keikaku/detail/1335039.htm（参照2024-09-18）
（4）詳細は、文部科学省ホームページ「第３期教育振興基本計画」参照。
https://www.mext.go.jp/a_menu/keikaku/detail/1406127.htm（参照2024-09-18）
（5）第３期教育振興基本計画の狙いについては、合田（2018）にもまとめられている。
（6）https://www.mext.go.jp/b_menu/shingi/chukyo/chukyo14/shiryo/__icsFiles/afieldfile/2017/07/11/1388011_01_1.pdf
（7）詳細は、文部科学省ホームページ「教育振興基本計画」参照。
https://www.mext.go.jp/a_menu/keikaku/index.htm（参照2024-09-18）
（8）身体的・精神的・社会的によい状態にあること。短期的な幸福のみならず、生きがいや人生意義などの将来にわたる持続的な幸福を含む概念。
（9）https://www.mof.go.jp/about_mof/councils/fiscal_system_council/sub-of_fiscal_system/proceedings/material/zaiseia20220408.html（参照2024-09-18）
（10）Adams and Wu（2002）, Anderson *et al.*（2007）, Afonso *et al.*（2010）, Brunello and Rocco（2013）, French *et al.*（2015）,

Yorulmaz（2017）などがある。
（11）文科省ホームページより抜粋（https://www.mext.go.jp/a_menu/shotou/gakuryoku-chousa/sonota/1344324.htm）。
（12）分析対象の国は以下の37カ国。なお、分析における観測数は、各年度に存在する欠損値に対応したものとなっている。オーストラリア、オーストリア、ベルギー、カナダ、チリ、コロンビア、チェコ共和国、デンマーク、エストニア、フィンランド、フランス、ドイツ、ギリシャ、ハンガリー、アイスランド、アイルランド、イスラエル、イタリア、日本、韓国、ラトビア、リトアニア、ルクセンブルク、メキシコ、オランダ、ニュージーランド、ノルウェー、ポーランド、ポルトガル、スロバキア、スロベニア、スペイン、スウェーデン、トルコ、イギリス、アメリカ、コスタリカ
（13）それぞれの指標の定義は、以下である。
1：OECDStats_Table C1.1. 在学者一人あたり教育支出
Total expenditure on educational institutions per full-time equivalent student
2：OECDStats_Table C2.1. GDPに対する教育支出割合
Total expenditure on educational institutions as a percentage of GDP
3：OECDStats_Table C4.1. 政府総歳出に占める公財政教育支出の割合
Total public expenditure on education as a percentage of total government expenditure
（14）岸田文雄政権の誕生により、「教育再生会議」は令和３（2021）年９月17日の閣議において廃止が決定され、新たに２０２１年12月３日に「教育未来創造会議」の設置が閣議決定され、引き継がれている。
https://www.cas.go.jp/jp/seisaku/kyouikumirai/dai1/siryou1.pdf（参照2024-09-18）
（15）https://www.mext.go.jp/b_menu/shingi/chukyo/chukyo0/gaiyou/1358759.htm（参照2024-09-18）
本会議における行財政に関わる意見は、以下のサイトにまとめられている。このサイトは、次段落の「教育再生実行会議第３分科会「教育立国実現のための教育財源など教育行財政の在り方」の教育再生実行会議 第３分科会（第７回）配布資料として、配布されたものである。
https://www.kantei.go.jp/jp/singi/kyouikusaisei/bunka/dai3/dai7/siryou.html（参照2024-09-18）
（16）https://www.kantei.go.jp/jp/headline/kyoikusaisei2013.html（参照2024-09-18）

第２章　教育財政の姿

1　直接的な財政関与に関する論点

(1)　直接的な財政関与に関する理論的背景

本書では、財政責任主体別の費用・財源の分析を行っているが、財政的に責任を負うべき範囲に関して、教育費を政府がどの程度まで負担すべきなのか、すなわち、教育における直接的な財政関与（公的教育機関への機関補助）とその費用のあり方について考える。本節では、この関与に関する理論的背景を整理することで、現状の教育財政の費用や財源が、この背景の上に成り立っていることを認識し、費用・財源の分析に役立たせることを目的とする。

具体的には、まず、財政的関与について、経済学における効率性と公平性の視点から理論的に検討する。その後、公平性の視点に焦点を当て、「国民全員に教育機会を平等に与えるべきかどうか」、また、与えるべきとすれば、「どこまで、どのように財政的関与を行うべきか」を、現行制度と照らし合わせ、責任主体別に考える。

(2) 効率性と公平性の視点

ある一定の教育サービスを行うことが望ましい場合、その教育費を誰が負担するべきか。具体的には、1公的負担（国・地方自治体負担）と2私的負担（家計負担）に分かれる。[1] この1と2の負担の割合のあり方に関して、経済学の枠組みでは以下の二つの視点から考えることができる。

① 効率性の視点

教育サービスから得られる便益が、教育を受ける個人に確実に帰着し、単なる個人への投資（他人への外部性は存在しない）となるのであれば、教育費の全額を私的負担とすることが望ましい。教育費は「費用」であり、教育から得られるものが「便益（受益）」である。教育費の全額を私的負担とする場合、この「費用」と「便益」が一致することになる。[2] そのとき、最も望ましい教育サービス需要量が生まれ、供給される教育サービスの規模も効率的なレベルとなる。

教育費の公的負担が加わると、この「費用」と「便益」の間に乖離が生じる。仮に、公的負担が加わる前段階において「便益」が「費用」を下回るとしよう。そのときは、教育サービスを受けることはしない。その後、公的負担が加わり、「費用」が軽減され、「便益」が「費用」を上回ることになったとしよう。このとき、公的負担により「費用」が軽減され、個人は教育サービスを需要することになるが、他の要素がまったくなければ、これは社会的に望ましくない。

ただし、現実には、このように明確には整理できない状況もあり得る。事例をいくつか挙げてみよう。

第一は、将来のリスクである。教育を受けることにより将来の所得が増大するとすれば、教育には「便益」があると言える。その「便益」が教育を受ける個人に確実に生じるのであれば、安心して教育を受けることができるが、実際には、その便益の個人への帰着にはリスクがある。期待値として得られる便益が費用を上回り、教育を受けることが望ましいとしても、このリスクが大きい（すなわち、まったく新たな便益が生まれない確率もそれなりに高い）場合、リスク回避的な個人は、教育を受けることをためらうであろう。そのとき、政府が、このリスクを下げるようなかたちで、公的に費用を負担して財政的関与をすることは正当化される。

第二は、外部性である。上記では、教育からの「便益」が教育を受ける個人に確実に帰着すると仮定したが、実際は、「便益」は個人にとどまらないことが多い。その場合は、社会にスピルオーバーする「便益」も考慮することが必要となる。

たとえ個人的には、「便益」が「費用」を下回る状態であっても、社会にスピルオーバーする「便益」を考慮すると、「（社会全体の）便益」が「費用」を上回るかもしれない。このとき、個人は教育を受けることをためらうが、教育を受けてもらうことが社会的には望ましい。したがって、自発的に教育を受けてもらうための方法として、私的な「費用」を減らす公的負担（補助）が正当化される。すなわち、「便益」が「費用」を下回る状態から、公的負担（補助）により、「便益」が「費用」を上回る状態に変わることで、個人は教育を需要するようになるのである。

ただし、社会にスピルオーバーする「便益」の大きさは、個人によって異なるものであり、一律に公的負担（補助）をすることが望ましいとは限らない。したがって、どのように、どの程度の公的負担（補助）をすることが、効率的な結果を生み出すのかは、慎重に検討すべき問題である。本書で行う費用構造および財源構造の分析は、それぞれの公的資金の流れおよび効率性を見極めることを可能とし、教育における財源負担のあり方を考えるための第一ステップとして価値があろう。

② 公平性の視点

教育に対する公的負担は、公平性の視点でも議論される。教育における公平性とは、「機会の平等」であり、この公平性の問題は、多くの場合、所得の格差によって生じている。所得に関わる公平性の課題を公的に解決するためには、公的な財源が必要であり、それは、他の個人を含む全国民からの税徴収で賄われる。したがって、公平性は、究極的には、個人間の所得再分配を通じて達成されることになる。このとき、公平性の実現には、どのような所得再分配が望ましいのかも、セットで考えなければならない。

現在、小学校および中学校段階の教育が無償化されている。この背景には、「教育機会を国民全員に平等に与える」ことが、公平性の観点から強く求められている状況がある。[3]

「国民全員に教育機会を平等に与える」とは、どのような状態のことを意味するのだろうか。通常、教育を提供するためには費用がかかるため、国がその全額を負担しない限り、残りの費用は教育を受ける側が負担する必要がある。つまり、その費用を賄うための所得が各個人に必要となるわけである。

また、「機会が平等に与えられる」とは、「所得に関わりなく全員が同じ教育機会を与えられるべき」であると解釈できる。この場合、政府には何が求められるであろうか。最も理解しやすい方策は、教育を無償化することである。無償化されれば、所得にかかわらず、希望者は全員教育を受けることができる。(4)

しかしながら、教育の無償化には、莫大な費用がかかる上、そもそも無償化せずとも教育を受けることができる（教育費を支払える所得水準の親を持つ）学生に対しても、政府が補助をすることになる。以上から、無償化政策は、財政面だけではなく、公平性の観点からも問題視されるかもしれない。「所得に関係なく全員に教育機会を平等に与える」とは、「国民全員が生活に支障を来すことなく支払える学費水準が設定されている状態を実現する」ということだと解釈すれば、「通常の学費を支払うと生活に支障が生まれる低所得者」に対してのみ、学費を軽減する対策を取ることを行えば十分となる。

高等教育における現行制度の実例としては、授業料減免が挙げられる。実際の制度設計においては、どの対象にどこまでの軽減をするのかが鍵となろう。また、制度を実施するための財源をどのように賄うのかも重要な視点である。なぜなら、制度拡充で生じる財政負担は国民が受け入れなければならず、財源次第では、さまざまな主体間での所得の再分配、すなわち公平性の問題と関わってくるからである。

必要となる財源を税で賄うのか、それとも、授業料引上げで賄うのかなど、さまざまなかたちが考えられる。たとえば、以下である。

（1）所得税で賄う場合：子供を持たない家庭を含む勤労者世帯（現役世代）間での所得再分配になる。
（2）消費税で賄う場合：国民全体の消費者間での再分配となる。
（3）授業料引上げ（所得階層別授業料）で賄う場合：授業料を支払う者の間での所得再分配になる。
（4）起債（返還は将来の所得税）で賄う場合：将来世代（現在の学生）間での将来の所得再分配になる。

国民が納得する制度の実現に向けては、どのような再分配がどのような公平性を達成するのかに関するシミュレーションをベースにした透明性のある議論の積み重ねが必要となるが、現在の制度の下で、公平性の達成に向けてどのような財政的関与がなされているのかを整理することは、第一ステップとして価値があろう。

(3) 制度からみる財政的関与に関する実態

これまで、「国民全員に教育機会を平等に与える」場合に、政府が取り得る対応を「所得」の観点から検討したが、実際に「国民全員に教育機会を平等に与えるべき」かどうか、また、与えるべきとすれば「どこまで、どのように公的に費用を負担して財政的関与すべきか」を考えるために、実態を整理することが役に立つ。ここでは本書の分析で取り上げる小中学校（義務教育）、高等学校

（高校教育）、大学（高等教育）について順に整理することにする。

①　小中学校（義務教育）：責任主体＝国・地方自治体

小学校および中学校教育は、義務教育に該当する。憲法第26条第2項には、「すべて国民は、法律の定めるところにより、その保護する子女に普通教育を受けさせる義務を負ふ。義務教育は、これを無償とする」とあり、小学校・中学校は、国・国民が子供に教育を受けさせる義務「義務教育」として位置づけられている。これを受けて、教育基本法では、「第4条（義務教育）国民は、その保護する子女に、九年の普通教育を受けさせる義務を負う。国又は地方公共団体の設置する学校における義務教育については、授業料は、これを徴収しない」と定められている。

さらに、「九年の普通教育」の詳細は、学校基本法により定められている。同法律の下で、義務教育に関わる標準的な必要額に関しては、全額、国が保障している。教員人件費は、義務教育費国庫負担金（文部科学省からの補助金）と地方交付税交付金を通じて国が財源保障し、県に交付されている。また、学校運営費は、地方交付税交付金を通じて国が財源保障し、市町村に交付されている。(5)

②　高等学校：責任主体＝地方自治体

高等学校が、小学校・中学校と大きく異なる点は、義務教育とされていないことである。国や国民は、子どもに高校教育を受けさせることを義務づけられてはおらず、親の判断に委ねられている。実際には、97％を超える子どもが高校に進学しており、義務教育に近いかたちになっている。

一方で、教育を提供する学校の運営主体は、義務教育段階とは大きく異なる。義務教育段階では、国が責任を持つこともあり、ほとんどの児童生徒が公立学校に通う一方で、高校教育に関しては、公立学校が全体の72・5％であることからもわかるように、私立学校が担う役割も大きくなっている。なお、高等学校に関しては、地方自治体（主に都道府県）が、責任提供主体となり、各地域で必要となる高校教育を提供している（高等学校運営のための経費に対して、国は、標準的な教育支出を、地方交付税交付金を通じて財源保障している）。

ここで、「国民全員に教育機会を平等に与える」べきかを考えるに際して、現在の制度を眺めてみたい。２０１０年4月から、民主党政権が主導し、高校の授業料を無償にするという「高校無償化」（公立高等学校授業料無償制・高等学校等就学支援金制度[6]）が導入された。具体的には、公立高校の授業料を賄うための「就学支援交付金」が、国から都道府県へ交付された。その後、自民党政権に戻った後、２０１４年4月以降に高校等に入学する生徒からは、新たに所得制限を設けるかたちの制度（高等学校等就学支援金制度[7]）となった。ただし、２０１０年からの「高校無償化」は、公立の授業料を基準とした支援となっており、私立学校に通う場合には、公立学校との授業料の差額は、家計負担となっていた。

この状況に対して、一部の都道府県で独自に差額を埋める制度が導入されてきたが、２０２０年4月からは、高等学校等就学支援金制度が改正され、私立高校の平均授業料に見合う水準の額が、支給されることになった[8]。保護者の年収目安が５９０万円未満の世帯の生徒を対象として、公立高校では11万８８００円、私立高校（全日制）では39万６０００円まで、就学支援金を受けられること

図2－1　高校授業料実質無償化のイメージ

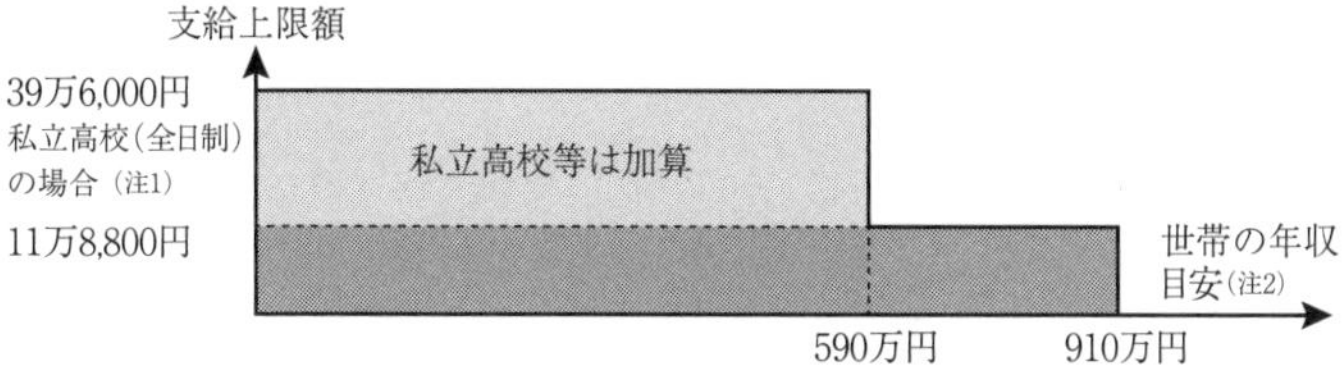

注1：私立高校（通信制）は29万7000円。国公立の高等専門学校（1～3年）は23万4600円が支給上限額。
注2：両親・高校生・中学生の四人家族で、両親の一方が働いている場合の目安（家族構成により、年収目安は異なる）。
出所：文部科学省資料より筆者作成

になっている。（図2－1参照）この制度導入によって、公立・私立を問わず、実質無償化がなされたことになる(9)。

③　大学（高等教育）：責任主体＝国（国立大学）、地方自治体（公立大学）

大学教育は、最終段階の教育を提供する高等教育の場として位置づけられている。これまでの教育段階では、公平性の視点から、「国民全員に教育機会を平等に与える」べきかを中心に考えてきたが、大学においては、この公平性の視点に加え、効率性の視点も重要となる。現在の制度を眺めてみたい。

大学には、国立大学、公立大学、私立大学がある。国立大学に関しては、国（文部科学省）が、責任提供主体となり、国立大学法人運営費交付金（文部科学省の補助金）を通じて、国が財源保障している。また、公立大学に関しては、各地方自治体が責任提供主体となり、必要と判断した公立大学運営のための経費に対して、地方交付税交付金を通じて国が財源保障している。私立大学に関しては、国（文部科学省）から、私立大学等経常費補助金を通じて、運営費の一部が補助されている。

このように、私立大学に関しては運営費の一部が補助されているにとどまるが、国立大学と公立大学に関しては、財政的関与が強く、国が運営費を財源保障している。また、国立大学と公立大学は、私立大学よりも、相対的に低額の授業料が設定されている。

なお、無償である小学校・中学校・高等学校に比べると、授業料は高額となる。そこで、在学中の授業料負担を軽減する政策として、授業料免除制度が設定されている。この制度は、各大学において、低所得世帯の学生に対して、授業料を免除または軽減するものである[10]。

さらに、公的負担の究極的な姿として、近年、提案されているのが、高等教育の（授業料）の無償化である。つまり、小学校・中学校・高等学校と同様に、高等教育である大学の授業料も、無償にするという案である。

この案に対しては、1そもそも「小学校・中学校・高等学校」と「高等教育である大学」とは、教育の位置づけが異なり、「国民全員に教育機会を平等に与えるべき」との程度にはちがいがあること、2現行の授業料を負担しても生活に支障なく高等教育を受けられる学生に対しても軽減がなされること、3そのため多くの財源が必要となり、財源確保が難しいことなどから、さまざまな反対意見も見られる。

高等教育は、個人の能力を高め、将来の所得の増加を生み出すことは確かである。ただ、財源の負担も考慮した場合、その費用負担に見合う教育成果が生み出されるのか、また、授業料の無償化によって、新たに進学できる機会を得る学生が増えるとしても、（高所得世帯の学生の負担も軽減する）無償化のための費用を国民全体で負担する覚悟があるのか[11]、授業料免除制度の適正化によって、より効果を上げることはできないのかなどは、国民で議論する価値があると思われる。

授業料免除制度の拡充と財源問題を両立する一つの制度として、「世帯所得別授業料」が考えられる。低所得世帯の学生の授業料免除を拡充し、その他の学生の授業料が一定である場合には、新たな財源が必要となる。垂直的公平性の観点からは、むしろ、現行の授業料を負担しても生活に支障なく高等教育を受けることができる学生に対しては、その範囲で、授業料を増額することも考えられる。これが「世帯所得別授業料」であり、新たな財源は不要となる。

さらに、親の所得（世帯所得）に依存する（教育を受ける時点での）授業料ではなく、学生本人が卒業後に稼ぐ所得に依存したかたちの（後払い）授業料とする制度も考えられる。これは、「教育を受ける世代が社会に出た後に、所得に応じて授業料を納付する」仕組みであり、「世代プール型所得連動型授業料」と呼ぶことができよう。

卒業後に、同世代間での再分配が行われるため、「世代プール型所得連動型授業料」では、新たな財源は必要ではない[12][13]。卒業後に低所得しか得られない者の後払い授業料の軽減額は、卒業後に高所得を得られた者の後払い授業料の増額で賄われるからである。もちろん、大学進学の障壁は減るが、「（意欲のない学生が）大学に進学し、得られる成果が小さく、社会に出た後に所得を稼げない場合、返還すべき授業料は、所得を稼いだ層にのしかかる」という新たな点も生じる。

2　直接的財政関与に関わる教育資金の流れ[14]

わが国では、初等・中等・高等という教育の各段階において、国・地方・家計の役割分担を通じた教育財政の資金配分システムが構築されている。初等教育とは、小学校、義務教育学校の前期課程、特別支援学校の小学部に、中等教育とは中学校、義務教育学校の後期課程、特別支援学校の中・高等部、中等教育学校、高等学校に、高等教育とは大学、高等専門学校、専門学校などにそれぞれ該当する。

本節では、財政および在籍者数の規模を考慮し、初等教育として小学校、中等教育として中学校および高等学校、高等教育として大学および高等専門学校（国立のみ）に対象を絞った上で、国および地方からの各教育機関への資金配分（機関補助）の流れと規模を把握する。なお、末冨（２０１０）でも指摘されるように、教育費に関する公的データベースは一元化されておらず、調査手法や調査対象も多様である。本章ではこの限界を踏まえた上で、教育財政に関する既存の政府統計データを整理した。データの出所は表２－１を参照していただきたい。

図２－２には、国と地方（都道府県・市町村）から、国公立の小・中・高等学校・高等専門学校・大学へ配分される主たる資金の流れと規模が示されている。資金規模は２０１９年度の値（単位：億円）である。本書では、文教関係費として分類される教育財政の流れに着目しており、図２－２には、科学研究費補助金を含む科学技術関係経費は含まれていない。また、直接的な財政関与に着

図2-2　直接的財政関与に関わる教育資金の流れと規模（総額：2019年度）

（単位：億円）

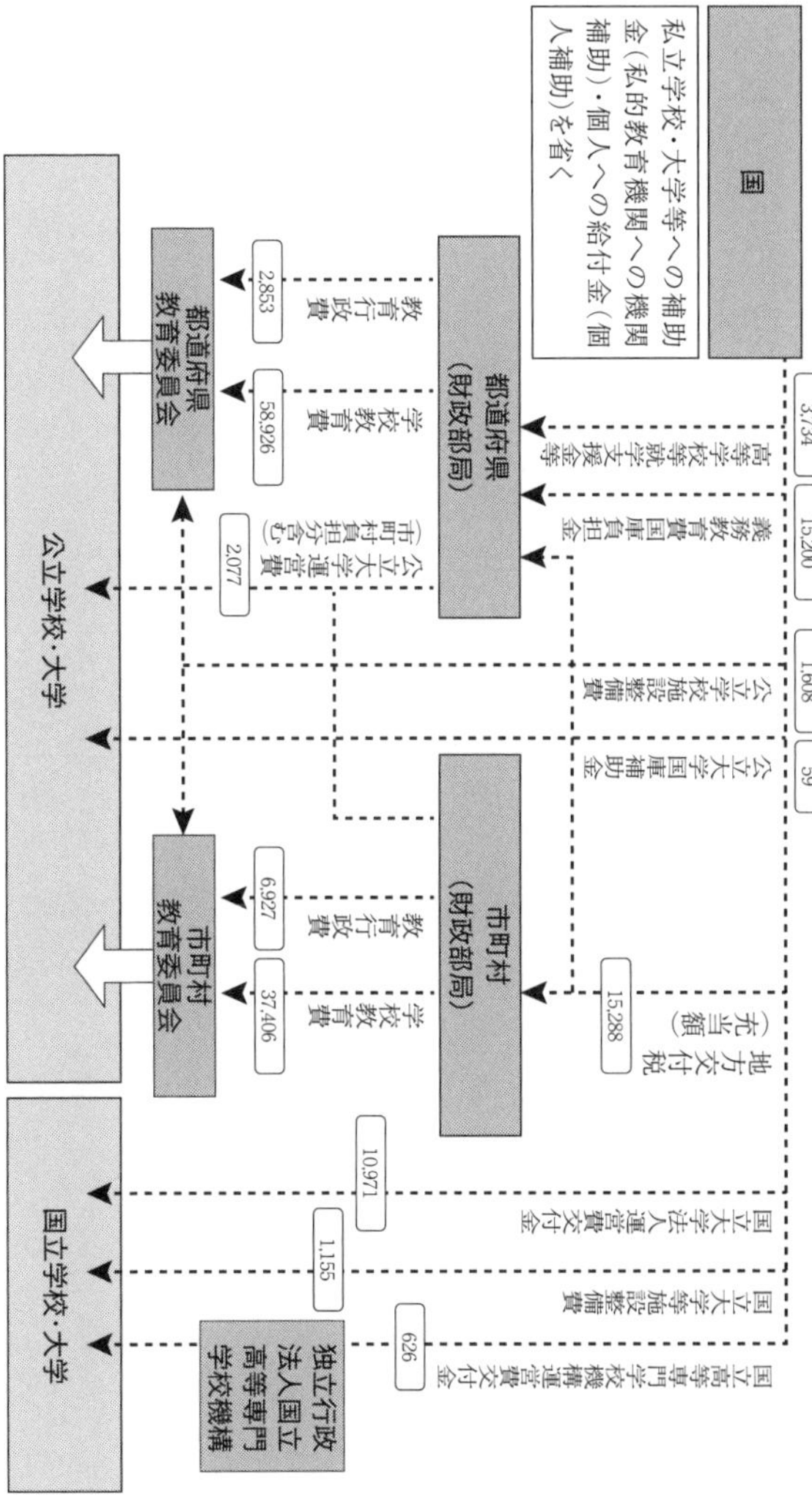

注：2017年度以降は、義務教育国庫負担金は、都道府県に加え、政令都市にも配布され、政令都市が教職員給与を負担している。
出所：筆者作成

表2-1　データの出所

	資金項目	出所
①	国立大学法人運営費交付金 国立大学等施設整備費 国立高等専門学校機構運営費交付金 高校生等奨学給付金補助 高等学校等就学支援金等 義務教育費国庫負担金	文部科学省 「2019年度予算のポイント」
②	都道府県支出金(学校教育費及び教育行政費) 市町村支出金(学校教育費及び教育行政費)	文部科学省「地方教育費調査」
③	公立大学国庫補助金 公立大学運営費(都道府県及び市町村)	文部科学省 「学校基本調査(学校経費調査)」
⑤	地方交付税充当額	総務省「地方財政白書」をもとに算出

出所：筆者作成

目しているため、私立学校・大学等への補助金（私的教育機関への機関補助）・個人への給付金（個人補助）も含まれていない。

以下では、図2－2に基づき、国公立の設置形態順に、国と地方から各教育段階へ支出される資金の流れと規模をみていく。国立の教育機関に関しては、大学に流れる資金の規模が大きい。2003年10月1日に国立大学法人法が施行され、2004年4月1日に全国の国立大学が法人化されたことを受け、旧国立大学特別会計に繰り入れられていた運営財源は、一般会計経由で運営費交付金等として各大学法人に交付されることとなった。国立大学法人により、附属小学校・中学校・高等学校等が設置・運営されているが、これら国立大学附属学校の運営費も、国立大学法人運営費交付金等に含まれる。2019年度では、国立大学法人運営費交付金は1兆971億円、国立大学等施設整備費は1155億円である。

国立大学法人化と時期を同じくして、高等専門学校も法人化することになったが、国立大学とは異なり、全国にある高等専門学校が一つとなって、２００４年４月１日に独立行政法人国立高等専門学校機構が成立した。これにより、高等専門学校の運営財源である運営費交付金は国立高等専門学校機構に一括交付され、各学校に配分される方式となっている。２０１９年度では、国立高等専門学校機構運営費交付金は６２６億円である。

次に、公立の教育機関についてみる。公立学校・大学の運営費は、国と地方が役割分担の下、負担しているが、特に地方（都道府県および市町村）の役割が大きい。図２－２には、公立学校に対して、都道府県および市町村が地方税や地方交付税などの一般財源から支出した学校教育費と教育行政費の流れおよび規模を、それぞれ記載している(15)。学校教育費とは、学校教育活動のための経費であり、人件費や、土地・建築費、施設設備費などに支出される。教育行政費とは、教育委員会の運営や事務局の一般行政のための経費である。

これらの金額について、学校教育費は、公立小・中・高等学校（全日制＋定時制）への支出額の合計値であるが、教育行政費は、教育段階別に把握することが困難であることから、市町村・都道府県教育委員会が設置・管理するすべての教育機関への支出額の合計値となっている。２０１９年度では、都道府県が支出した学校教育費は５兆８９２６億円、教育行政費は２８５３億円であり、市町村が支出した学校教育費は３兆７４０６億円、教育行政費は６９２７億円である。以下、学校教育費に着目し、国と地方の役割分担をみてみる。

公立小・中学校は主として市町村立学校であり、市町村教育委員会が設置・管理を行う(16)。市町村は、主に学校施設の設備・管理費を支出している。一方、教職員の人件費については、政令指定都市を例外として、原則、都道府県が負担している。本来、学校の経費負担は設置者負担主義に基づくのが原則であるが、市町村立小・中学校の教職員給与を、財政力が著しく異なる市町村の負担とすると、財政力格差が教育水準の格差につながる可能性が懸念される。そこで、設置者負担主義の例外として、市町村立学校職員給与負担法に基づき、県費負担教職員制度がとられており、都道府県が市町村に代わって人件費を負担するものとされている。

県費負担教職員の任命権は、政令指定都市を除いて、都道府県教育委員会が有している。このことにより、広域的人事を可能とするとともに、給与負担者と任命権者の一致が図られている。

さらに、都道府県の負担する教職員給与のうち3分の1相当分は、国が義務教育費国庫負担金として負担している。図2－2に示されるとおり、２０１９年度で1兆５２００億円である。義務教育費国庫負担金のほかにも、公立学校施設整備費（１６０８億円）など、国が地方に対して特定の目的のために交付している補助金がある。

なお、近年は、教職員の雇用に関する市町村の裁量権が増しており、市町村の独自財源で雇用される常勤・非常勤教員が増えている。特に、特別支援教育やＩＣＴ教育，生活指導等に携わる常勤・非常勤サポートスタッフの任用の増加が顕著である（阿内［２０１６］川上［２０１５］）。市町村議会での審議を経て市町村教育委員会が独自に任用を決定する市町村費負担教職員の人件費は、市町村支出の学校教育費に含まれる。

公立高等学校は主として都道府県立学校であり、都道府県教育委員会が設置・管理を行い、運営財源も主として都道府県が負担する。わが国では、２０１０年度より高校教育の実質無償化政策が進められてきた。２０１０年度から２０１３年度までは、旧制度として公立高等学校授業料無償制度と高等学校等就学支援金制度が適用されており、世帯から授業料を徴収しない代わりに国が都道府県に交付金を交付し、都道府県が高等学校の授業料収入に充てるかたちがとられていた。２０１４年度からは、新制度として、高等学校等就学支援金制度が開始され、国公私立問わず高等学校等に通う所得等要件を満たす世帯に対して直接給付金として給付するかたちに変更された。

図２－２には、新制度における資金の流れと規模が示されている。高等学校等就学支援金を国公私立の設置形態別に予算区分することはできないため、図２－２では総額３７３４億円を記載している。公立高等学校について述べると、国からの交付金が主に都道府県に受け入れられ、都道府県により就学支援金が学校教育費（詳細には、そのうちの補助事業費）として支出される流れとなる。また、都道府県は、教科書費や学用品費など、低所得世帯の授業料以外の教育費負担を軽減するために高校生等奨学給付金事業を行い、必要経費を教育行政費として支出している。国は、都道府県が行う奨学給付金事業に対して、その経費の一部を補助している。この補助金は、図２－２の高等学校等奨学支援金等に含まれる。

都道府県から支出される学校教育費５兆８９２６億円は、公立小学校へ２兆３６８５億円、公立中学校へ１兆３７９５億円へ、高等学校へ２兆１４４７億円流れている。また、市町村から支出される学校教育費３兆７４０６億円は、公立中学校へ２兆３３４５億円、公立中学校へ１兆２５５６億円、高等学校へ１５０４億円流れている。

公立大学については、教育委員会は関与せず、都道府県や市町村の首長が設置を担っている。地方独立行政法人法（２００３年7月成立）において、２００４年4月1日より公立大学法人制度が施行されたことに伴い、地方公共団体が公立大学を直接的に管理運営するのではなく、公立大学法人を設立し運営を任せることが可能となった。２０２２年度では、全98大学のうち88大学が、79法人により設置されている。公立大学の運営財源は、地方公共団体直営の大学に対しては、各地方公共団体の一般財源から拠出され、公立大学法人に対しては、各設置団体から運営費交付金等が交付される。

なお、直営大学への自治体負担額と、公立大学法人への運営費交付金等は、データベース上区別できないため、図2-2では、公立大学運営費と一括して、地方（都道府県・市町村）から支出される流れが記載されている。[17] ２０１９年度では、地方が負担する公立大学運営費の合計は、約２０７７億円である。

なお、国から公立大学への基盤的経費支援制度は、２００３年度を最後に、三位一体改革における国と地方の財政に関わる整理合理化の中ですべて廃止されている。[18] ただし、文部科学省調査企画課へのヒアリング[19]によると、実際には、研究拠点を整備するものや他省庁からの補助金などもあるため、現在でも数値が計上されているとの回答があり、２０１９年度では、59億円程度の国庫補助金が確認される。

以上、国と地方（都道府県・市町村）から、国公立の小・中・高等学校・高等専門学校（国立のみ）・大学の教育機関へ配分される主たる資金の流れと規模を概観した。上記でみた国からの資金は、主として文部科学省からの配分である。公立学校への国からの補助としては、総務省による地方交付税を通じた一般財源措置がある。都道府県や市町村（交付団体に限る）にとっては、地方税収等の自主財源に加えて、地方交付税も非常に重要な教育支出の財源である。

本章では、総務省「地方財政統計年報」のデータを用いて、各教育段階における地方交付税による教育費充当額の推定値を導出した。導出方法については、文部科学省「地方教育費調査報告書」に所収されている「文教費の概観」を参考にしている。たとえば、小学校に対する地方交付税教育費充当額は、以下のように求められる[20]。

小学校費の地方交付税充当額
＝地方交付税×｛（小学校費総額－小学校費国庫支出金）
／（地方財政決算総額－地方財政国庫支出金総額）｝

上記の計算方法に従い、中学校・高等学校・大学の各経費についても計算すると、２０１９年度では、１兆５２８８億円の地方交付税が小学校から大学までの教育費に充当された金額として計算される。この総額を教育段階別にみると、小学校へ７０５１億円、中学校へ３９７４億円、高等学校へ３７７２億円、大学へ59億円の地方交付税が充当されていると計算される[21]。

図２－３は、２０１０年度と２０１９年度における、教育段階別の資金規模を在籍者一人あたりの金額で示したものである。まず、２０１９年度において、国と地方から各教育段階へ支出される資金の流れと規模をみていく。

国立大学法人運営費交付金については、２０１9年度では、一人あたり約１８１万円の教育費が国立大学法人に配分されている[22]。

公立学校・大学に対して、国からは国庫補助金が、小学校に約16・7万円、中学校に約19・9万円、高等学校に約１・２万円[23]、大学に約３・７万円配分されている。地方からは、都道府県および市町村からの学校教育費が、小学校にそれぞれ約37・9万円と約37・3万円、中学校に約46・8万円と約42・6万円、高等学校に約１１１・６万円と約７・８万円、大学に約１３１万円が配分されている。

都道府県および市町村が地方交付税を財源に教育費として支出した一人あたり金額は、小学校へ約11・1万円、中学校へ約12・5万円、高等学校へ約11・9万円、大学へ約21万円である。

一人あたり金額の２０１０年度からの変化を概観すると、国立大学運営費交付金は、一人あたり約１８５万円から約１８０万円に減少している。公立学校・大学への国庫補助金については、いずれの教育段階においても、減少傾向にある。

地方からの支出金は、小・中学校に対する都道府県支出金が減少傾向にあるものの（小学校は約44・3万円から約37・9万円に、中学校は約51・8万円から約46・8万円に減少）、市町村支出金はいずれも増加していることがわかる（小学校は約25・0万円から約37・3万円、中学校は約28・8万円から約42・6万円に増加）。背景として、10年前と比較して、近年は人件費をはじめとする学校への消費的支出が減少し、施設整備費など資本的支出が増加していることがうかがえる。高等学校に関しては、都道府県支出金および市町村支出金ともに増額している。

図2-3　直接的財政関与に関わる教育資金の流れと規模（1人あたり：2010、2019年度）

（単位：千円）

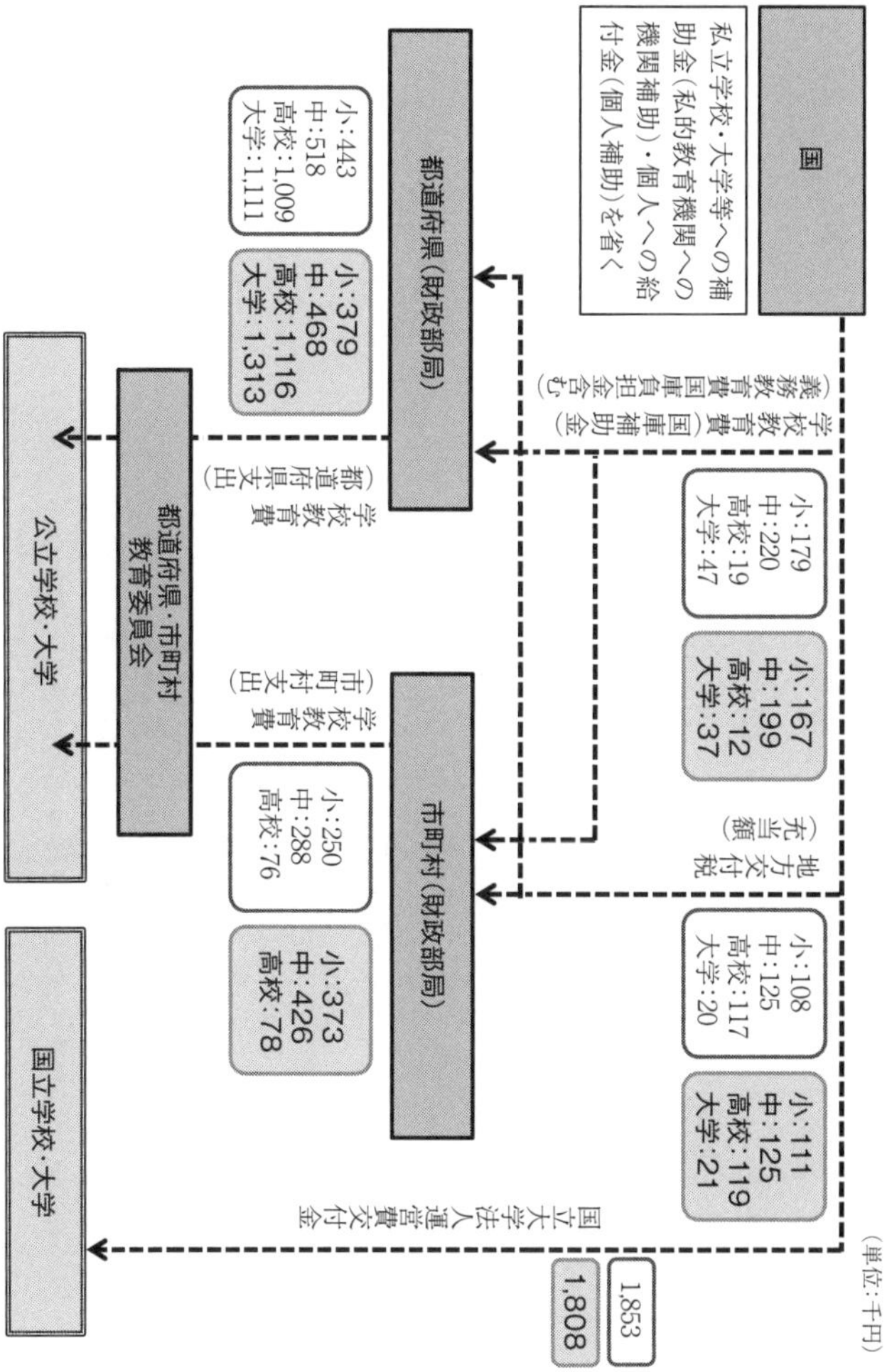

注：左（上）：2010年度　右（下）：2019年度
出所：筆者作成

地方が負担する公立大学の運営経費は、一人あたりで約111万円から約131万円に増加している（図2－3の学校教育費（都道府県支出）には市町村の公立大学の運営経費も含む）。この背景には、公立大学には小規模大学が多いことや、学年進行までは学生数が少ないことなどによる大学の規模の経済性の悪化や、近年の公立化する私立大学の増加による、大学の一人あたり維持費の増大などが考えられる[24]。

最後に、教育段階別に見た一人あたり地方交付税（充当額）は、2010年時点と2019年時点の10年間を経て、ほぼ同水準であることが指摘される。

3　資金提供による財政的関与と財政ガバナンス

本章では、直接的な財政関与の理論的背景を整理したのち、実際の資金の流れを整理した。これらの全体像をつかむことは、日本の教育のあり方およびその財源負担のあり方を考える上で、まず土台となる部分である。文部科学省から流れる資金は、実質的に使途を限定した深い財政関与である一方、総務省から流れる資金は、使途を限定しない財源保障的な意味での財政関与である。

このように、国による、さまざまな直接的な財政関与は、地方自治体および、教育委員会（教育現場）での教育行動（インセンティブ）に影響を与えている。国の視点に立てば、資金提供を通じて、財政的な教育ガバナンスを実施していることになる。

この全体としての教育ガバナンスの実態を踏まえ、次章以降では、財政責任を負う主体別に財源構造を整理していくことにする。

【第2章　注】

（1）国立（公立）大学と私立大学では、この1と2の負担の割合が異なっていると整理できる。
（2）正確には、費用負担者と受益者が一致し、限界費用と限界効用が一致する。
（3）後述するように、高等学校の実質無償化、大学の負担軽減策も導入されている。
（4）教育が無償化されても、教育を受けることで機会費用が発生し、生活が困窮している場合、教育を継続して受け続けることはできないかもしれない。そのため、所得格差がある限り、「無償化されれば、所得にかかわらず、希望者は全員教育を受けることができる」とまでは言えない。そのため、個人向けの補助である奨学金制度（給付型を含む）も設定されている。後出の注（10）を参照。なお、本書では、機関補助（教育機関を通じた資金の流れ）に焦点を絞って議論をするため、詳細には触れないこととする。
（5）本書の取り扱う範囲を超えるが、義務教育において授業料は発生しないものの、実際には授業料以外の経費（たとえば、給食費）が必要となり、それらは原則保護者負担となっている。しかしながら、低所得世帯の家計では、この経費負担が問題となって教育を受けることに支障が出る可能性があるため、国は、低所得者家庭向けの就学援助金制度を整備している。当初は、文部科学省からの個別補助金のかたちを取っていたが、２００５年に一般財源化され、地方交付税を通じた財源保障の枠組みの中で国によって手当てされている。
（6）公立高等学校授業料無償制・高等学校等就学支援金制度（旧制度）。
http://www.mext.go.jp/a_menu/shotou/mushouka/1342724.htm（参照2024-09-18）
（7）高等学校等就学支援金制度。
https://www.mext.go.jp/a_menu/shotou/mushouka/1342674.htm（参照2024-09-18）
（8）高等学校等就学支援金制度「私立高等学校授業料の実質無償化」
https://www.mext.go.jp/a_menu/shotou/mushouka/1418201.htm（参照2024-09-18）
（9）大阪府では、２０２４年度より、（高校3年より）段階的に所得制限を撤廃する動きが見られる。
（10）本書では、教育機関への機関補助（教育機関への資金提供）に着目しているため、個人への直接補助（給付・奨学金）には詳しく触れないが、個人への直接給付としては、教育を受けることによって生じる機会費用を賄うための「奨学金制度」がある。奨学金制度は、国の機関である日本学生支援機構（ＪＡＳＳＯ）によって運営され、学生時代に奨学金を支給する一方、卒業後に返済を求める貸付金制度である。有利子と無利子の二種類がある。学生は借金を背負うことになり、卒業後に低所得しか得られない場合には、返済が滞るリスクも伴う。このようなリスクを軽減する制度として繰り延べ制度等も設定されていたが、よりリスクを軽減する目的で、２０１７年度に新たに奨学金を借りる学生から、所得連動返還型奨学金制度が設定されている。２０２０年度より、給付型奨学金と入学金・授業料の減免がセットになった修学支援制度も導入されている。さらに、給付型奨学金および授業料減免の対象者を必要性の高い多子世帯や理工農系の学生等の中間層に拡大する、高等教育の修学支援新制度が、２０２４年度に導入された。制度導入の背景は、「高等教育の修学支援新制度の在り方検討会議」報告（２０２２年12月14日）『高等教育の修学支援新制度の見直しについて』を参照。https://www.mext.go.jp/a_menu/koutou/hutankeigen/1417033_00003.htm（参照2024-09-18）

（11）海外には、日本に比べ授業料が低い国も見られる。大学の運営費用は税金で賄われる。税金でどこまで負担するのかは、国全体の税負担とのバランスとも密接に関係する。税が相対的に低い国では、（低い税から恩恵を受けている）家計（親）が授業料を負担せざるを得ない。もちろん、海外同様、無償化も検討することはできるが、同時に、財政面から、税の大幅増税も必要となる。この増税を受け入れることができるのかどうかの検討も必要となる。

（12）この制度と同様の制度として、大学院段階の学生支援のための新たな制度（授業料を卒業後まで延期し、所得に応じて納付できる制度）が、２０２４年度から導入された。（同様の制度として、オーストラリアには、ＨＥＣＳ（Higher Education Contribution System）という制度がある。https://www.mext.go.jp/b_menu/shingi/chousa/koutou/120/index.html（参照2024-09-18）ただし、学生間の再分配は想定されていないため、卒業後の所得が低く、納付が軽減される場合には、新たな財源が必要となる。

（13）個人への奨学金として、教育を受ける本人が社会に出た後に、本人の所得に応じて奨学金を返還する「所得連動返還型奨学金制度」がある。なお、卒業後に、同世代の学生間の再分配は想定されていないため、卒業後の所得が低く、納付が軽減される場合には、新たな財源が必要となる。

（14）本節は、赤井ほか（２０１３）の分析方法を参考に、本書の視点でまとめたものである。

（15）学校教育費や教育行政費の財源には、都道府県および市町村支出金以外にも、国庫補助金や、地方債、公費組入れ寄附金等がある。国庫補助金については義務教育費国庫負担金に関して後述しているが、地方債発行額や公費組入れ寄附金については、ここでは記載していない。また、都道府県および市町村支出金の内訳は、地方税や後述する地方交付税等の一般財源と、家計からの授業料等収入であるが、公立高等学校への都道府県および市町村支出金に含まれる授業料等収入分は控除している。

（16）公立の小中学校の教育政策に関しては、合議制の執行機関である教育委員会によって執行される制度（教育委員会制度）が置かれている。その背景には、以下の三つの目的がある。１：政治的中立性の確保：個人の精神的な価値の形成を目指して行われる教育においては、その内容は、中立公正であることが重要であり、教育行政の執行にあたっても、個人的な価値判断や特定の党派的影響力から中立性を確保することが必要である。２：継続性、安定性の確保：教育は、子どもの健全な成長発達のため、学習期間を通じて一貫した方針の下、安定的に行われることが必要であり、教育は、結果が出るまで時間がかかり、その結果も把握しにくい特性から、学校運営の方針変更などの改革・改善は漸進的なものであることが必要である。３：地域住民の意向の反映：教育は、地域住民にとって身近で関心の高い行政分野であり、専門家のみが担うのではなく、広く地域住民の意向を踏まえて行われることが必要である。

この制度の下で、１：首長からの独立性：行政委員会の一つとして、独立した機関を置き、教育行政を担当させることにより、首長への権限の集中を防止し、中立的・専門的な行政運営を担保できる。２：合議制：多様な属性を持った複数の委員による合議により、さまざまな意見や立場を集約した中立的な意思決定を行うことができる。３：住民による意思決定：住民が専門的な行政官で構成される事務局を指揮監督する、いわゆるレイマンコントロールの仕組みにより、専門家の判断のみによらない、広く地域住民の意向を反映した教育行政を実現できる。

〈文科省ホームページ参照：https://www.mext.go.jp/a_menu/chihou/05071301.htm〉（参照2024-09-18）

なお、この教育委員会制度のあり方に関しては、教育行政学の分野で研究が行われている。

(17) 公立大学への財政措置を把握する上で、文部科学省「学校経費調査」で整備されている「国庫補助金、都道府県補助金、市町村補助金」の額を利用すると都道府県と市町村の負担分を区別することができる。しかし、地方公共団体直営の公立大学については、大学運営費は補助金として交付されているわけではなく、関係費用は地方公共団体の歳出として決算されるため、上述の都道府県補助金や市町村補助金には含まれない（以上、２０２３年８月に実施した文部科学省調査企画課へのメールヒアリングによる）。そのため、これらの値をそのまま用いると、公立大学の運営経費を実態より過少に算出してしまう。そこで、公立大学の支出面に着目し、「学校経費調査」の経費計から、民間部門からの収入である「授業料等収入」と公的部門からの収入である「国庫補助金、都道府県補助金、市町村補助金の合計」を差し引いた分を「都道府県補助金、市町村補助金の合計」に加えた額を、地方（都道府県および市町村）が負担する公立大学の運営費経費としている。

(18) https://www.mext.go.jp/a_menu/koutou/kouritsu/detail/1284531.htm（参照2024-09-18）

(19) ２０２３年８月のメールヒアリングによる。

(20) なお、ここでの地方交付税は、臨時財政対策債発行額も含めた値である。臨時財政対策とは、国から配分される地方交付税等をもってしても、標準的な行政サービスを行うに際しての地方財政収支不足の発生が想定される場合に、その額を補填するため、各地方公共団体が特例として発行する地方債である。なお、国の財源保障の観点から、その元利償還金相当額については、全額が後年度地方交付税の基準財政需要額に算入され、各地方公共団体の負担とはならない制度となっている。

(21) 支出金に対する交付税の割合が教育段階間で異なる背景には、私学助成および国庫支出金割合のちがいがある。

(22) 附属の小学校・中学校・高等学校の在籍者数も考慮した一人あたり金額は１６３万円である。

(23) 高等学校等就学支援金は都道府県支出金として、高等学校等就学支援金事務費交付金は国庫補助金として計上されている。

(24) 2010年度時点の「学校基本調査」では、公立大学への市町村補助金が調査項目となっていないため、都道府県補助金だけを比較すると、大学設置・準備・改組等の固定費用の増加などを背景に、2010年の1131億円から、2019年の1505億円へと増大している。なお、私立大学の公立化についての現状は、コラム4(第5章)を参照。

第3章　国立大学（高等教育）における財源構造
——国による財源責任

1　国立大学ガバナンスの仕組み

２０２２年度4月1日現在、全国に86の国立大学が存在する[1]（図３−１参照）。そのほぼ半数を総合大学が占め、総合大学以外で特に多い大学としては、教員養成系大学や工学系大学が挙げられる。これらの大学は、国から交付される交付金（国立大学法人運営費交付金）によって運営されている。以下では、国立大学改革の変遷と現行制度についてまとめている文部科学省（２０２０ａ）に基づき、これまでの国立大学改革およびガバナンス体制を概観する。

(1)　国立大学の役割

国立大学の役割は、時代に応じて変化しているが、文部科学省（２０２０ａ）は、国立大学に対する不変の役割・機能として、以下の二つがあるとしている。

第一は、「国立大学は国の教育インフラの基盤であり、全国に配置された公共財として、高等教育

図3－1　国立大学の種類と校数（2022年4月1日現在）

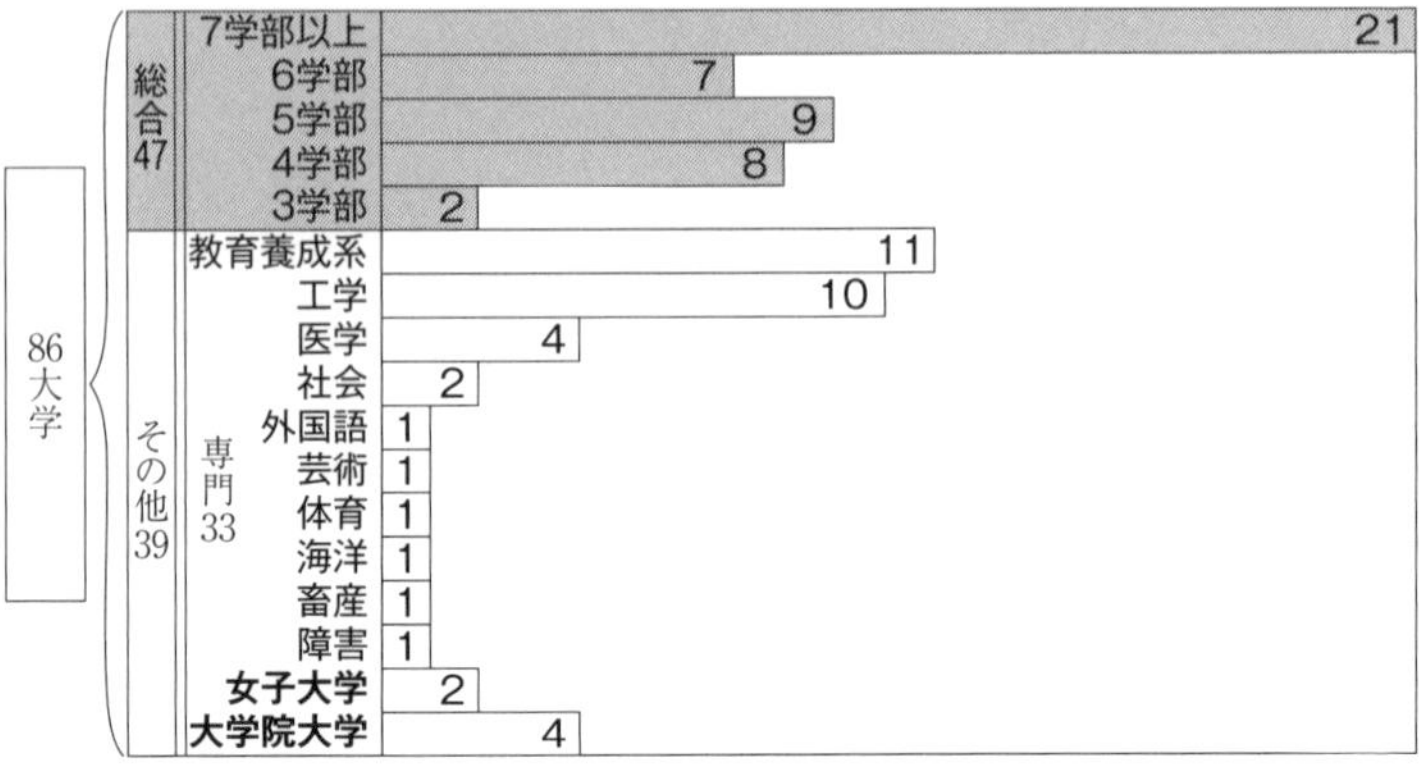

出所：文科省資料（2020b）「国立大学法人運営費交付金を取り巻く現状について」の資料より2022年度4月1日時点版として筆者作成
https://www.mext.go.jp/content/20201104-mxt_hojinka-000010818_4.pdf

の機会均等の要請に応えるとともに、地域の社会・経済・文化・医療・福祉の拠点として、それぞれの地域の個性や特色を活かしつつ、人材育成を図るとともに高度な研究を推進することで、我が国全体の均衡ある発展に貢献」することである。

第二は、「地域や経済条件にかかわらず高度な学びの場を提供し、次代を切り拓く成果を創出し、我が国の均衡ある発展に貢献することで、持続可能でインクルーシブな経済社会システムの実現に寄与」することである。

(2)　国立大学法人化とガバナンスの仕組み
（第3期中期目標期間まで）

各国立大学は2004年に、それぞれ独立した法人組織（国立大学法人）として新たに出発した[2]。法人化が実行された背景について、文部科学省（2020a）では「国立大学は我が国の高等教育と学術研究の水準の向上と均衡ある発展に大きな役割を果たしていることから、自律的な環境の下で国立大学を一層活性化し、優れた教育や特色ある研究に積極的に取り組むことにより個性豊かな魅力ある国立大学を実現すること等」としている。法人化の特徴は以下のようにまとめられる。

①　大学ごとに法人化することで、自律的な運営を確保する。
②「民間的発想」のマネジメント手法の導入により、全学的視点から資源を最大限に活用した戦略的な経営を行う。
③「学外者の参画」による運営システムにより、組織を活性化する。
④「能力主義」人事を徹底し、学長の任命権の下での全学的な人事を実現する。
⑤「第三者評価」の導入によりＰＤＣＡを回す。

このように、独立性の付与と自律的な運営の促進により、各大学が、より効率的・効果的に国立大学としての役割を果たすことが望まれている。独立性を持つ組織は、自律的な大学運営を行える一方で、成果を提示し、成果を出せない場合には説明をする責任を持つ。

大学法人に、国民が望む方向での大学運営を促していくためには、成果を重視したガバナンス制度として、成果を評価する制度の構築が不可欠である。ガバナンス制度という点においては、学長の選考・権限および意思決定の仕組みなど、大学内部のガバナンスの仕組み（内部統制）も国立大学法人の特徴として重要であるが、以下では、国民（国）が、大学をいかにガバナンスするのかという視点から、大学評価の仕組みを整理する。

法律で義務づけられた国立大学法人への評価には、国立大学法人評価（以下、法人評価）と大学機関別認証評価（以下、認証評価）がある。

「法人評価」とは、教育研究活動の中期目標等に対する業績評価の性格を持ち、大学の個性の伸長や教育研究の質的充実に資することを目的として、国立大学法人評価委員会（により要請を受けた機関）によって、評価が行われる。「法人評価」に際し、国立大学法人が事前に設定する達成目標や計画としては、具体的には、「中期目標」「中期計画」および「年度計画」がある。文部科学大臣は、6年間において各国立大学法人が達成すべき業務運営に関する目標を「中期目標」として定め、これを各法人に示すとともに公表する。中期目標は、各法人の意見を聴き、これに配慮するとともに、国立大学法人評価委員会の意見を聴いて定められる。２００４年度の法人化以降に定められた中期目標とそれぞれの対象期間は以下のようになっている。

第1期中期目標・期間：２００４年4月〜２０１０年3月
第2期中期目標・期間：２０１０年4月〜２０１６年3月
第3期中期目標・期間：２０１６年4月〜２０２２年3月
第4期中期目標・期間：２０２２年4月〜２０２８年3月

各法人は、中期目標を達成するための計画を「中期計画」として作成し、文部科学大臣の認可を受けるとともに公表する必要がある。さらに、各法人は、毎事業年度開始前に、中期計画に基づき、その事業年度の業務運営に関する計画を定め、文部科学大臣に届け出るとともに公表することとされている。これらを受けて、業務運営・財務内容に関する目標は毎年、教育研究に関する目標は4年目と6年目終了時に、文部科学省の国立大学法人評価委員会によって評価される。加えて、中期目標達成に向けた事業の進行状況を確認する観点から、毎年度、年度計画に基づいた「年度評価」も行われてきた[3]（なお、第4期からは、この年度計画・年度評価は廃止されている）。

次に、「認証評価」とは、大学自らが定める大学評価基準に基づいて、認証評価機関が大学を定期的に評価し、大学の教育研究活動等の質を保証することを目的とする。大学の教育研究活動等の状況を社会に公開し、国民の視点で社会から監視されることにより、大学が自らを自制していくことが期待されている。すべての大学等は、文部科学大臣が認証した評価機関の評価を7年以内ごとに受けることを義務づけられている。2018年度からは、認証評価において統一的に評価すべき事項として、三つのポリシー[4]の評価を通じ内部質保証を行う方針が設定された。

これら二つの評価に加え、法律には基づかないが、より効果的に国立大学法人運営費交付金を配分し、大学改革インセンティブを促す方式として、第3期では、以下の二つの仕組みが導入された。第一は、「重点支援評価」として、機能強化を実現するための「ビジョン」「戦略」「評価指標」を各大学が主体的に作成し、その進捗状況を外部有識者からの意見を踏まえて評価し、予算の重点支援に反映する仕組みであり、2016年度から導入されている。第二は「成果に係る客観・共通指標により実績状況を相対的に把握し、予算の配分に反映する仕組み」であり、2019年度から導入

表３－１　国立大学改革の全体像

ガバナンス	経営マネジメント	情報公開	評価
◆学長のリーダーシップの強化 ・法人化により、 ①「学長」を法人の長かつ大学の長として位置付け ②学内者と学外者の原則同数の構成員により学長を選考（学長選考会議）【2004】 ・法律改正等により、 ①学長補佐体制として、副学長の職務内容を明確化 ②教授会が決定機関ではない旨を明確化 ③学部長等は学長の定めるところにより任命されることを明確化 ④意向投票の結果をそのまま学長の選考結果に反映させることは不適切であることを明確化【2015】 ⑤法人の長と大学の長の分離を可能化【2020】	**◆人事給与マネジメント** ・法人化により、非公務員型の能力・業績に応じた人事・給与システムを各法人の責任で導入可能化【2004】 ・独立行政法人改革等に関する基本的な方針を踏まえ、法人において柔軟な報酬・給与設定等を行うよう閣議決定【2014】 ・指定国立大学法人の特例として、国際的に卓越した人材確保の必要性を報酬・給与の基準設定の考慮事項として法定【2017】 ・人事給与マネジメントに係るガイドライン策定【2018】 ・運営費交付金の配分に人事給与マネジメント改革に係る共通指標を導入【2019】	**◆教育研究面の情報公開** ・法律改正により、国公私通じて大学は、教育研究活動の状況を公表するものとする（具体的な事項の列記はなし）【2007】 ・国公私通じて大学は、教育研究目的の明示の義務化、シラバス・成績評価基準の明示の義務化【2008】 ・国公私通じて大学が公表すべき情報を具体的に明示【2011】 ・国公私通じて3つのポリシーの策定・公表を義務化【2017】	**◆国立大学法人評価** ・法人化により、国が設立し、公金が支出される法人として、中期目標の達成状況を評価する国立大学法人評価を導入。 業務運営・財務内容の目標は毎年、教育研究の目標は4年目と6年目終了時に評価【2004】 **◆認証評価** ・全ての大学等が、文部科学大臣が認証した評価機関の評価を7年以内ごとに受けることを義務化【2004】 ・認証評価において統一的に評価すべき事項として3つのポリシーに関することや、各大学における自律的な改革サイクル（内部質保証）に関することを新たに設定【2018】
◆意思決定システムの透明化・明確化 ・法人化により、 ①役員会制を導入 ②学外の理事・監事を義務化 ③経営協議会の半数を学外委員【2004】 ・法律改正により、 ①学長選考の基準を策定・公表 ②経営協議会の委員の過半数を学外委員【2015】 ③学外の理事複数を義務化【2020】 **◆機能強化の促進支援策** ・指定国立大学法人制度の創設【2017】 ・経営と教学の分離・一法人複数大学制の選択を可能化【2020】	**◆財務会計マネジメント** （資金の使途） ・法人化により、費目の別なく渡し切りの運営費交付金を措置【2004】 （財源多様化） ・法人化により授業料は標準額の上限110%まで、2007年に上限120%まで、各法人において設定可能 ・外部資金獲得により、交付金は減額しない「経営努力認定」 ・寄附を促進する税制優遇【2016、2018、2020】 ・法律改正により、資産の運用の規制緩和【2018】 ・運営費交付金の配分に外部資金獲得に係る共通指標を導入【2019】	**◆財務経営面の情報公開** ・法人化により、 ①中期目標、中期計画等を公表しなければならない。 ②財務諸表、事業報告書、決算報告書等を公表しなければならない。 ③特定の資料を除き、開示請求があれば、法人文書を開示しなければならない【2004】 ・国公私通じて大学は、自己点検・評価の公表を義務化【2004】	**◆重点支援評価** ・機能強化を実現するための「ビジョン」「戦略」「評価指標」を各大学が主体的に作成し、その進捗状況を対象に外部有識者からの意見を踏まえて評価し、運営費交付金予算の重点支援に反映【2016】 **◆成果に係る客観・共通指標** ・成果に係る客観・共通指標により実績状況を相対的に把握し、運営費交付金予算の配分に反映【2019】

出所：文部科学省（2020a）「国立大学改革の変遷と現行制度について」より抜粋
https://www.mext.go.jp/content/20200226-mxt_hojinka-000005220_4.pdf

されている。これら二つの仕組みについては、３節で評価を試みる。なお、表３－１には、これらの国立大学法人化以降の国立大学改革の全体像がまとめられている[5]（上記で述べた四つの評価は、表の右の列に整理されている）。

2　国立大学の財源構造：国立大学法人運営費交付金制度

(1)　国立大学法人運営費交付金とは

国立大学の運営を財政面で支えるために、毎年度「国立大学法人運営費交付金」（以下、「運営費交付金」と簡略表記）が、文部科学省から各大学に配分されている。これは、中期計画を実行するために各国立大学法人へ交付される基盤的経費であり、使途の制限がない渡し切りの一括交付金である。

２０２２年度の運営費交付金は、１兆７８６億円となっている。これは、文部科学省予算５兆２８１８億円の約20・４％（科学技術予算や文化芸術・スポーツ関連予算を除いた金額に占める比率では、約25・９％を占める）を占めており、教育予算としては、１兆５０１５億円の義務教育費国庫負担金［２０２０年度予算］と並んで、最も大きな割合を占める歳出となっている。また、運営費交付金とは別に、国立大学の施設整備のための補助金が、適宜交付されている[6]。

図３－２は、これまでの運営費交付金の金額推移を示したものである。２０１３年度までは減少傾向にあり、その後、下げ止まっていることがわかる。なお、２０１３年度の一時的な落ち込みは、

図３-２　国立大学法人運営費交付金予算額の推移

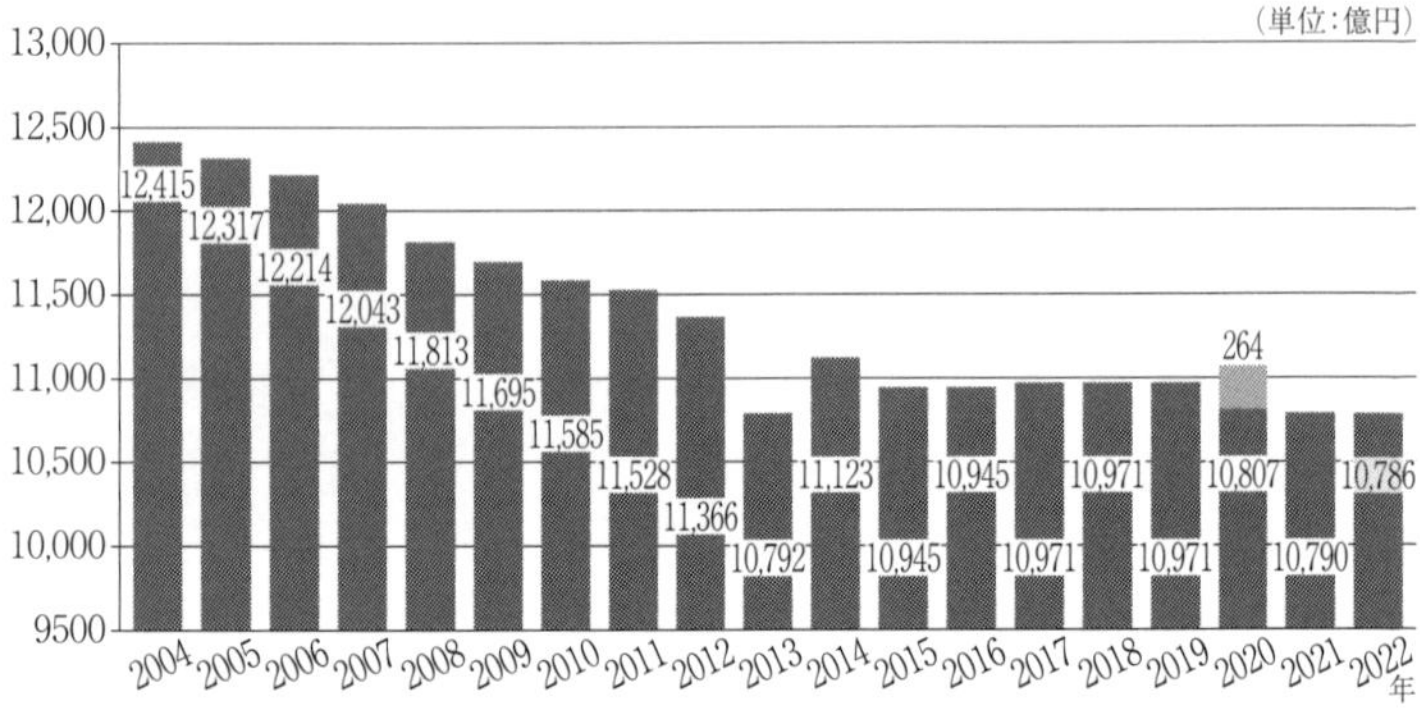

注：2017年度・2018年度の予算額には、国立大学法人機能強化促進費を含む。2020年度予算から。高等教育修学支援新制度の授業料等減免分を内閣府に計上。2020年度額は264億円（内閣府統計より）。
出所：文科省資料（2020b）「国立大学法人運営費交付金を取り巻く現状について」より筆者作成
https://www.mext.go.jp/content/20201104-mxt_hojinka-000010818_4.pdf

「国家公務員の給与の改定及び臨時特例に関する法律」の影響によるものである。(7)

２００４年度と２０１９年度を比較すると、約１４００億円の減少となっている。この実態に対して、財務省は、教育研究とは直接関係のない特殊要因を除くと、実質的には約４２０億円の減少になると整理している。(8) 一方で、文部科学省によると、各大学が目標および計画を達成するための必要額は増大しており、必要額と照らし合わせた不足額は１０００億円に膨らんでおり、「安定した運営費交付金の減少は、教員雇用の不安定化を招いている」と整理している。(9)

このように、不足額が拡大しているという議論の背景には、運営費交付金として毎年安定した基盤的資金を配分するという方針から、科学研究費助成事業などを通じて競争的資金を配分する方針への国の財政措置のスタンスの変化が影響していると推察される。(10)

図3-3　国立大学法人等（90法人）の経常費用の推移

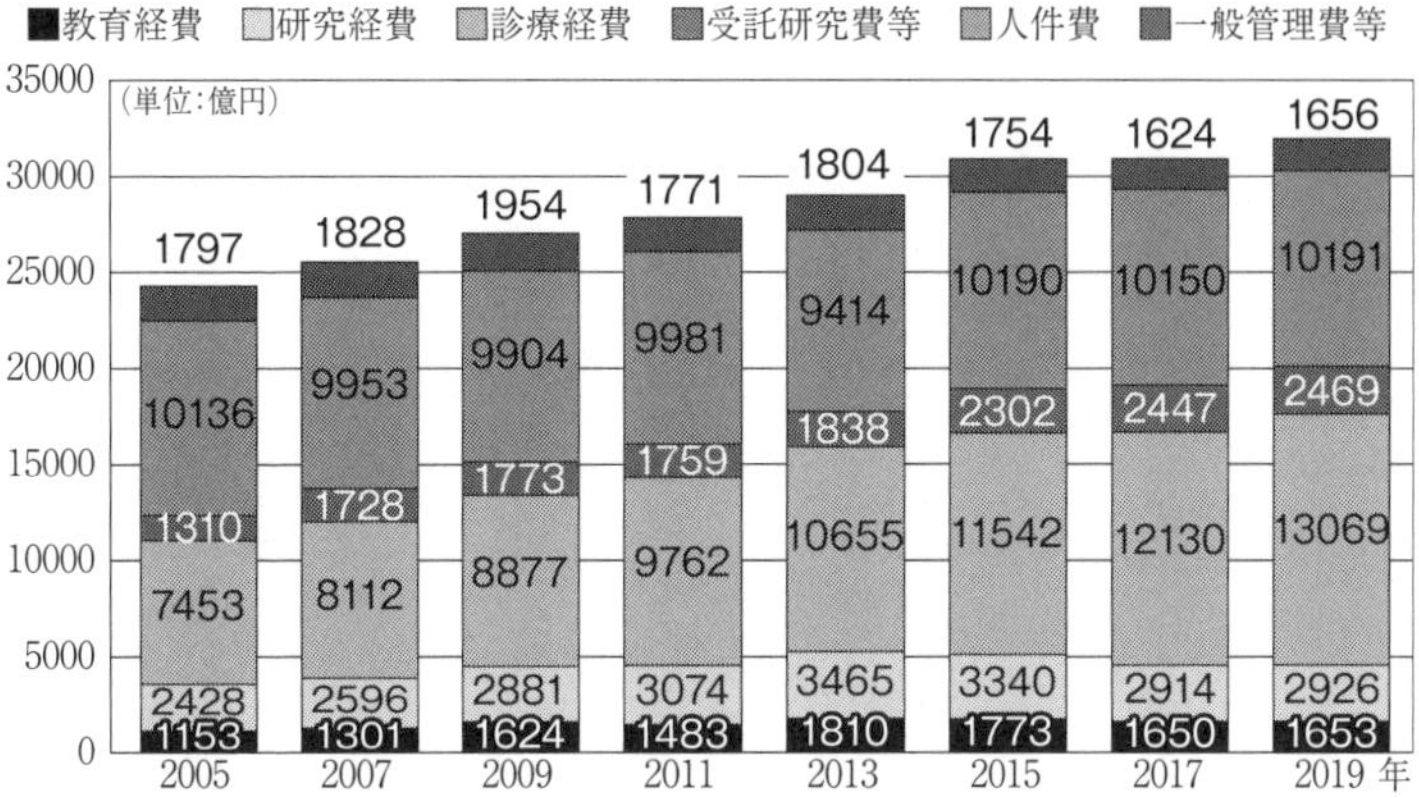

出所：文科省資料(2020b)「国立大学法人運営費交付金を取り巻く現状について」より筆者作成
https://www.mext.go.jp/content/20201104-mxt_hojinka-000010818_4.pdf

図3-4　国立大学法人等（90法人）の経常収益の推移

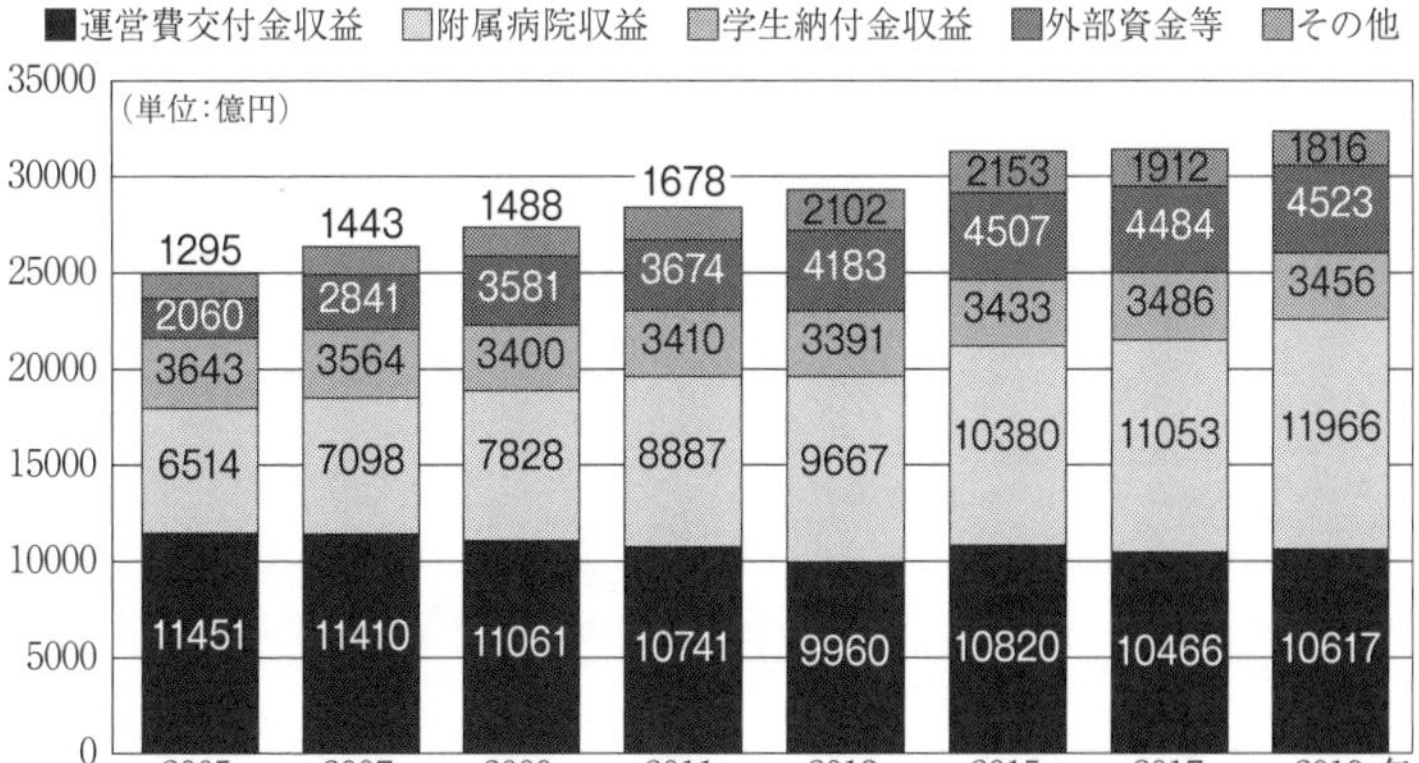

出所：文科省資料(2020b)「国立大学法人運営費交付金を取り巻く現状について」より筆者作成
https://www.mext.go.jp/content/20201104-mxt_hojinka-000010818_4.pdf

次に、国立大学法人等（大学共同利用機関法人[11]の4法人を含むため、90法人となる）。の運営にかかる費用および収益についてみる。図３－３には、経常費用の推移が示されている。経常経費は毎年増えており、２００５年度と２０１９年度を比較すると、約１・３倍となり、約７７００億円の増加となっている。この拡大の主な要因は、医療費の拡大を背景にした診療経費の増大であり、約５６００億円の拡大となっている。

また、受託研究費が１０００億円以上の伸びを、教育および研究経費も約１０００億円の伸びを示しており、産学連携および教育研究活動費用が増えてきていることがわかる。この背景には、教育研究の高度化、活動の多様化、光熱水料の単価の上昇、消費税増税などの要因があると考えられ。図３－４には、経常収益の推移が示されている。経常費用の増大を賄うため、収益も増大してきている。増加の主な要因は、附属病院収益であり、経常費用で拡大している診療経費をほぼ賄うかたちとなっている。また、外部資金等（受託研究、補助金および寄付金など）からの収益が約２５００億円の伸びを示し、運営費交付金収益の減少をカバーしていることがわかる。

(2) 算定の仕組み

以下では、第3期中期目標期間における運営費交付金の算定の仕組みを概観する。図３－５は、算定ルールの概要を示したものである。国立大学の運営費について、法人化以前は、教育研究に必要な予算が積算され、各大学に配布されていた。法人化時（２００４年度予算）は、従来の教育研究を継続できるように、法人化以前の配分実績を基に、交付金額が算定された。

図３-５　第3期運営費交付金算定ルールの概要

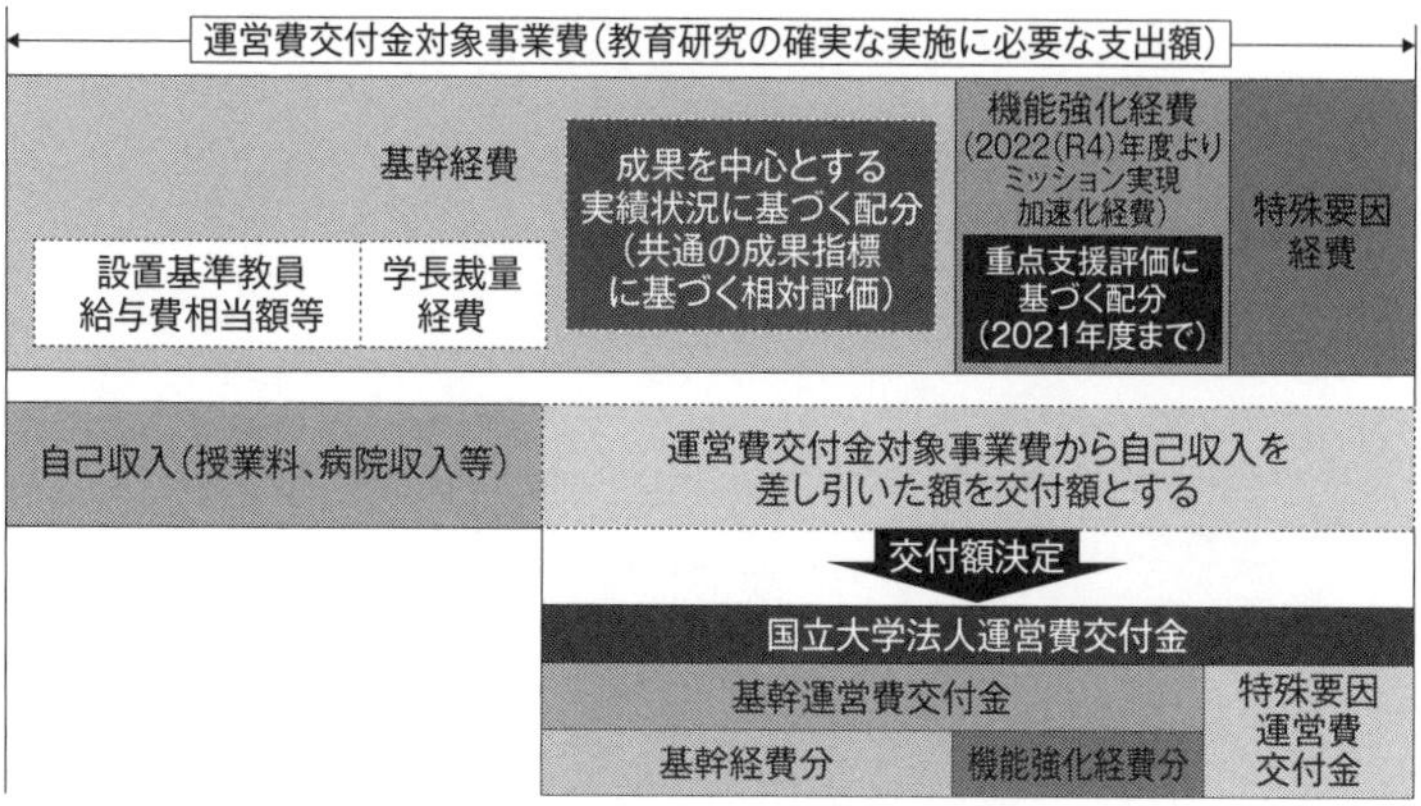

出所：文科省資料(2020b)「国立大学法人運営費交付金を取り巻く現状について」における図より筆者作成
https://www.mext.go.jp/content/20201104-mxt_hojinka-000010818_4.pdf

第３期中期目標期間においては、教育研究の確実な実施に必要な歳出額（運営費交付金対象事業費）が、「基幹経費」「機能強化経費」および「特殊要因経費」から算定されている。「基幹経費」は、人件費や光熱水料など、国立大学（附属病院や附属学校、附置研究所等を含む）の教育研究を実施する上で必要となる最も基盤的な経費である。「機能強化経費」は、各大学の取組みに応じた経費であり、「特殊要因経費」は、教職員の退職手当等、国が措置すべき義務的経費が該当する。

次に、その必要な経費から、授業料や病院収入などの自己収入（学生の収容定員や実績に基づきあらかじめ見積もられる。受託研究収入等の外部資金増加は交付金算定に反映させず、大学の増収努力を考慮している）を差し引いて、最終的な運営費交付金が算定される。

なお、「基幹経費」のうちの一部には、「成果を中心とする実績状況に基づく配分（共通の成果指

図3-6　運営費交付金の中身イメージ(大阪大学への配分額)

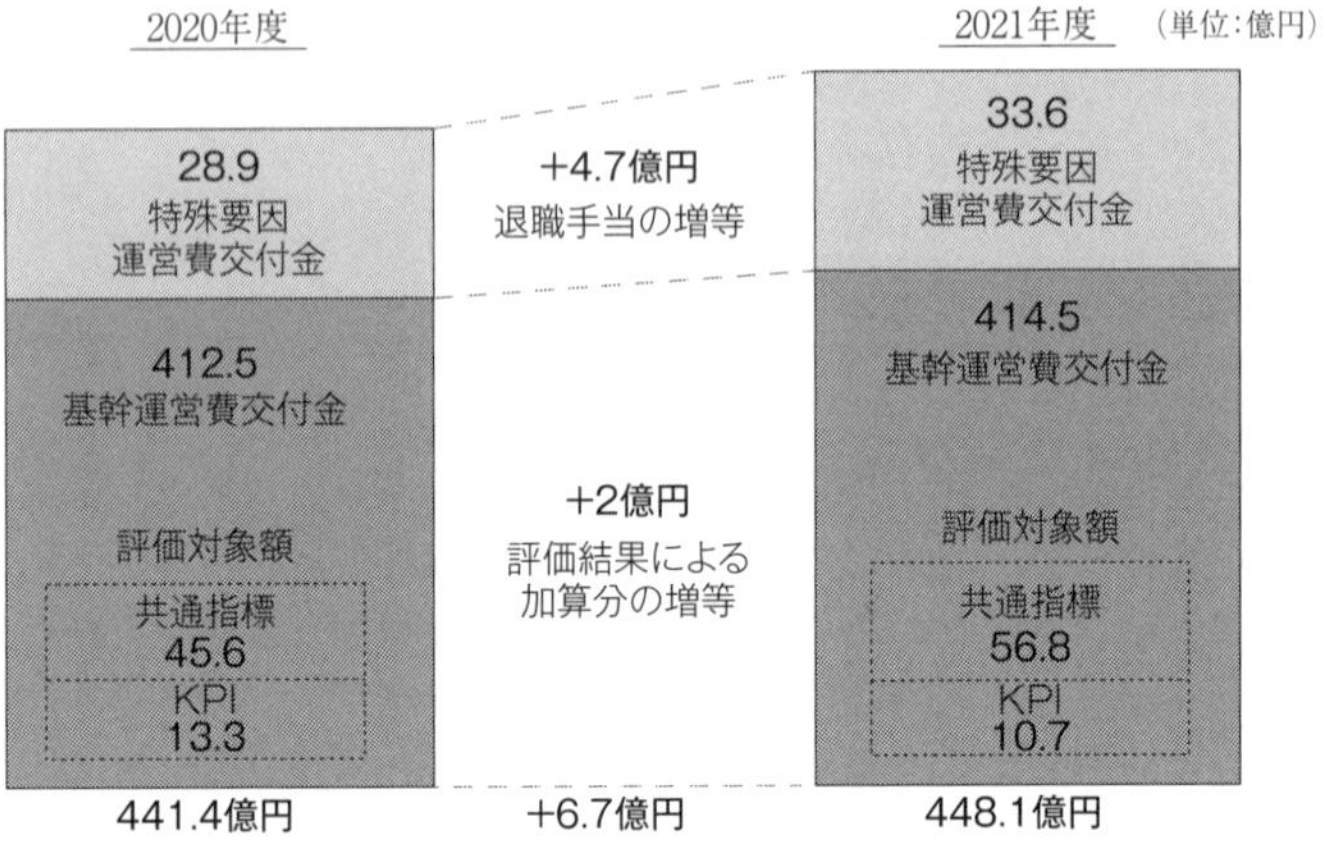

出所:大阪大学財務部財務課作成資料より抜粋

標に基づく相対評価)」(2021年度および2022年度は1000億円)という仕組みが、また、「機能強化経費」のうちの一部には「重点支援評価に基づく配分」という仕組み(2021年度は、200億円。2021年度で終了[12])が導入されており、実績や評価に応じて大学間で配分されている。これらについての詳細は、次節で議論する。

図3-6には、大阪大学に配分された運営費交付金の中身のイメージ(2020年度および2021年度の予算)が示されている。特殊要因を除けば、2020年度に比べ2021年度は、2億円の増加となっている。

中身を見ると、図表内における「KPI(評価指標)」は2・6億円減少し、「共通指標」は、11・2億円増加しており、変化が大きい[13]。これら二つの項目は、図3-5でも触れた戦略的配分額である。

すでに述べたように、運営費交付金は、国が必要と判断する経費に対して自己収入では賄えない部分を埋め合わせる制度となっている。林ほか（２０２０）は、運営費交付金算定の課題として、「大部分を占める基幹経費は前年度額を踏襲して配分される方式となっており、統合的で一貫した配分の設計思想が存在していない」、および「法人化以降の15年間の大学の教育研究活動の変化や、現在の教育研究活動にかかっているコストが、配分額に適切に反映できていない可能性」を指摘している。

自己収入では賄えない部分を埋め合わせる制度の設計には、自治体運営を継続できるように必要経費をカバーする仕組みとしての地方交付税が参考となる。

地方交付税には、細かい算定方式が存在する。複雑でわかりにくいものの、きめ細かな算定がなされていると評価できる面もある。

一方で、不足分を単に補うだけでは、効率的効果的な行動インセンティブを阻害するというマイナス面があることも共通している。不足分を補う目的を達成しながら、努力インセンティブをいかに埋め込むかに関する、地方交付税の制度設計の歴史も参考となろう。今後の制度設計においては、運営維持に必要な費用の計測の側面と、長期的な視野でのインセンティブ施策の側面を適切に組み合わせていくことが重要である。

財務面においては、大学による独自の資金借入の柔軟化（東京大学が２０２０年10月に２００億円分の大学債を発行し、その後、各大学で大学債の発行が拡大している）を含め自律的な経営の促進に向け、法人化された国立大学の財務運営の幅を広げながら、資金（交付金）を交付し国立大を支えていく財政ガバナンスの仕組みの構築が求められている。財務面での健全性の基準を設定し、その基準を満たさない場合にのみ改善を促す仕組みとしての『地方公共団体の財政の健全化に関する法律』の制度も参考となろう。

3　第3期中期目標期間の国立大学法人運営費交付金の戦略的配分と評価

前節で述べたように、運営費交付金は、国立大学の運営に必要な経費を確保し、財政面で支えるための交付金であるが、運営費交付金をより効率的効果的に活用するため、その配分方法には、いくつかの戦略的配分の仕組みが埋め込まれている。[14]

本節では、第3期中期目標期間の特徴である運営費交付金の2つの戦略的配分について取り上げ、その実態を整理する。[15][16]

(1)　重点支援の枠組みによる配分

第3期中期目標期間が始まった2016年度より、運営費交付金の「3つの重点支援の枠組みによる配分」(財務省による呼称は「重点支援評価による配分」)が始まった。これは、各大学が強み・特色を発揮し、各大学の取組みをきめ細かく支援することを目的として創設されたものであり、取組みの「ビジョン」「戦略」および、その達成状況を把握するための「評価指標(KPI)」を各大学が主体的に作成し、その達成度を評価する仕組みである。2016年度から2018年度における配分総額は、約100億円である。

2019年度からは、全国86国立大学法人の86のビジョンの下、296の「戦略」、944の「KPI」が設定された。「KPI」の状況を対象に、外部有識者からの意見を踏まえて評価が行われ、予算の重点支援（予算配分額）に反映される。

この取組みによる配分総額は、2019年度は、約300億円、2020年度は、約250億円、2021年度は、約200億円である。

「3つの重点支援の枠組み」とその枠組みに入る各大学は、表3－2にまとめられている。3つの枠組みとは、重点支援①地域のニーズに応える人材育成・研究を推進する枠組み、重点支援②分野ごとの優れた教育研究拠点やネットワークの形成を推進する枠組み、重点支援③世界トップ大学と伍して卓越した教育研究を推進する枠組みであり、各大学は3つの枠組み（以下、「グループ」と呼ぶ）から1つを選択することとなった。

一方で、この仕組みに対して、「第3期当初に導入された「重点支援評価」は、必ずしもアウトカム指標による評価ではなく、また相対評価でもなく、大学独自の指標となっており、資源配分の仕組みとして十分に機能しているとは言い難い」（財務省［2021］）という意見もある。

この制度では、あらかじめ大学の規模などにより決められた配分額を、評価結果によって、増減させる仕組みとなっているが、その増減率（評価率とも呼ばれる）は、2016年度は、75％から120％の範囲だったものの、2019年度・2020年度は、95％～105％に縮小されており、制度上、増減率の分散は小さくなる。

表３-２　「３つの重点支援の枠組み」と大学分類

【重点支援①】	【重点支援②】	【重点支援③】
主として、地域に貢献する取組とともに、専門分野の特性に配慮しつつ、強み・特色のある分野で世界・全国的な教育研究を推進する取組を中核とする国立大学を支援	主として、専門分野の特性に配慮しつつ、強み・特色のある分野で地域というより世界・全国的な教育研究を推進する取組を中核とする国立大学を支援	主として、卓越した成果を創出している海外大学と伍して、全学的に卓越した教育研究、社会実装を推進する取組を中核とする国立大学を支援
北海道教育大学 名古屋工業大学 室蘭工業大学 豊橋技術科学大学 小樽商科大学　三重大学 帯広畜産大学　滋賀大学 旭川医科大学 滋賀医科大学 北見工業大学 京都教育大学　弘前大学 京都工芸繊維大学 岩手大学 大阪教育大学 宮城教育大学 兵庫教育大学 秋田大学　奈良教育大学 山形大学　和歌山大学 福島大学　鳥取大学 茨城大学　島根大学 宇都宮大学　山口大学 群馬大学　徳島大学 埼玉大学　鳴門教育大学 横浜国立大学　香川大学 新潟大学　愛媛大学 長岡技術科学大学 高知大学　上越教育大学 福岡教育大学 富山大学　佐賀大学 福井大学　長崎大学 山梨大学　熊本大学 信州大学　大分大学 岐阜大学　宮崎大学 静岡大学　鹿児島大学 浜松医科大学　琉球大学 愛知教育大学 55大学	筑波技術大学 東京医科歯科大学 東京外国語大学 東京学芸大学 東京芸術大学 東京海洋大学 お茶の水女子大学 電気通信大学 奈良女子大学 九州工業大学 鹿屋体育大学 政策研究大学院大学 総合研究大学院大学 北陸先端科学技術大学院大学 奈良先端科学技術大学院大学 15大学	北海道大学 東北大学 筑波大学 千葉大学 東京大学 東京農工大学 東京工業大学 一橋大学 金沢大学 名古屋大学 京都大学 大阪大学 神戸大学 岡山大学 広島大学 九州大学 16大学

出所：文科省資料(2020b)「国立大学法人運営費交付金を取り巻く現状について」より抜粋
https://www.mext.go.jp/content/20201104-mxt_hojinka-000010818_4.pdf

図３-７　3つの重点支援グループに対する配分額の増減率の平均値推移

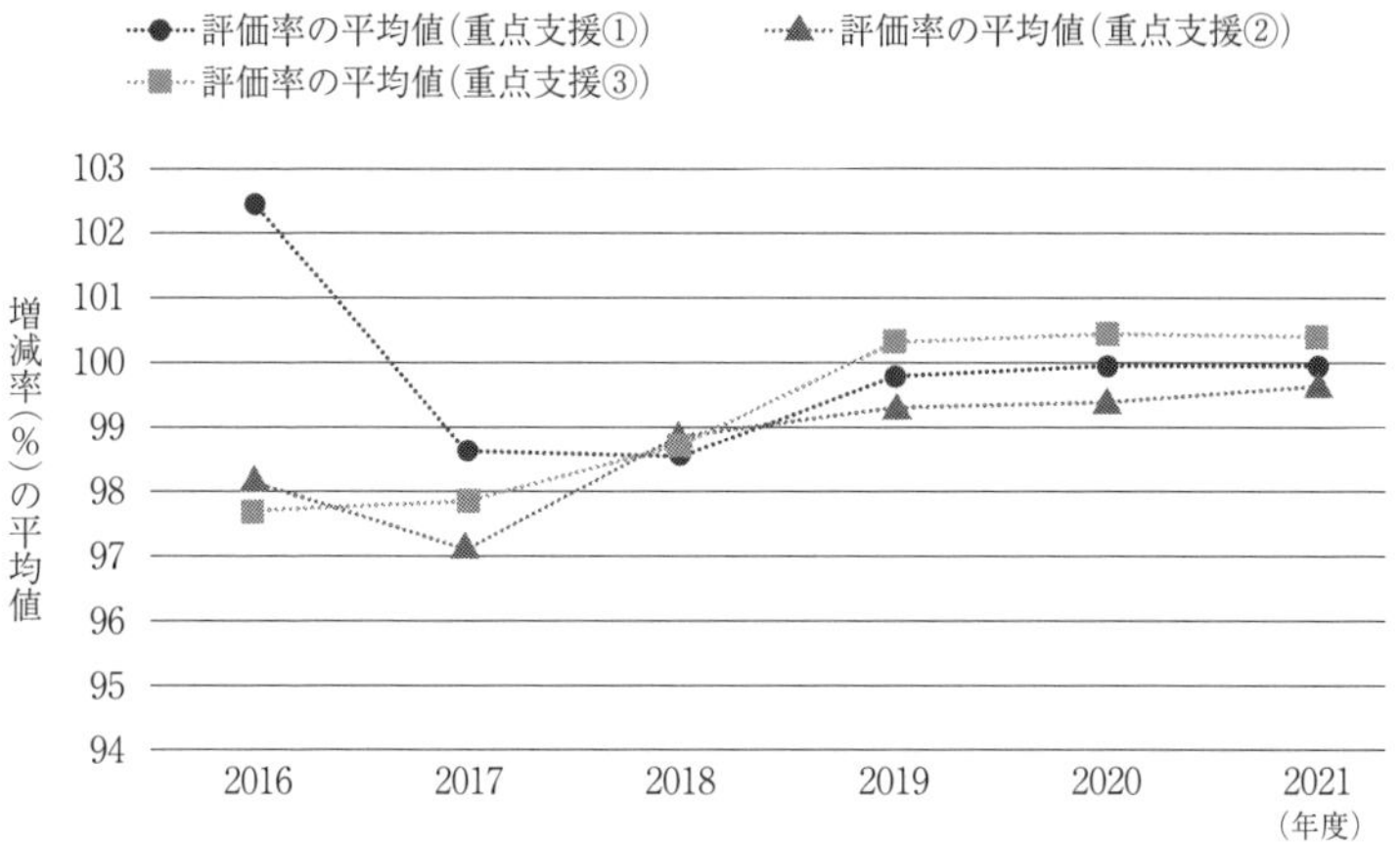

出所：筆者作成

ただし、目標が達成された場合には、１００％となり、この１００％基準は、年度を通じて一定である。そのため、平均値には日本全国での平均的な達成度合いが現れると考えられる。図３－７には、３つの重点支援による配分額の評価率の平均値推移が示されている[17]。

55大学を評価する重点支援①の２０１６年度が高いものの、平均値の推移は、おおむね、年度が経つにつれて上昇してきていると言える。これは、全国的に１００％を達成しつつあることを意味している。目標値の設定は、各大学が行うため、達成しやすい目標値を設定したとも言えるが、努力して目標を達成する大学が多くなったとも言えよう。

各大学において、評価指標が適切に設定され、目標達成に向けて意欲を高く保ち、改革に取り組んできたのであれば、一定の効果はあったと思われる。ただし、適切な指標で適切な評価を行えたのかどうかに関しては議論もあり、各大学での6年間の改革の成果については、丁寧に検証をしていくべきであろう。

(2) 成果を中心とする実績状況（共通成果指標）に基づく配分

２０１９年度からは、新たな配分の仕組みとして、「成果を中心とする実績状況に基づく配分」（財務省による呼称は、「共通の成果指標に基づく相対評価」）が導入された（導入に向けた２０１８年の政策決定プロセスの議論に関しては、竹内［２０１９］に整理されている）。この配分は、「各国立大学法人におけるマネジメント面での改革を一層推進するとともに、教育研究のさらなる質の向上を図る観点から、基幹経費において、成果にかかわる客観・共通指標により実績状況を相対的に把握し、これに基づく配分を行う」（文科省［２０２０ｂ］11ページ）ものである。

財務省（２０１９）においては、「厳選された共通の成果指標による相対評価」が一定の機能を果たしているとして、「教育と研究を明確に区分したうえで、その質を測る客観的かつ比較可能な指標、特にアウトカムに重点を置いた指標を設定する」ことが求められた。この背景には、成果（アウトカム）に応じた資金配分を行うことが、インセンティブを高め、業績を引き上げるという論理がある。これまでの配分が実際、業績向上につながっているのかに関しては、データ分析（エビデンスの構築）が求められる。

これを受けて、２０２０年度においては、２０１９年度に活用したマネジメントに関する指標に加えて、教育研究や学問分野ごとの特性を反映した客観・共通指標が採用され、配分が実施された。

図3-8　2019年度から2022年度における配分指標と配分金額

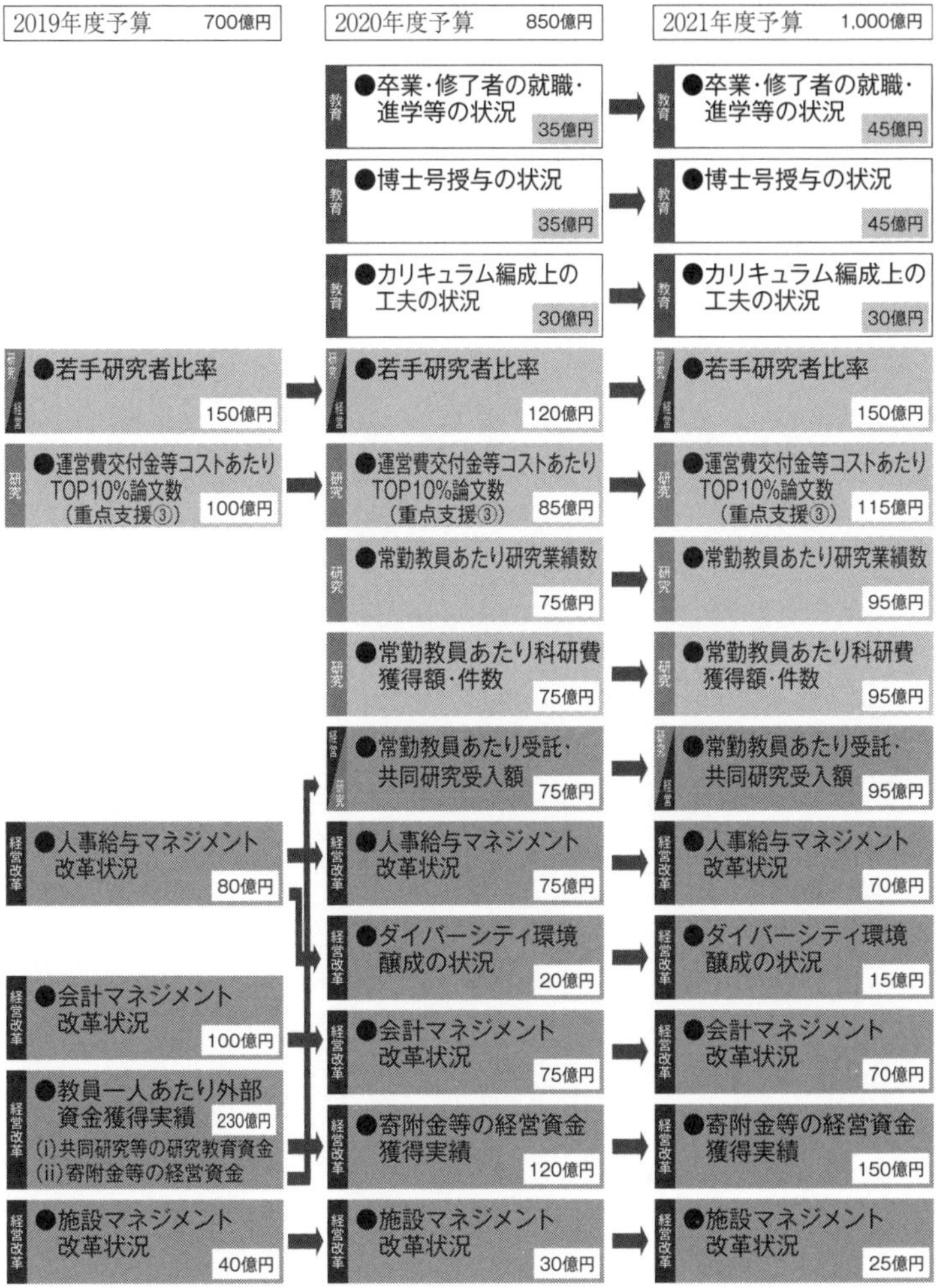

出所：文科省資料（2020b）「国立大学法人運営費交付金を取り巻く現状について」より抜粋
https://www.mext.go.jp/content/20201104-mxt_hojinka-000010818_4.pdf

配分指標とそれぞれの指標に割り当てられた配分金額は、図3-8に示されている。[18] 配分される予算額全体および、各指標ごとに決められる各配分予算額は「配分対象経費」と呼ばれる。以下では、理解をしやすいように、配分される予算額全体を、「配分対象経費（全体）」、各指標ごとに決められる各配分予算額を、「配分対象経費（個別）」と呼ぶことにする。配分対象経費（全体）に関しては、2020年度には、配分指標数が拡大され、2019年度の700億円から850億円に拡大されている。さらに、2021年度には配分指標数はそのままに、配分対象経費（全体）が1000億円に拡大されている。

配分基礎額について説明する。（各指標の各大学の）配分基礎額とは、各大学の「基盤となる経費[19]」が全大学（またはグループ内）経費に占める割合[20]（シェア率と呼ばれている）を、配分対象経費（個別）に乗じた額として定義されるものである。この額が、評価を行う前の基礎となる額である。

この配分基礎額が、指標の評価結果に基づき変化することになる。評価によって変化する率（100%未満の場合は、予算縮小、100%の場合は、予算維持、100%より大きい場合は、予算拡大）は、配分率と呼ばれている。その配分率の幅は、2019年度に90%~110%であったものが、2020年度には85%~115%へ、さらに、2021年度には80%~120%へと拡大された。

表3-3には、2021年度における重点支援③のグループの評価結果に基づく配分率が示されている。各指標においてグループ内で順位がつけられたのち、上位10%以上に位置する大学には配

表3-3　2021年度「成果を中心とする実績状況に基づく配分」実績（重点支援③グループ）

（単位：%）

大学名	配分率												
	卒業・修了者の就職・進学等の状況	博士号授与の状況	カリキュラム編成上の工夫の状況	若手研究者の雇用状況	常勤教員あたり研究業績数	常勤教員あたり科研費受入実績	常勤教員あたり受託・共同研究受入額	運営費交付金等コストあたりTOP10%論文数	人事給与マネジメント改革推進状況	ダイバーシティ環境醸成の状況	会計マネジメント改革推進状況	寄付金等の経営資金獲得実績	施設マネジメント改革推進状況
北海道大学	90	90	105	100	80	95	95	85	80	90	110	85	100
東北大学	100	100	120	115	105	105	100	105	120	85	110	85	85
筑波大学	95	110	100	90	95	85	95	90	95	115	105	100	115
千葉大学	95	115	120	95	100	85	90	90	105	100	120	100	100
東京大学	80	100	80	120	115	115	120	115	85	115	80	115	115
東京農工大学	95	120	95	85	115	105	115	95	85	95	85	110	100
東京工業大学	110	80	120	115	95	95	110	120	95	95	100	95	100
一橋大学	115	80	95	85	90	110	85	100	90	120	80	115	80
金沢大学	120	105	85	80	85	95	80	80	105	85	95	80	115
名古屋大学	105	85	95	110	105	100	105	115	120	110	120	105	100
京都大学	85	95	80	105	120	120	105	110	95	95	85	120	115
大阪大学	100	95	120	105	100	115	115	105	115	105	95	105	120
神戸大学	105	115	85	100	95	90	100	100	110	80	95	95	100
岡山大学	115	105	90	95	80	80	85	95	80	100	100	90	100
広島大学	85	95	100	95	85	80	80	80	105	105	115	80	120
九州大学	80	85	120	80	110	100	95	95	105	80	100	95	85

出所：「令和3年度国立大学法人運営費交付金「成果を中心とする実績状況に基づく配分」について」より抜粋
https://www.mext.go.jp/a_menu/koutou/houjin/1417264_00003.html

分基礎額の120%が、上位20%以上には配分基礎額の115%が割り当てられ、順位が10%増えるごとに配分基礎額が5%減少するかたちとなっている[(21)]。各指標に割り当てられた配分基礎額に対して、表3-3で与えられた各指標の配分率を乗じることにより各大学への配分額が決定される。

表3-4には、大阪大学を例にとった場合の、2021年度の各指標項目ごとの評価と交付金額が示されている。表3-2で分類された「3つの重点支援」グループ（大阪大学は、重点支援 ③グループに含まれる）のグループ内での順位も示されている。

このように、大学の相対的な順位がわかることで、同じグループ内での大学の立ち位置が明らかとなり、低い順位に関わる指標の向上を図るというインセンティブにつながる仕組みとなっている。しかしながら、教育・研究は、各学部または各研究科で行われており、各大学において、構成する学部・研究科などの教育・研究分野も異なるため、この指標だけでは、各大学内で行われている各教育・研究分野（文部科学省では、「教育・研究分野」を「学系」という分類で整理している。以下では、教育・研究分野のことを、「学系」と呼ぶことにする）のうち、どの学系が順位に貢献したのか、また、どの学系が他の大学と比べ劣っていたのかについては、十分には明らかでない。各大学の本部で対応できる指標は、「経営改革」の指標に限られており、このように各学系ごとの指標や順位が明らかではない状態では、真に必要な教員レベルまでインセンティブを届けようがなかった。

筆者らが提案したこともあり、財務省（2020b）には、「各学系ごとの評価を含む詳細な評価結果を公表するとともに、評価に基づく学内配分を行う大学に重点的な配分を行うなど、学内資源配分の見直しを促進する仕組みを導入する」ことが明記され、2021年度予算では、予算の配分

表３-４　2021年度における配分指標と配分金額（大阪大学への配分）

共通指標		国の予算【億円】	大阪大学【百万円】							
			配分基礎額（A）	配分額（B）	うち加算額（B−A）	【前年度】	配分率（B/A）	【前年度】	グループ内順位	【前年度】
教　育	卒業・修了者の就職・進学率	45	241	241	0	0	100%	100%	7位	8位
	博士号授与率	45	241	229	▲12	▲9	95%	95%	11位	11位
	カリキュラム編成上の工夫の状況	30	161	193	32	23	120%	115%	1位	1位
小　計		120	643	663	20	14				
研　究	常勤教員あたり研究業績数	95	509	509	0	19	100%	105%	7位	4位
	常勤教員あたり科研費受入件数・受入額	95	509	585	76	19	115%	105%	3位	4位
	若手研究者比率	150	804	844	40	30	105%	105%	5位	4位
	運営費交付金コストあたりTOP10%論文数	115	937	984	47	0	105%	100%	5位	5位
小　計		455	2,759	2,922	163	68				
経営改革	常勤教員あたり受託・共同研究等受入額	95	509	586	77	57	115%	115%	2位	1位
	人事給与マネジメント改革状況	70	375	432	57	0	115%	100%	3位	5位
	ダイバーシティ環境醸成の状況	15	81	84	3	10	105%	110%	6位	3位
	会社マネジメント改革状況	70	375	356	▲19	0	95%	100%	10位	7位
	経営資金獲得実績	150	804	844	40	▲30	105%	95%	5位	9位
	施設マネジメント改革状況	20	134	161	27	23	120%	115%	1位	1位
小　計		425	2,278	2,463	185	60				
調整額				▲111	▲111					
総　計		1000	5,680	5,937	257	142			3位/16大学	2位/16大学

注1：上記資料は文部科学省より示された「令和3年度「成果を中心とする実績状況に基づく配分」算定の考え方」に基づき、大阪大学が独自に作成したものである。
注2：上記資料中の順位は、当該資料作成時に大学間の情報収集により推定したものであり、文部科学省の通知等によるものではない。
注3：評価の結果、各指標において、各大学への配分額である「各大学配分基礎額×配分率」の全大学合計は、各指標の配分基礎額の全大学合計とは、必ずしも一致しない。したがって、全大学合計を一致させるように、各大学の差額の割合で各大学への配分額を圧縮し、配分額を確定することとされている。調整額とは、圧縮調整の際に生まれる額である。
出所：大阪大学財務部財務課作成資料より抜粋

時に、各学系の算定結果に関わる資料も、各大学に配布されることとなった。実際、配分額は、各学系（人文科学系、社会科学系、理学系、工学系、農学系、保健系、教育系、総合文系、総合理系、総合融合系の10分野[22]）において大学間の相対評価を実施し、偏差値をベースに算定されており、その基礎となる情報が提示されたことになる。

各学系の指標や順位がわかれば、各大学の各学系が、同じグループ内で、どの位置にあるのかが、明らかとなる。その結果、各学系に関わる教育・研究を行う部局に対し、どの指標を引き上げることが重要であるのかを明確に認識させることができ、各大学において、教育・研究を向上させるインセンティブを与える制度設計も可能となる。

上記の財務省（２０２０ｂ）の提案に基づき、２０２１年度から、「評価結果に基づいた学内資金配分を行っているかどうか」という指標が、「成果を中心とする実績状況に基づく配分」における「経営改革」の指標に、反映されることとなり、その指標から、各大学における取組みの実態が明らかとなった。文科省の算定資料（２０２１年度配分）によれば、２０２０年度時点において、重点支援①グループでは、55大学中19大学、重点支援②グループでは、15大学中４大学、重点支援③グループでは、16大学中９大学で評価結果に基づいた学内資金配分を行っている。

表３－５から表３－７は、総合大学（２大学：大阪大学・東京大学）および単科大学（２大学：一橋大学・東京工業大学）における各学系の評価結果をまとめたものである。どの系でどの指標が弱いのかが明らかとなり、各学系レベルでの対策も可能となる。

大阪大学では、この各学系の結果に基づき、２０２１年度の部局への配分を決めている。学系ごとに、全国における自らの大学の立ち位置が明らかとなり、毎年の努力がダイレクトに反映するた

表3-5　2021年度における配分指標別学系別順位（大阪大学のケース）

共通指標		人文科学系	社会科学系	理学系	工学系	保健系	総合文系	総合理系	総合融合系	全体
教育	卒業・修了者の就職・進学率	3	10	6	9	7	2	1	10	7
	博士号授与率	1	5	7	9	10	3	8	1	11
	カリキュラム構成上の工夫の状況	1	1	1	1	1	1	1	1	1
研究	常勤教員あたり研究業績数	6	4	11	9	4	2	7	8	7
	常勤教員あたり科研費受入件数	9	3	8	10	1	3	5	11	5
	常勤教員あたり科研費受入額	9	3	8	10	1	3	5	11	5
	若手研究者比率	2	2	5	6	5	2	2	1	5
	運営費交付金等コストあたりTOP10%論文数	–	–	–	–	–	–	–	–	–
組織改革	常勤教員あたり受託・共同研究等受入額	10	7	6	4	1	5	4	8	2
	各系の平均順位	5.13	4.38	6.50	7.25	3.75	2.63	4.13	6.38	5.38
	指標の対象大学数	13	14	13	13	13	12	14	12	16

注：比較対象となる大学における各学系の大阪大学の順位を表す。順位の比較対象となる大学数は指標によって異なるため、最も多くの大学を対象とする指標の対象大学数を示している。
出所：文科省令和3年度算定資料より筆者作成

表３－６　2021年度における配分指標別学系別順位（東京大学のケース）

共通指標		人文科学系	社会科学系	理学系	工学系	農学系	保健系	教育系	総合文系	総合理系	総合融合系	全体
教育	卒業・修了者の就職・進学率	6	13	12	13	11	13	11		12	12	16
	博士号授与率	7	11	1	1	7	9	4		5	7	8
	カリキュラム構成上の工夫の状況	13	11	12	13	11	10	11		12	12	16
研究	常勤教員あたり研究業績数	4	3	3	7	1	2	1	11	5	11	3
	常勤教員あたり科研費受入件数	5	6	3	3	3	5	1	4	3	6	4
	常勤教員あたり科研費受入額	5	6	3	3	3	5	1	4	3	6	4
	若手研究者比率	3	7	2	2	2	1	3	12	3	5	1
	運営費交付金等コストあたりTOP10%論文数	–	–	–	–	–	–	–	–	–	–	–
組織改革	常勤教員あたり受託・共同研究等受入額	7	2	2	1	1	3	1	9	2	2	1
	各系の平均順位	6.25	7.38	4.75	5.38	4.88	6.00	4.13	8.00	5.63	7.63	6.63
	指標の対象大学数	13	14	13	13	11	13	11	12	14	12	16

注：比較対象となる大学における各学系の東京大学の順位を表す。順位の比較対象となる大学数は指標によって異なるため、最も多くの大学を対象とする指標の大学数を示している。
出所：文科省令和3年度算定資料より筆者作成

表3-7　2021年度における配分指標別学系別順位（一橋大学、東京工業大学のケース）

		一橋大学			東京工業大学				
共通指標		人文科学系	社会科学系	全体	理学系	工学系	総合文系	総合理系	全体
教育	卒業・修了者の就職・進学率	13	3	3	2	5		5	4
	博士号授与率	3	10	15	5	12		6	16
	カリキュラム構成上の工夫の状況	12	7	11	1	1		1	1
研究	常勤教員あたり研究業績数	3	3	3	1	12	1	6	9
	常勤教員あたり科研費受入件数	11	5	7	4	8	10	10	11
	常勤教員あたり科研費受入額	11	5	7	4	8	10	10	11
	若手研究者比率	7	2	1	3	5	8	8	3
	運営費交付金等コストあたりTOP10%論文数	–	–	–	–	–	–	–	–
組織改革	常勤教員あたり受託・共同研究等受入額	2	3	16	9	2	3	6	3
	各系の平均順位	7.75	4.75	7.88	3.63	6.63	6.40	6.50	7.25
	指標の対象大学数	13	14	16	13	13	12	14	16

注：比較対象となる大学における各学系の一橋大学・東京工業大学の順位を表す。順位の比較対象となる大学数は指標によって異なるため、最も多くの大学を対象とする指標の大学数を示している。
出所：文科省令和3年度算定資料より筆者作成

め、努力インセンティブも高まることになると思われる。特に、表3－7にある単科大学（2大学：一橋大学・東京工業大学（当時））においては、学系が限られているため、大学全体で比較してしまうと、各大学の特徴が活かされない可能性が高く、このような各学系の順位を考慮した資金配分設計が、特に重要となる。

表3－8および表3－9では、人文科学系と社会科学系において、比較対象大学ごとの各指標の順位が整理されている。このような整理をすれば、どの大学の指標が最も高くなっているのか、どの指標を向上させれば、低い順位を高めることができるのかを明確に判断できる。

ここで、特に価値があることは、同じ学系同士を比較していることである。大学の総合的な評価で、このような整理を行っても、単科大学と総合大学では比較が難しい。すなわち、同学系で評価することによって、該当大学の該当部局に対して的確な判断を促し、努力インセンティブを生み出すことができるのである。

(3) 評価制度を努力インセンティブにつなげるために

国立大学の各大学・教員・事務職員は、それぞれ、与えられたミッションに対して努力をしていると思われるが、一部には、十分にその努力を活かしきれていないかもしれない。政府は、国民のため、日本にとって望ましいミッションを国立大学が効果的効率的に遂行していく方策を検討する義務がある。その一つが評価であり、評価に基づいて努力インセンティブを与える仕組みが、資金の配分である。資金は、税金であり、1円たりとも無駄にはできない。効果を出すことが求められ

表３-８　2021年度における人文科学系における比較対象大学各指標順位

共通指標		北海道大学	東北大学	筑波大学	千葉大学	東京大学	一橋大学	名古屋大学	京都大学	大阪大学	神戸大学	岡山大学	広島大学	九州大学
教育	卒業・修了者の就職・進学率	10	7	4	1	6	13	9	7	3	5	2	11	12
	博士号授与率	2	8			7	3	6	5	1	4		9	10
	カリキュラム構成上の工夫の状況	1	1	8	1	13	12	7	8	1	8	8	1	1
研究	常勤教員あたり研究業績数	9	2		5	4	7	11	1	6	3		10	8
	常勤教員あたり科研費受入件数	7	3		8	5	11	4	2	9	1		10	6
	常勤教員あたり科研費受入額	4	5		6	1	10	8	2	9	3		11	7
	若手研究者比率	9	6		11	3	10	8	7	2	5		4	1
	運営費交付金等コストあたりTOP10%論文数			–	–	–	–	–	–	–	–	–	–	–
組織改革	常勤教員あたり受託・共同研究等受入額	8	6		11	7	2	5	4	10	1		3	9
	各大学の人文社会系の平均順位	6.25	4.75	6.00	6.14	5.75	8.50	7.25	4.50	5.13	3.75	5.00	7.38	6.75
	各大学における対象指標数	8	8	2	7	8	8	8	8	8	8	2	8	8

注：各指標における比較対象となる各大学の順位を表す。順位の比較対象となる大学数は指標によって異なる。
出所：文科省令和3年度算定資料より筆者作成

表３-９　2021年度における社会科学系における比較対象大学各指標順位

共通指標		北海道大学	東北大学	筑波大学	千葉大学	東京大学	一橋大学	金沢大学	名古屋大学	京都大学	大阪大学	神戸大学	岡山大学	広島大学	九州大学
教育	卒業・修了者の就職・進学率	8	6	1	3	13	3	14	5	12	10	7	2	9	11
	博士号授与率	3	8	7		11			10	2	5	2	5	12	7
	カリキュラム構成上の工夫の状況	1	1	11	1	11	7	11	7	11	1	7	7	1	1
研究	常勤教員あたり研究業績数	11	5	1	9	3	6		11	2	4	8	13	10	7
	常勤教員あたり科研費受入件数	1	4	9	11	6	5		8	6	3	2	13	12	10
	常勤教員あたり科研費受入額	5	9	10	4	1	2		8	7	6	3	13	11	12
	若手研究者比率	8	3	10	4	7	11		6	1	2	5	13	12	9
	運営費交付金等コストあたりTOP10%論文数			−	−	−	−	−	−	−	−	−	−	−	−
組織改革	常勤教員あたり受託・共同研究等受入額	6	11	4	10	2	3		8	1	7	9	13	12	5
	各大学の社会科学系の平均順位	5.38	5.88	6.63	6.00	6.75	5.29	12.50	7.88	5.25	4.75	5.38	9.88	9.88	7.75
	各大学における対象指標数	8	8	8	7	8	7	2	8	8	8	8	8	8	8

注：各指標における比較対象となる各大学の順位を表す。順位の比較対象となる大学数は指標によって異なる。
出所：文科省令和3年度算定資料より筆者作成

る。また、資金配分には説明責任も伴う。

教育研究活動を行うのは、各教員・部局であり、その主体のインセンティブを高めるためには、個別の研究者・組織にまで、透明性を持って、評価方法と評価結果のリンクを浸透させることが必要である。また、文系と理系など異なる学系を混在させた上での評価では、各学系において努力するべき内容が不明確である。努力の結果を明示するためには、学系別の評価が不可欠である。(23)全国的に、同じ学系分野での評価を行い、その結果を、同じ学系に関わる教育・研究を行う各部局に伝える仕組みづくりが求められる。各学系別の情報も各部局に示し、資金配分をすることで、各部局に対してより強い努力インセンティブを与えることができ、真の意味での教育研究の向上につながると考える。今後、各大学で、教育・研究を向上させる効果的な仕組みが生み出され、全国に広がっていくことを期待したい。

4　第4期中期目標期間の国立大学法人運営費交付金制度

(1)　第4期中期目標期間の制度設計に至る背景

第4期中期目標期間（2022年から2026年）からの国立大学のあり方を検討するため、文部科学省では、「国立大学法人の戦略的経営実現に向けた検討会議」（2020年2月から2020年12月まで、11回開催）が開かれ、文部科学省（2020c）「国立大学法人の戦略的な経営実現に向けて〜社会変革を駆動する真の経営体へ〜　最終とりまとめ（2020年12月25日）」が取りまとめられた[24]。

とりまとめにおける「評価」に関わる特徴は、以下の五点にまとめられる。

1 大学がより自律的に、個性的かつ戦略的経営を行うことができるよう、改めて国立大学法人と国との関係を見直し、新たな段階へと再定義すべき。（文部科学省［2020c］2ページ）

2 国立大学法人が国のパートナーとして自らの裁量で機能を拡張し社会と常に対話できるよう、規制による事前管理型から事後チェック型を基本思想とした、国との関係性における新たな枠組みとして、自律的契約関係を構築すべき。（文部科学省［2020c］4ページ）

3 中期目標・中期計画は、国が毎年度財政措置を講ずるにあたって求められる必要な関与と、国立大学法人の自主性・自律性に基づく発展とを両立させた新たな枠組みに見直すべき。（文部科学省［2020c］4ページ）

4 国は、細分化された目標で国立大学法人の活動を管理するのではなく、国立大学法人の多様性にも十分配慮して、大学政策上必要な方針を大枠として示すべき。（文部科学省［2020c］4ページ）

5 新たに構築される自律的契約関係の下、社会への説明責任が十分に確保されることを前提とした上で、国（国立大学法人評価委員会）による法人評価について、毎年度の年度評価を廃止し、原則として、6年間を通した業務実績を評価することとし、抜本的に評価全体の簡素化を講ずるべき。（文部科学省［2020c］5ページ）

一方で、国立大学から組織される国立大学協会（2019）では、新たな評価方法として、「大学改革支援・学位授与機構におけるピアレビューに基づく4年目の現況分析結果に基づいて、次の期の運営費交付金を配分、最終年度の評価を踏まえ、これを微調整すべき」と主張された。

国立大学協会（２０２０）においても、評価による運営費交付金の配分について、「大学の教育研究活動にかかる評価結果を毎年度、運営費交付金の配分に大幅に影響させることは、大学の教育研究活動の基盤を不安定化させ、その水準向上等をかえって阻害する要因となるものであり、望ましい姿とは考えられない」と主張された。また、第4期にも評価に応じた予算配分をする場合には、「その予算範囲の妥当性を慎重に検討し、中期目標期間を通じてその総額及び評価指標を固定するなど、一定の約束が国との間であるべきである」としている。

加えて、評価の重要性は認めつつも、「定量的な共通指標による評価だけで配分額が概ね決まる仕組みとなれば、各大学はその指標の評価値を高くする方向に一律的に舵を切った運営をせざるを得ず、各大学の多様な特色が損なわれる危険性が高くなり、そのことが国立大学総体の弱体化を招くことになる」としている。

国立大学協会（２０２１）では、この点に加え、「仮に、評価に応じた予算配分を第４期においても行わざるを得ない場合には、運営費交付金総額の拡充を図った上で、現行予算の外枠において、インセンティブを与えるための措置とすべきである」とし、また、「国は、第３期から導入した評価による配分が、本来国が目指した国立大学の教育・研究の向上に本当につながったのか否かについて、検証をすべきである」とし、現在のかたちでの配分の仕組みは廃止すべきと主張された。

田中（２０１９a、２０１９b）は、運営費交付金の業績連動型交付金に関し、(a)業績連動型交付金の政策目的の明確化とPDCAに向けた透明性の確保、(b)共通の基準で全大学を網羅的に比較できるデータの整備、(c)教育と研究の区分を明確にし、それぞれの特性を活かした評価が必要であると述べている。

林ほか（2020）は、今後の運営費交付金のあり方について、三つの要素（①学生数などのインプット指標に基づくコストを保証する基盤的部分、②博士号授与数や論文・特許数、教育研究の質的な評価結果などの教育・研究・社会貢献の実績を測定してインセンティブを付与する部分、③国の政策・社会課題への貢献や自律的な大学改革など、個々の大学の経営指針を反映した個別の「契約」に基づく部分）で構成し、「大学による長期的な視野に立つ自律的経営を可能とする資金配分」を実現すべきとしている。

運営費交付金は国の税金であり、新たな制度設計には、国家予算を査定する財務省との調整は不可欠である。財務省の諮問機関である財務省財政制度等審議会は、春と秋の建議（財務省（2021a、2021b））において、制度設計の視点を示した。具体的には、財務省（2021a）においては、「運営費交付金（基幹経費）の配分に与えるインパクトは依然小さい」とし、「改革へのインセンティブ効果を高めるために引き続きメリハリを強化していく」べき、また、指標に関しても、「よりアウトカム志向となるよう厳選を進めていく」べきであると指摘した。さらに、財務省（2021b）においても、「運営費交付金の配分のメリハリ付けの強化」を進めるように求めた。

このように、国立大学協会は、インセンティブ配分は限定的であるべきとし、財務省は、メリハリが必要だと主張してきた。2021年度（第3期最終年度）時点で、インセンティブ配分（成果を中心とする実績状況［共通成果指標］に基づく配分）の金額は、1000億円であった。

インセンティブ強化の方法には、金額を拡大する方法と、金額を固定し配分の度合い（配分率[25]）を拡大する方法がある。国立大学協会側にとって、規模の拡大は安定財源の縮小を意味するため、それだけは避けたいとの意図が強い。この背景から、第4期中期目標での制度設計では、1000億円の規模はそのままに、配分の度合いを拡大するかたちでのインセンティブ強化が反映されることになった[26]。

(2) 第4期中期目標期間における運営費交付金の配分

前項での議論を踏まえ、文部科学省において第4期中期目標期間初年度における運営費交付金の配分ルールの設計が行われた結果、2022年4月からの運営費交付金は、図3-9に示されるように、2021年度の運営費交付金とほぼ同額となった[27]。第4期中期目標期間初年度における運営費交付金の配分の特徴は、以下のようにまとめられる。

① ミッション実現戦略分

第一は、ミッション実現戦略分とされ、国民・社会に説明して理解を得ていくため、わが国社会の公共財として、社会、経済、国民生活等の進歩に与える影響（インパクト）を高めていくための経費である。基本的には、第3期における機能強化促進分が組み替えられたものである。

また、第3期で機能強化促進分として採用されていた「3つの重点支援の枠組み」の仕組みが、独

図3-9　2022年度 運営費交付金(2021年度との比較)

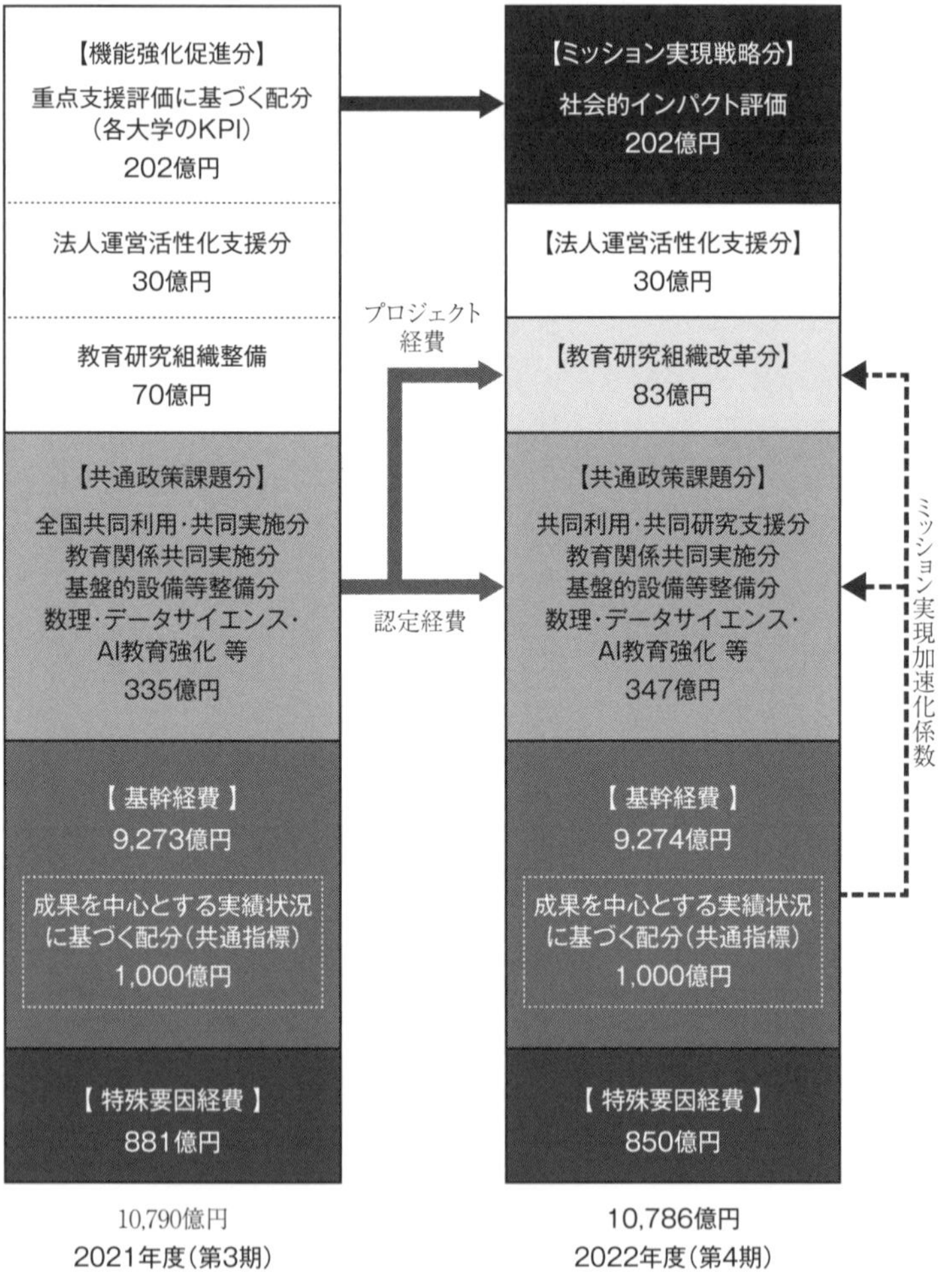

出所:文部科学省資料をもとにした大阪大学財務部財務課作成資料より抜粋

自の基準を設けてその達成度合いを評価する、いわゆるアウトプット(取組み)評価・管理型であったのに対し、第4期のミッション実現戦略分では、中間および期末の評価時に創出されている社会的インパクトを評価する仕組みが採用され、アウトカム評価・管理型となった。客観的なインパクト評価の仕組みづくりが注目される。

② 教育研究組織改革分

第二は、教育研究組織改革分とされ、「学内組織の不断の見直しや学内資源の再配分による意欲的な組織整備」を支援する経費である。第4期では、第3期における【機能強化促進分】の「教育研究組織整備に係る人件費」をベースに、共通政策課題分から、プロジェクト経費を独立化させ統合し、事業推進費、関連プロジェクト経費も含め一体的に支援することとされている。

③ 共通政策課題分

第三は、共通政策課題分とされ、第3期の共通政策課題分を踏襲するかたちで、教育関係共同実施分、共同利用・共同研究支援分、学術研究の大型プロジェクト分、基盤的設備等整備分、数理・データサイエンス・AI教育強化分等の経費からなる。

④ 係数により改革を促進する仕組み

第四は、改革促進のための仕組みであり、第3期に引続き、第4期においても係数を設定し、各大学の基幹経費から一定率（ミッション実現加速化係数）で拠出された財源を用いて、組織改革や設備整備への重点支援を行うことで意識改革を促す仕組みがセットされている。

⑤ 成果を中心とする実績状況に基づく配分（共通指標に基づく配分）

第五は、基幹経費の一部において、大学間配分を組み替えるかたちで、第3期途中から導入され拡大されてきた「共通の成果指標に基づく相対評価」が継続される。2022年度は、配分対象経費を第3期に引き続き1000億円としつつ、指標ごとの配分率、配分に用いるグループ分け、配分指標の見直しなどを行っている。具体的な変更内容は、表3-10のようにまとめられる。

変更内容には、以下の四つの特徴がある。第一の特徴は、メリハリづけである。指標を引き上げるインセンティブを高めることを意識し、配分額の増減率をプラスマイナス20%からプラスマイナス5%ずつ引き上げ、75%~125%とすることとなった。特に、指定国立大学は、より強いインセンティブを求めるために、プラスマイナス10%ずつ引き上げ70%~130%に設定された。

第二の特徴は、新たなグループ分けである。この仕組みでは、同じ環境にある大学の間での競争が強く意識されており、グループ分けは、納得の得られる公正なものでなければならない。結果として、第4期からは、第3期と比べて、二つの変更がなされた。

まず、地域貢献をする大学のグループにおいて、附属病院を有する大学と、有しない大学とで、グループが分けられた。また、「指定国立大学[28]」に指定された大学とそれ以外の大学でグループが分け

表３-10　2022年度　成果を中心とする実績状況（共通成果指標）に基づく配分における評価のポイント

1. メリハリづけ：配分額の増減率を±20%から±5%ずつ引き上げ、75%～125%（指定国立大学は±10%ずつ引き上げ70%～130%）に設定。
2. グループ分け：公正な競争環境を整備するため、規模や組織体制の観点から新たに分類
3. 指標改革1：教育の質の改善に関する指標を充実
4. 指標改革2：各国立大学の改革努力を適切に反映させるため、研究系の指標について、成果（実績）・実績の伸び率を、3：1の割合で配分に加味
5. 予算配分：アウトカム指標に重点化する観点から、対象経費を教育系・研究系指標に重点化

出所：経済・財政一体改革推進委員会経済社会の活力ワーキング・グループ　第23回会議資料　資料1-3 文部科学省提出資料（参考資料）より筆者作成
https://www5.cao.go.jp/keizai-shimon/kaigi/special/reform/wg7/20220418/shiryou1-3.pdf

られた。これらの分けられたグループでは、第３期と比べ、第４期からは、より小さなグループでの競争が評価されることとなっている。

第三の特徴は、指標の改革である。指標の改革は、以下の二点からなる。

第一の指標改革は、社会で広く活用できる汎用的なスキル（トランスファラブルスキル）等を身につけるプログラムの実施状況や、卒業生の追跡調査など、教育の質の改善に関する指標を充実させたことである。第二の指標改革は、指標そのもののつくり方に関連するものである。各国立大学の改革努力（特に研究に関するもの）は、単なる実績ではなく、前年度からの伸びにも表れると考えられる。一方で、伸び率自体は、分母が小さいほど大きくなる傾向にあることもあり、議論の結果、研究系の指標について、「成果（実績）」と「実績の伸び率」を、３：１の割合で入れ込み、指標を構築することとなった[29]。

第四の特徴は、指標間の予算配分の変化である。予

算の配分は、アウトプット指標ではなく、アウトカム指標に重点化することが意識され、教育・研究・経営に関わる指標のうち、第3期と比べて、経営に関わる指標への配分を50億円減少させ、その代わりに、教育に関わる指標への配分を35億円、研究に関わる指標への配分を15億円増加させることとなった。

第3期までは、大学内ガバナンスとしての経営改革が注目され、教育・研究・経営の中で最大の予算配分がなされていたが、第4期では、教育・研究への予算配分が強化され、研究分野への予算配分が最大となった。なお、上記で述べた、第4期からの具体的な新たな指標およびグループの変化は、図3－10のようにまとめられる[30]。

5 国立大学法人運営費交付金による財政ガバナンスの方向性

本章では、国立大学の財源構造と財政ガバナンスの視点から、財務を支える国立大学法人運営費交付金制度の推移および仕組みを概観し、第3期の配分と評価結果と、第4期への取組みを整理してきた。第3期では、「重点支援の枠組みによる配分」と「共通成果指標による配分」に取り組み、大学の成長に向けた努力を促す試みが行われた。第4期からは、それをさらに強化し、限られた予算を最大限に活かし、安定的な基礎的予算の措置とともに、メリハリをつけた予算により、国立大学の潜在能力を発揮させるための模索を行っている。

国立大学は、国が直接的に財源を保障し運営する高等教育機関である。創意工夫を促すため、教

図３-１０　2022年度 成果を中心とする実績状況（共通成果指標）に基づく配分におけるグループの変化と、新たな指標

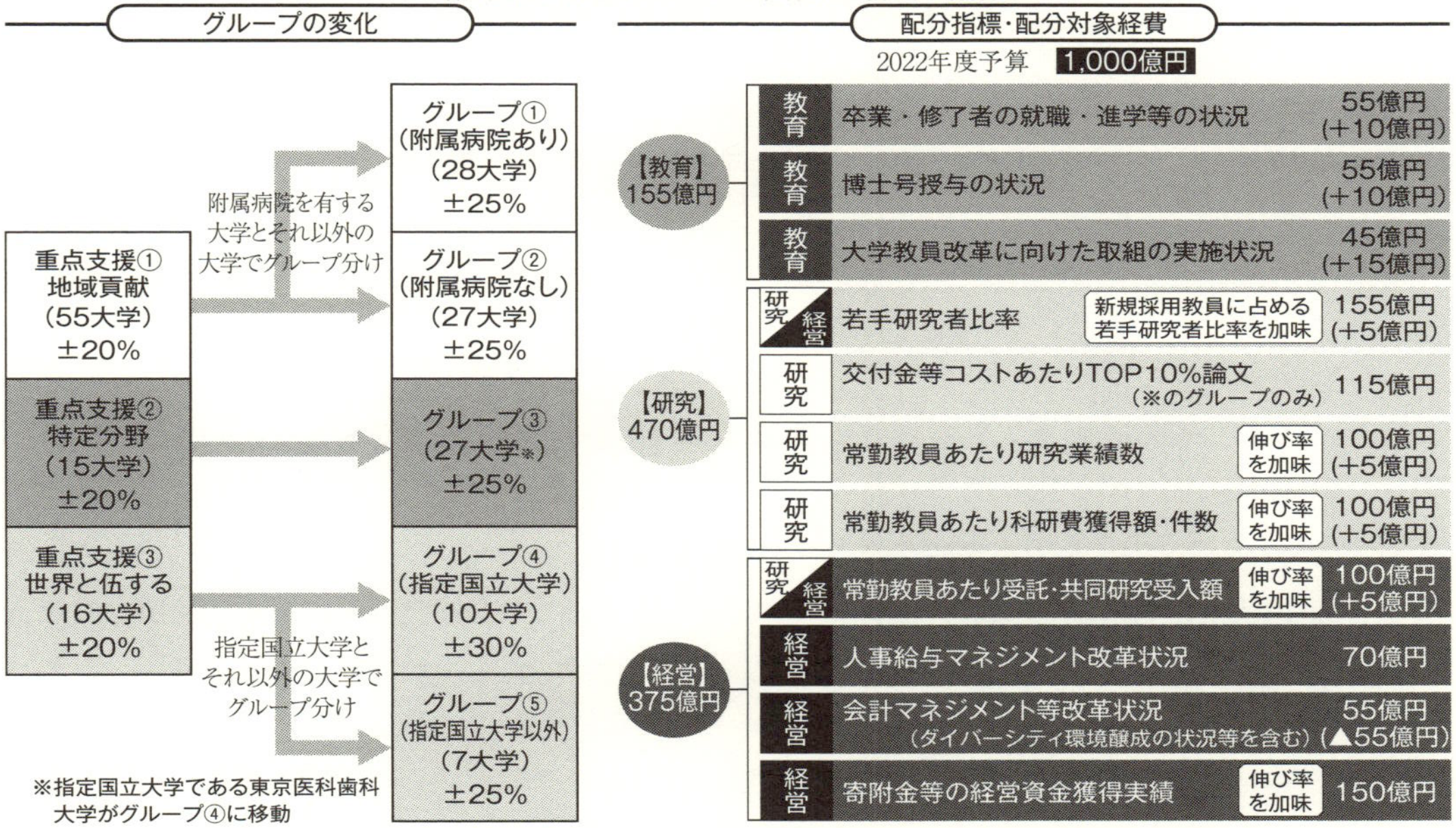

出所：財務省財政制度分科会（令和4年4月8日開催）「（参考資料2）文教・科学技術（参考資料）」および経済・財政一体改革推進委員会経済社会の活力ワーキング・グループ　第23回会議資料　資料1-3　文部科学省提出資料（参考資料）より筆者作成。 引用元は注31を参照

育や基礎研究のための安定的な財源を保障することは前提としながらも、研究に関しては、アウトプット・アウトカムを重視したかたちでの予算配分が拡大しつつある。アウトプット・アウトカムを重視することで、非効率な政策を排除することが可能となる一方、研究における予算措置・配分における難点は、短期的に成果が出るわけではないという点があり、適正な評価手法の確立が必要である。評価が適正でないと、真に必要な研究へのインセンティブが阻害される危険もある。一定期間は我慢強く予算措置し、その後、アウトプット・アウトカムに対する厳格な評価を行い、予算配分の問題点を見出し、新たな制度設計に活かしていくことが求められる。

コラム1：国立大学附属学校の実態と課題

1　国立大学附属学校の実態

日本には、国立大学が運営する附属学校が存在する。ここでは、その実態を紹介し、財政構造および課題を整理する。

国が運営する小中高等学校が国立大学に附属するかたちとなっている。財政責任は、附属小中高等学校を持つ国立大学が担い、運営財源は、各国立大学の運営費交付金によって賄われている（交付金算定の際に、附属学校の運営費が積算されている）。したがって、財政も含めて、附属学校運営のガバナンス機能は、公立学校における教育委員会ではなく、大学が直接担っていると言える。

附属の小中高等学校のいずれかを持つ国立大学は、２０１９年度時点で、全国に56ある。文部科学省では、高等教育局の国立大学法人支援課が、附属学校を含む国立大学全般に関する監督事務（国立大学法人制度や授業料、予算等）を担当しており、附属の小中高等学校の財源の責任も持つ特殊なかたちとなる（なお、附属学校のあり方や附属学校における教育等については、教育大学や教員養成課程に関する制度一般や振興策等に関わる、総合教育政策局教育人材政策課教員養成企画室が担当することとなっている）。

そのため、国立大学附属の小中高等学校の日本全体の財政実態について学校種別に分けてまとめられたものは存在していない[32]。小中学校は、市町村が設置者となり、高校は、都道府県が設置者となるのが一般的であるが、国立附属の小中高等学校は、一般的な小中高等学校の目的に加え、後述する追加的な目的も備えており、その目的を達成するため、財源責任が異なるかたちで設置されている。このコラムでは、文部科学省（2016）[33]をもとに、その内容を紹介し、財政の実態を把握する。

2　設置目的と役割

まず、設置目的としては、「附属する国立大学、学部における児童、生徒、幼児の教育又は保育に関する研究に協力し、当該国立大学、学部の計画に従い、学生の教育実習の実施にあたる」とされており、本来の小中高等学校などの目的に加え、研究および教育実習の目的が付加されている。

次に、法令上の位置づけとしては、①国立大学法人法第23条（平成16年4月1日施行）において、「国立大学に、文部科学省令で定めるところにより、幼稚園、小学校、中学校、高等学校、中等教育学校、特別支援学校、幼保連携型認定こども園又は専修学校を附属させて設置することができる」とされ、②大学設置基準第39条（昭和31年10月22日文部省令第28号）において、「教員養成に関する学部又は学科」を設ける大学には、その学部または学科の教育研究に必要な施設として、「附属学校」を置くものとするとされている。56大学のうち、教員養成大学（教育職員免許状の取得が卒業要件となっている大学）として44大学（教員養成単科大学11大学および総合大学の教員養成学部33学部）が位置づけられ、また、40の大学に、教員養成系大学院（修士課程）が設置されている。国立大学附属の小中高等学校は、教員養成の目的の実験校の位置づけで、主に教員養成大学の附属学校として設置されているといえる。一方で、教員養成大学として位置づけられていない12大学にも、附属学校が存在することも事実である。これらの附属学校は、目的に照らし合わせると、研究目的で設置されていると整理される。

さらに、使命・役割としては、1「実験的・先導的な学校教育」として、実験的・先導的な教育課題への取組み・地域における指導的・モデル的な学校としての取組み、2「教育実習の実施」として、大学・学部の教育実習計画に基づく教育実習の実施・教員を目指す学生に対し、体験的な実習を実施、3「大学・学部における教育に関する研究への協力」として、現代的教育課題（特別支援、いじめ、不登校など）に対応した教員養成のあり方に関する研究への協力が求められている。

3　実態と財政構造

各国立大学に所属する附属学校の種類と校数は、表3－11にまとめられている。２０２０年3月現在、国立大学附属学校は、全国56の大学に、幼稚園49園・小学校69校・中学校70校・高等学校15校・義務教育学校3校・中等教育学校4校・特別支援学校45校の２５５校園が設置されている。

以下では、義務教育段階である小中学校に焦点を当てて見ていくことにしたい。表3－12は、学校数、学級数、児童生徒数、教員数を整理したものである。児童生徒数は、国立附属小学校に約３万６６００人、国立附属中学校に約２万７７００人が在籍しており、全国の生徒総数（国立・公立・私立すべての合計）に占める割合は、小学校で０・６％、中学校で０・９％であり、中学校では１％に近い生徒が附属学校に通っていることになる。

また、表３－13は、国立・公立・私立の小中学校における、学校規模（学校あたり学級数）、学級規模（クラスサイズ）、ＳＴ比（生徒／本務教員）、兼務教員比率（兼務教員数／本務教員数）を示したものである。公立と比較してみると、国立の特徴として以下の点が読み取れる。

第一に、学校規模（学校あたり学級数）、学級規模（クラスサイズ）、ＳＴ比（生徒／本務教員）は、中学校の学校規模を除き、いずれも、公立よりも大きい。この背景として、公立学校は人口の少ない地域にも存在しており、平均化すると数値が小さくなるという状況があると考えられる。

第二に、国立の全国兼務教員比率（兼務／本務）が、公立に比べ大きいという特徴が読み取れる。この背景には、公立ほどの規模がないために人材確保が難しく、教員は各県の公立高校教員からの人事交流で確保しているケースが多い（約60％）[34]という状況がある。附属学校の運営は、母体となる国立大学のガバナンスの下、各県の教育委員会と連携して行われている場合が多い。

最後に、表３－14は、附属学校の費用構造を見たものである。２０１９年度の経常費用は、約６９８億円であり、そのうち、約５８６億円が教員人件費となっている。また、（国からの現物出資や補助金で作られたものに対する）減価償却費は、約43億円となっている。この費用に対して、児童生徒あたり人件費などに関して、公立との比較などを行いたいところであるが、学校種別の人件費が公表されておらず、公表

構成（学校数）（2019年度）

		幼稚園	小学校	中学校	義務教育学校	高等学校	中等教育学校	特別支援学校	合計
1	北海道教育大学	2	4	4				1	11
2	弘前大学	1	1	1				1	4
3	岩手大学	1	1	1				1	4
4	宮城教育大学	1	1	1				1	4
5	秋田大学	1	1	1				1	4
6	山形大学	1	1	1				1	4
7	福島大学	1	1	1				1	4
8	茨城大学	1	1	1				1	4
9	筑波大学		1	2		3		5	11
10	宇都宮大学	1	1	1				1	4
11	群馬大学	1	1	1				1	4
12	埼玉大学	1	1	1				1	4
13	千葉大学	1	1	1				1	4
14	東京大学						1		1
15	東京学芸大学	1	4	3		1	1	1	11
16	東京芸術大学					1			1
17	東京工業大学					1			1
18	お茶の水女子大学	1	1	1		1			4
19	横浜国立大学		2	2				1	5
20	新潟大学	1	2	2				1	6
21	上越教育大学	1	1	1					3
22	富山大学	1	1	1				1	4
23	金沢大学	1	1	1		1		1	5
24	福井大学	1			1			1	3
25	山梨大学	1	1	1				1	4
26	信州大学	1	2	2				1	6
27	岐阜大学		1	1					2
28	静岡大学	1	2	3				1	7
29	名古屋大学			1		1			2
30	愛知教育大学	1	2	2		1		1	7

表3-11　附属学校の

		幼稚園	小学校	中学校	義務教育学校	高等学校	中等教育学校	特別支援学校	合計
31	三重大学	1	1	1				1	4
32	滋賀大学	1	1	1				1	4
33	京都教育大学	1	1	1	1	1		1	6
34	大阪教育大学	1	3	3		1		1	9
35	兵庫教育大学	1	1	1					3
36	神戸大学	1	1				1	1	4
37	奈良教育大学	1	1	1					3
38	奈良女子大学	1	1				1		3
39	和歌山大学		1	1				1	3
40	鳥取大学	1	1	1				1	4
41	島根大学	1			1				2
42	岡山大学	1	1	1				1	4
43	広島大学	2	3	4		2			11
44	山口大学	1	2	2				1	6
45	鳴門教育大学	1	1	1				1	4
46	香川大学	1	2	2				1	6
47	愛媛大学	1	1	1		1		1	5
48	高知大学	1	1	1				1	4
49	福岡教育大学	1	3	3					7
50	佐賀大学	1	1	1				1	4
51	長崎大学	1	1	1				1	4
52	熊本大学	1	1	1				1	4
53	大分大学	1	1	1				1	4
54	宮崎大学	1	1	1					3
55	鹿児島大学	1	1	1				1	4
56	琉球大学		1	1					2
	合計	49	69	70	3	15	4	45	255

出所：令和元事業年度 財務諸表附属明細書「開示すべきセグメント情報」のうち附属学校分より筆者作成。なお、財務諸表のセグメントで独立して記載されていない学校（国立専修学校。大学付属としては、大阪大学歯学部附属歯科技工士学校のみがある。令和3年5月時点）は、ここには含まれていない。
https://www.mext.go.jp/a_menu/shougai/senshuu/1333931.htm

表3-12　学校数、学級数、児童生徒数、本務教員数(2020年度)

区分	令和2年度			
	学校数(校)	学級数(学級)	児童生徒数(人)(R2.5.1現在)	本務教員数(人)(R2.5.1現在)
小学校	68(0.3%)	1154(0.4%)	36622(0.6%)	1746(0.4%)
中学校	68(0.7%)	775(0.7%)	27701(0.9%)	1556(0.6%)

注1：教員は本務教員数
注2：学級数は単式+複式+特別支援
注3：カッコ内は、小中それぞれの学校全体総数(国立・公立・私立)に対する比率を表す。
出所：学校基本調査より筆者作成

表3-13　学校規模、学級規模、ST比、兼務教員

区分	令和2年度			
	学校規模(学校あたり学級数)	学級規模(クラスサイズ)(人)	ST比(生徒/本務教員)(%)	兼務教員比率(兼務/本務)(%)
小学校(国立)	17.0	31.7	21.0	26%
小学校(公立)	14.0	23.0	14.9	11%
小学校(私立)	12.1	27.3	14.8	31%
中学校(国立)	11.4	35.7	17.8	40%
中学校(公立)	12.1	26.7	12.8	13%
中学校(私立)	9.6	32.4	15.6	98%

注1：学級数は単式+複式+特別支援
注2：公立・私立高等学校は全日制+定時制
注3：学校規模=学校あたり学級数、学級規模=クラスサイズ、ST比=生徒／本務教員、兼務教員比率=兼務教員数／本務教員数
出所：学校基本調査より筆者作成

表３-14　附属学校の費用構造（2019年度）

（単位：千円）

区分	合計
業務費用	
業務費	69,524,599
教育経費	10,486,078
研修経費	63,717
診療経費	−
教育研究支援経費	1,895
受託研究費	6,047
共同研究費	5,831
受託事業費	406,960
人件費	58,554,068
役員人件費	−
教員人件費	54,014,189
職員人件費	4,539,879
一般管理費	293,542
財務費用	4,720
雑損	1,652
小　　計（経常費用）	69,824,514

損益外コスト	
損益外減価償却相当額	4,330,133
引当外賞与増加見積額	△ 31,923
引当外退職給付増加見積額	133,447
小　　計（損益外コスト）	4,431,636
総コスト	**74,256,151**

注：単位未満切り捨て
出所：令和元事業年度 財務諸表附属明細書「開示すべきセグメント情報」のうち附属学校分より筆者作成

資料からの比較は困難な状態である。

4　現状の課題：有識者会議での議論より

教育の質向上の要である教員養成に関して、課題の洗い出しと改革の方向性を示すため、2018年度に、「国立教員養成大学・学部、大学院、附属学校の改革に関する有識者会議」が開催されている[35]。以下では、この会議でまとめられた報告書（文部科学省［2017］）をベースに、附属学校の課題を見ていこう。報告書においては、①モデル校としての役割や、②大学によるガバナンスのあり方として、「地域のニーズに沿った柔軟な取組や公立学校等で活用できる教育・研究の成果の還元」の必要性が主張されている。具体的には、表3－15にまとめられているように、国立大学附属学校について、1）役割の再認識と再構築、2）大学との連携、3）地域との連携、4）成果の還元の4つの視点で課題が挙げられている。

ただし、これらの課題は意識されているものの、財政コストに見合う成果があがっているのかという政策の効果把握の視点は、課題として十分認識されていない。附属学校においては、国立大学からの資金の流れを含む大学ガバナンス体制の評価およびコスト意識の醸成が求められる。

5　今後の方向性：有識者会議報告書を受けて

報告書では、主に、教員養成機能の向上に向けたあり方についてまとめられているが、附属学校についても、表3－16に示されるように、さまざまな改革の方向性が挙げられている。また、この報告書を受けて、2018年度からは、国立の教員養成大学・学部等の特色ある好事例や先進的な取組み等について、項

表3-15　国立大学附属学校における課題

役割の再認識と再構築	地域のモデル校としての役割への期待に対し、一般に入学者選考を行い、地域の公立学校とは児童・生徒の構成が異なっているために地域のモデル校にはなり得ない可能性。入学者選考の実施方法や役割の見直しの必要性。
	国立大学をめぐる財政状況や、国立教員養成大学・学部の在り方と密接に関連する。また、少子化により、近隣の公立学校の小規模化や統廃合が進む中で、公私立学校とは異なる国立大学の附属学校としての役割の再認識、その規模や在り方の見直しの必要性。加えて、附属学校は、大学と一体化して、従来の教育実習校としての役割にとどまらず、学び続ける教員を支え、教員研修にも貢献する学校としての役割や、校種を超えた研究開発校としての役割の再認識。
大学との連携	実験的・先導的な教育課題への取組の成果の普及が不十分な学校や、独自の関心に基づく教育・研究への意識が強いあまり、地域の公立学校に対するモデル的な取組が不十分、大学や教職大学院における教育・研究への貢献・協力が不十分である可能性。公立学校等では実施しにくい取組を率先して実施する必要性。
	評価面では、一般に各大学の全体の評価の一部分として附属学校の評価が含まれている場合が多く、附属学校に焦点を当てた評価が十分ではない。
	有識者会議アンケートによると、附属学校園における研究・実践の成果を把握し、教員養成カリキュラムの改善につなげることが十分できていない。
地域との連携	域内の教育委員会との連携が不十分、教育委員会等との交流人事をほとんど行っていない学校があり、地域のニーズに沿った柔軟な動きや、多様な観点からの生徒指導・保護者対応等の対応力に欠けている可能性。
	保護者や地域住民への情報提供が不十分であり、保護者や地域住民に広く門戸を開いた学校となっていない可能性。
成果の還元	有識者会議アンケートによると、附属学校園の研究・実践成果について、地域の公立学校にとって活用しにくいものが多い現状があり、附属学校の教員がかける膨大な労力と時間の割に、その研究成果が地域や全国で十分に生かされていない可能性。

出所：文部科学省（2017）より筆者作成

目ごとに取りまとめたものとして、「国立教員養成大学・学部、大学院、附属学校の改革に関する取組状況について」が公表されている。[36] 今後は、第4期中期目標期間の中期目標・中期計画に織り込み、これを、しっかりと進めていくことが求められるが、究極的には、公私立とは異なる国立大学附属学校としての存在意義・役割・特色を明確化し、その下で行われる取組み（入学者の選考の工夫、教員研修の工夫、実行を担保するガバナンスなど）とその成果が社会に認められることが必要である。

成果を客観的なエビデンスで示すことはもちろん、その成果が、投入されるコストに見合うこと、すなわち、費用対効果の視点が重要である。さらには、資金をどのように配分するのか、最も効果的な配分方法になっているのかという点に関する実態把握と、検証の視点も不可欠であろう。

表３-16　国立大学附属学校における改革の方向性

【早急に対応すべきこと】

①校長の常勤化	大学教員である校長が常勤とし責任体制の強化を。大学に附属学校を統括する組織を置き、ガバナンス強化を。
②教員の働き方改革のモデル提示	学校における働き方改革など、業務改善に関する好事例を蓄積し、その効果や具体的な取組方法等のモデルを全国の学校に。
③地域住民などの参画を含む学校運営の改革	学校評議員の仕組みに加え、学校運営に保護者や地域住民、あるいは教育委員会関係者等の参画を得る仕組みの導入の検討を。
	入学を希望する者が公平に入学者選考を受けられる募集方法への改善を通じて、地域や時代のニーズに合った学校運営を行う仕組みを。
④成果の追跡と深化	研究成果の把握とともに、その研究をより深化させる研究成果活用サイクルの構築を。
	研究成果の提供･還元に関する具体的な効果測定方法の構築を。
	授業実践研究などの取組の幅広い社会還元を。

⑤特色等の明確化のための仕組み	各附属学校の存在意義、成果の還元状況、公私立学校にはない付加価値、全国に発信できる特色等を客観的エビデンスをもって示す資料の作成を。

【中長期的な方針】

①存在意義、成果の提供先・活用方法の明確化	公私立学校とは異なる国立大学の附属学校としての存在意義や役割及び当該学校ならではの特色を明確に。
	教育・研究の成果を最も効率的に実現する観点からの「選考方法―教育・研究の方法―成果の還元方法」の有機的なつながりを明確に。
	大学や企業等との密接な連携の下、社会的関心の高い課題に率先して取り組み、大学の科学的知見を将来の学校教育の教育指導や学習支援等に応用することを見越した先進的な教育・研究の実施を。
②多様な選考方法	非教員養成系の大学に置かれている学校、あるいはいわゆるエリート校と呼ばれる学校についても同様に、すべての国立大学附属学校は、附属学校の本来の使命・役割に立ち返り、学力テスト重視ではない、多様な入学者選考の方法の構築を。
	併せて、同一の国立大学の附属学校間での連絡、進学あるいは内部進学に関して多様性及び公平性等の観点から見直しの検討を。
③幅広い意味の「モデル」	先導的に取り組むことによって課題意識が地域に徐々に広がり本質的課題が解決されるような学校モデルに!
④大学によるガバナンス	大学と附属学校は、両者の日常的な関係の構築や交流の強化の徹底を!
	各附属学校を評価するための評価委員会の設置（大学内）、学校評議員（各附属学校内）の機能強化により、各大学は、大学全体の評価の一部としてではなく、当該附属学校に焦点を当てた評価の実施を。
⑤教員研修に貢献する学校への機能強化	30〜40年間にわたる教職生活全体を見据えた教員研修に貢献する学校へと機能の強化を。
	附属学校は、公立学校の現職教員のための日常的な研修の場へ。
	附属学校の実践を教職大学院の教材として恒常的に取り入れるとともに、附属学校を教職大学院の実践の場として活用し、教職大学院との一体性の強化を。
	人事交流を進め、附属学校教員の視野の拡大を。

出所：文部科学省（2017）より筆者作成

コラム2：国立高等専門学校の財政構造

ここでは、高等専門学校について、その仕組みと、国立の高等専門学校の財政構造を紹介する。高等専門学校（以下「高専」）は実践的・創造的技術者を養成することを目的とした高等教育機関であり、全国に国公私立合わせて57校（うち51校が国立）（2020年度）あり、全体で約6万人の学生が学んでいる。[37] 高専の特色としては、以下の五つが挙げられている。[38]

- 特色1　5年一貫教育
- 特色2　実験・実習を重視した専門教育
- 特色3　ロボットコンテスト、プログラミングコンテスト、デザインコンペティション等の全国大会開催
- 特色4　卒業生には産業界からの高い評価
- 特色5　卒業後、さらに高度な技術教育を受けるための専攻科（2年間）を設置

高専と高校・大学との制度上の関係は、以下の図3-11のようにまとめられる。5年間一貫した専門的な教育を提供する仕組みとなっている。

国立の高等専門学校の財政運営は、国立大学同様、高等専門学校向けの運営費交付金（国立高等専門学校機構運営費交付金）と独自収入（主に、授業料）によってなされている。直近（2018年）の決算で

図3－11　高等専門学校の位置づけ

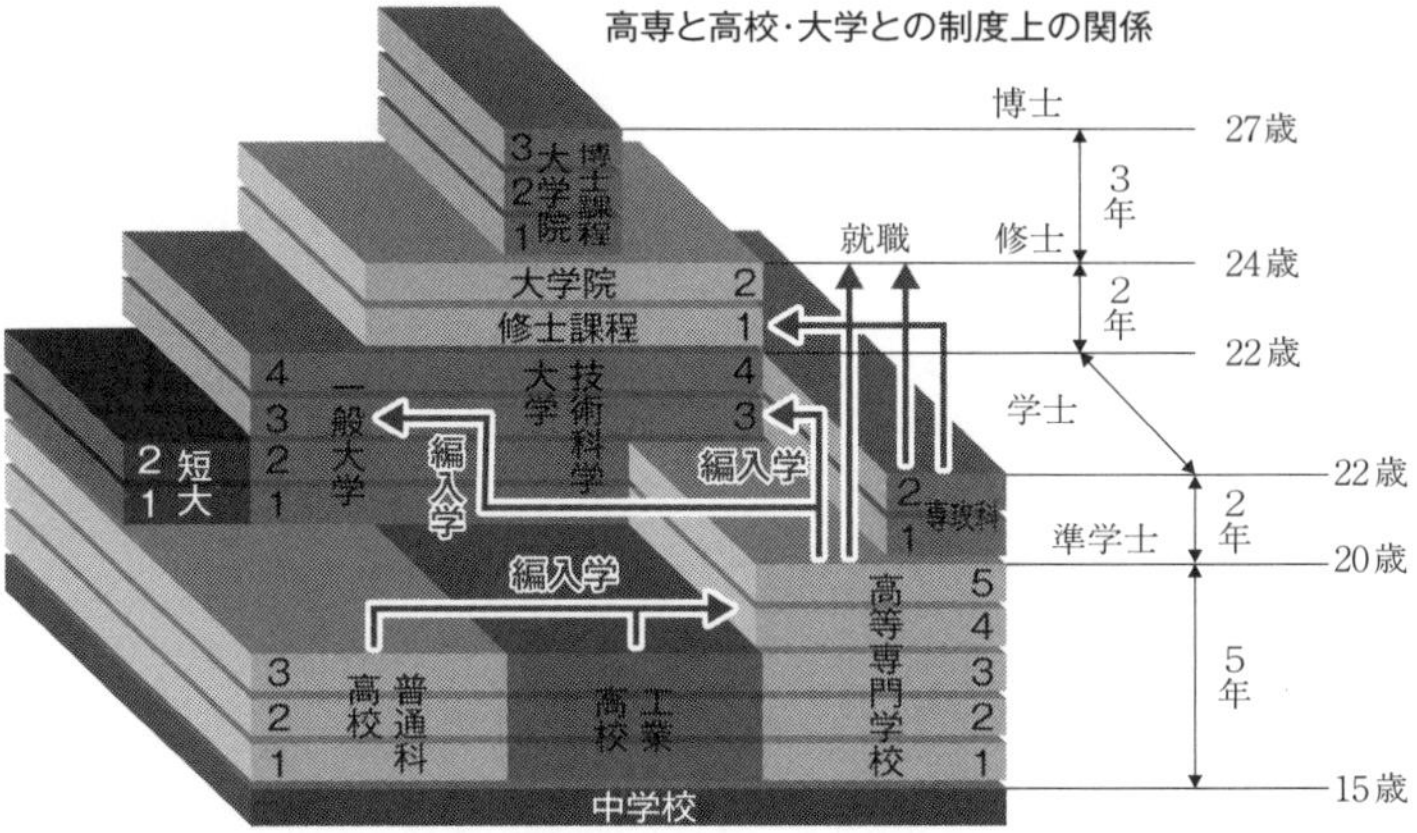

出所：文部科学省ホームページ「高等専門学校（高専）について」より抜粋　引用元は注39を参照

は、６２５億６百万円の交付金が国から交付されている。国立大学と大きく異なる財政上の仕組みとして、国立大学では、大学ごとの評価に基づき運営費交付金が交付されるのに対して、国立高等専門学校では、全校が一つの組織（国立高等専門学校機構）として評価され、運営費交付金がまとまって交付されることにある。

第一に、財政資金配分に関して、以下の取組みが注目される。国立大学間でのインセンティブ資金配分と同様、高等専門学校機構内で制度化されている各高等専門学校の評価やインセンティブ資金配分の仕組みである。表３－17は、２０２１年度の学生活動を支援するための資金配分（教育改革推進経費）を示したものである。五つの項目「（1）学生派遣・受入、（2）各種コンテスト・活動支援、（3）男女共同参画関係学生の活動支援、（4）女子学生の入学・在学者比率、（5）学生表彰」で、学生の活動を評価し、優秀な活動に対し

表３-17　学生活動支援のための資金配分（教育改革推進経費）

学生活動支援（25,000千円）

（単位：千円）（2021年度）

	件名	配分の考え方	単価	予算額
1	学生派遣･受入	「トビタテ!留学JAPAN」大学生コース14期生(R3.8出発分)、および高校生コース7期生(R3.7出発分)の採択者数合計の上位3校程度	200	3,000
		令和2年度事業報告書作成に係る調査に基づく学生派遣人数の上位3校程度	200	
		令和2年度「さくらサイエンスプラン」第1回～第4回公募の採択件数合計の上位3校程度	200	
		令和2年度事業報告書作成に係る調査での海外学生受入人数の上位3校程度	200	
		令和3年5月時点での留学生(本科生および専攻科生)在籍数の1クラスあたり人数上位3校程度	200	
2	各種コンテスト活動支援	令和2年度の各種コンテスト、コンクール、大会等において優秀な成績を修めた学生･団体のいる高専に配分。 • 連合会主催イベント (ロボコン、プロコン、デザコン、英語プレコン) • 高専機構後援イベント (Dコン、eスポーツ、パソコン甲子園、廃炉創造ロボコン、理工系学生科学技術論文コンクール等)	500	12,000
3	男女共同参画関係学生の活動支援	男女共同参画に関する取組(女子志願者の拡大、女子学生教育等)について令和2年度の取組実績及び令和3年度の実施計画に基づき加算。	100～500	5,000
4	女子学生の入学･在学者比率	令和3年度本科の女子志願者及び女子入学者の「伸び率」上位校 (令和3年4月と「H30、R1、R2の3カ年平均」との比較で評価)	300	3,000
5	学生表彰	令和2年度理事長特別表彰	100～300	2,000

出所：国立高等専門学校資料より抜粋

て支援することで、活動のインセンティブを高める仕組みとなっている。

加えて、メディアへの広報活動（取材などによる掲載回数）、外部資金の調達（1位から5位まで）などにおいて努力している教職員や学校に対して、インセンティブ経費（20万円～100万円の範囲）が配分されている[40]。

2020年度からは、教育研究をさらに進化させるため、学校間の切磋琢磨を促すことによる新たな取組みが始まっている。具体的には、以下の二つの仕組みに対して10億円が措置されている。ひとつは、GEAR5・0（未来技術の社会実装教育の高度化）である。地域密着型・課題解決型・社会実装型など従来型の高専としての特長を生かし、新たな人材育成モデルの構築、企業、自治体、大学などと幅広く連携し、一つの学問分野だけでは解決できないテーマ（社会課題）に対して、さまざまな分野の知見を生かしたアプローチで課題解決に結びつける実践的な人材を育成するプログラムである。

ふたつめは、COMPASS5・0（次世代基盤技術教育のカリキュラム化）である。AI・数理データサイエンス、サイバーセキュリティ、ロボット、IoTという分野を、これからの技術の高度化に関する羅針盤（COMPASS）と位置づけ、高専教育に組み込むプログラムである[41]。全校に公募をかけ、その構想内容、研究内容、社会貢献内容などについて、書面審査およびヒアリングを行い、第三者も入った評価委員会で採択校が決められている。

第二に、教育研究環境に関して、以下の取組みが注目される。老朽化した国立高等専門学校の施設・設備の改善のため、2018年度に策定した「国立高等専門学校機構インフラ長寿命化計画（個別施設計画）」に基づき、2019年度には早急な対応が必要とされる施設整備の当該年度分の計画事業量44千㎡を上回る80千㎡の校舎や図書館、実習工場および学生寮（以下、「校舎、学生寮等」という）。の施設整備に着手するとともに、学生や地域の人々の安全確保の観点から、校舎、学生寮等の整備にあわせて、施設の非構造部材の耐震化を図るなど、安全安心な教育研究環境の確保がなされた。

また、魅力的なキャンパスを実現するため、留学生および女子学生の受入拡大も見据えた国際寮等の整備に着手するなど、高専の高度化・国際化など機能強化に資する取組みを推進するとともに、女性用の更衣室やトイレを整備するなど女子学生等の利用に配慮した環境整備を行うことで、科学技術分野への男女共同参画の推進を図っている。[42]

全国の1学年全体の学生数に占める高専学生数の割合を比較すると規模は小さいものの、国立高専は、全国で一つの組織となっていることから、組織単体としてのスケールを活かして多くの取組みが行われている。最近は、中高一貫高校も増加し、優秀な学生の選抜も厳しくなっているが、地域密着型・課題解決型・社会実装型などの高専としての特長ある教育を目指して、技能を極めたい優秀な人材が集まり、日本の人材育成に貢献している。ＫＯＳＥＮという名前でタイにもブランドを輸出しており、今後の展開が楽しみである（朝日新聞［２０２２］参照）。

【第3章　注】

（1）法人で複数の大学を保有する場合があり、東海国立大学機構・北海道国立大学機構、奈良国立大学機構がある。また、２０２４年10月には、東京医科歯科大学＋東京工業大が統合され、東京科学大学が誕生した。その後は、大学数は、85大学となっている。

（２）法人化当時の状況を議論したものとしては、坂本（２００２）、羽田（２００５）、天野（２００６、２００８）、大崎（２０１１）、田中ほか（２０１８）を参照。特に、財務面での変化に関しては、安田（２００７）、水田（２００７）・島（２００３）、島（２００７）、山本（２００７）、吉田香奈（２００７）、吉田浩（２００７）が詳しい。その後、法人化における大学評価に関して議論したものとしては、田中（２００８、２００９、２０１９ａ、２０１９ｂ、２０２２）、島（２００９ａ、２００９ｂ、２０１２、２０１３、２０１４）、赤井ほか（２００９ａ、２００９ｂ）、赤井・中村（２０１０）、岩崎（２０１１）、浦田（２０１０）、山本（２０１０、２０１２）、福島（２０１１）、田中ほか（２０１８）、林ほか（２０２０）がある。

（３）国立大学法人法の改正（２０２２年4月1日施行）。
「年度計画及び各事業年度に係る業務の実績等に関する評価（年度評価）を廃止する」
https://www.mext.go.jp/b_menu/houan/an/detail/mext_00019.html

（４）学位授与の方針（ディプロマ・ポリシー）
学位授与に関する基本的な考え方について、各大学等が、その独自性並びに特色を踏まえ、まとめたもの。この方針において、卒業（修了）生に身に付けさせるべき能力に関する大学の考えを示すことにより、受験者が大学を選択する際や、企業等が卒業（修了）生を採用する際の参考となる。機構の認証評価では、同方針について明確に定めそれに照らして、成績評価や単位認定、卒業認定が適切に実施され有効なものとなっているかを評価する。
教育課程編成・実施の方針（カリキュラム・ポリシー）
教育課程の編成および実施方法に関する基本的な考え方をまとめたもの。この方針の策定にあたっては、教育課程の体系化、単位の実質化、教育方法の改善、成績評価の厳格化等について留意することが必要である。機構の認証評価では、同方針について明確に定め、それに基づいて教育課程が体系的に編成され、その内容、水準が授与される学位名において適切であるかどうかを評価する。
入学者受入方針（アドミッション・ポリシー）
各大学・学部などが入学志願者や社会に対し、その教育理念や特色などを踏まえ、教育活動の特徴や求める学生像、入学者の選抜方法などの方針をまとめたもの。入学者選抜や入試問題の出題内容にはこの方針が反映されることとなっている。機構の認証評価では、大学等に対し、アドミッション・ポリシーの策定・周知を求めるとともに、実際の受入学生の状況を通じてポリシーの実効性について評価を行う。
（「３つのポリシーの策定について」大学改革支援・学位授与機構［２０１９］より抜粋）
https://www.niad.ac.jp/media/006/201906/no6_1_1_dt5R1setsumeikai_policy.pdf

（５）林（２０２１）には、１９９１年の大学設置基準の大綱化以来の過去30年間の大学改革政策がまとめられている。

（６）なお、本書では直接的には取り扱わないが、大学向けには、研究プロジェクトベースの「競争的研究資金」として、日本学術振興会による科学研究費助成事業（学術研究助成基金助成金／科学研究費補助金）があり、ピアレビューによる審査を経て、独創的・先駆的な研究に対する助成により、大学等における研究面を支えている。運営費交付金とともに、デュアルサポート体制がとられている。財務省（２０２０ａ）を参照。科学研究費助成事業などの補助金の金額は、２００４年度と２０１９年度を比較すると約８６０億円増加している。

（７）本法律は、「２０１２年９月の人事院勧告に鑑み、国家公務員の給与の改定を行うとともに、我が国の厳しい財政状況及び東日本大震災に対処する必要性に鑑み、一層の歳出削減が不可欠であることから、国家公務員の人件費を削減するため、国家公務員の給与について臨時の特例措置を定めたもの」である。
総務省「国家公務員の給与の改定及び臨時特例に関する法律について」を参照。
https://www.soumu.go.jp/menu_seisaku/gyokaku/02jinji02_03000079.html（参照2024-09-18）

（８）特殊要因としては、附属病院が黒字化したことによる「病院赤字補填金」の解消、および退職者の減に伴う「退職手当」の減少が該当する。財務省（２０２０ａ）を参照。

（９）文部科学省（２０１６）を参照。なお、文部科学省（２０１５）「Ｈ27財政制度等審議会の「財政健全化計画等に関する建議」に対する文部科学省としての考え方」においても、「国立大学を取り巻く環境」についての意見が述べられている。
https://www.mext.go.jp/a_menu/kaikei/sonota/1358553.htm（参照2024-09-18）

（10）科学研究費に関しては、２００３年度は１７６５億円であったものが、２０１９年には２３００億円を超える額となっている。

（11）大学共同利用機関法人とは、特定分野の研究を行うことを目的とし、特定大学に附置しない大学の共同利用の機関として設置されているものであり、四つの研究機構からなる。以下のリンクを参照。
https://www.mext.go.jp/b_menu/link/daikyou.htm（参照2024-09-18）

（12）この配分の予算は、「基幹経費」の一部を「機能強化経費」に振り替えるかたちで生み出されている。

（13）この変化の背景には、国立大学法人全体のマクロ予算額における重点支援枠が50億円減少し、共通指標枠が１５０億円増加したことが影響している。

（14）運営費交付金の効率的効果的な執行に向けては、２０１８年度の予算執行調査で「国立大学法人運営費交付金等」が取り上げられた。以下のリンクを参照。
https://warp.da.ndl.go.jp/info:ndljp/pid/12153332/www.mof.go.jp/policy/budget/topics/budget_execution_audit/fy2018/sy3007/15.pdf（参照2024-09-18）
この結果は、２０１９年度の予算設計に反映されている。以下のリンクを参照。
https://warp.da.ndl.go.jp/info:ndljp/pid/12153332/www.mof.go.jp/policy/budget/topics/budget_execution_audit/fy2018/hanei/tyousa/15.pdf（参照2024-09-18）

(15) なお、本節で挙げる配分のほかに、中期目標期間の終了時に行われる「国立大学法人評価」の結果に基づき配分される、「法人運営活性化支援分」の運営費交付金（第３期期間中は30億円）があった。第４期にも継続されている。「国立大学法人評価」では、各大学の中期目標の達成状況（教育研究等３事項、業務運営等４事項）がそれぞれ６段階で評価され、一定の評価を得た大学に対し配分されている。

(16) 田中（２０２２）では、大学ごとの戦略的配分の実態を整理している。また、水田（２０２３）では、10大学にインタビュー調査を行い、戦略的配分の制度を受けた大学における対応の実態を整理している。

(17) 第３期中期目標期間（６年間）の評価結果は、以下の文部科学省ホームページで公表されている。
「国立大学法人運営費交付金の重点支援の評価結果について」
https://www.mext.go.jp/a_menu/koutou/houjin/1417160.htm（参照2024-09-18）

(18) これまでの各大学における指標ごとの評価結果（配分率）は、以下の文部科学省ホームページで公表されている。「成果を中心とする実績状況に基づく配分について」https://www.mext.go.jp/a_menu/koutou/houjin/1417427.htm（参照2024-09-18）

(19) 「成果を中心とする実績状況に基づく配分」の算定の基礎となる対象経費（「基盤となる経費」と呼ぶことにする。）は、以下の算式で計算される額である（２０２２年度のケース）。

各大学の基盤となる経費＝　ミッション実現加速化係数対象経費＋教育研究組織調整額
　＋ミッション実現加速化経費からの組替分＋医学部入学定員増分

この経費は、各大学の運営の経費と算定される額（運営費交付金対象事業経費）から、①教職員の退職手当などの国が措置すべき義務的経費である特殊要因経費、②ミッション実現加速化経費、③設置基準教員給与費相当額、④学長裁量経費を除外した額に対応する。各大学の運営の経費と算定される額（運営費交付金対象事業経費）から①と②のみを省いた経費が「基幹経費」に対応する。

(20) １０００億円のうち、１１５億円（配分指標：運営費交付金等コストあたりＴＯＰ10％の論文）は、該当するカテゴリーの大学の間でのシェア率を用いて計算される。

(21) 具体的には、配分率は以下のとおりである。上位10％以上に位置＝１２０％、20％以上＝１１５％、30％以上＝１１０％、40％以上＝１０５％、50％以上＝１００％、70％以上＝95％、80％以上＝90％、90％以上＝85％、90％未満＝80％。詳細は、「令和３年度国立大学法人運営費交付金「成果を中心とする実績状況に基づく配分」について」を参照。
https://www.mext.go.jp/a_menu/koutou/houjin/1417264_00003.html（参照2024-09-18）

(22) 国立大学法人評価の中で、独立行政法人大学改革支援・学位授与機構が実施する教育研究に関する評価において実施される「現況分析」における評価単位にあたる。

(23) 宮錦・岡嶋（２０２１）では、学系別に、研究財源が研究成果に与える影響を分析し、研究財源の評価を行っている。

(24) https://www.mext.go.jp/b_menu/shingi/chousa/koutou/105/mext_00001.html（参照2024-09-18）

(25) 注21における。１２０％から80％が配分率であり、配分率の拡大は、この差をさらに広げることを意味する。

(26) 表３－４に示されているように、２０２２年度は、結果として、配分対象経費規模は１０００億円、配分率は、２０２１年度からプラスマイナス５％拡大し、75％から１２５％（指定国立大学は、プラスマイナス10％拡大し、70％から１３０％）となった。２０２３年度は、規模や配分率をそのままに指標の見直しが行われている。詳細は、「令和４年度成果を中心とする実績状況に基づく配分について」を参照。https://www.mext.go.jp/content/20220906-mxt_hojinka-000024750_1.pdf（参照2024-09-18）

(27) ２０２３年４月にも細かな修正が行われているが、大きな構成の変更は行われていない。

(28) わが国の大学における教育研究水準の著しい向上とイノベーション創出を図るため、文部科学大臣が世界最高水準の教育研究活動の展開が相当程度見込まれる国立大学法人を「指定国立大学法人」として指定する制度を、２０１７（H29）年４月の国立大学法人法の改正により創設した。

(29) ２０２３年度からは、伸びを重視するかたちで、実績、実績の伸び率、実績の伸び幅が２：１：１に変更され、２０２４年度も継続されている。

(30) ２０２３年度にも細かな修正が行われているが、大きな構成の変更は行われていない。

(31) https://www.mof.go.jp/about_mof/councils/fiscal_system_council/sub_of_fiscal_system/proceedings/material/zaiseia20220408.html

(32) 学校運営と教育研究については、全国国立大学附属学校連盟が「附属学校園の現状についての実態調査報告書」を取りまとめている。

(33) 文部科学省（２０１６）「参考資料１　国立教員養成大学・学部、大学院等の概要」２０１６年９月13日「国立教員養成大学・学部、大学院、附属学校の改革に関する有識者会議」（第１回）配付資料　https://warp.ndl.go.jp/info:ndljp/pid/11293659/www.mext.go.jp/b_menu/shingi/chousa/koutou/077/gijiroku/1377405.htm（参照2024-09-18）

(34) 全国国立大学附属学校連盟（２００８）より。

(35) 国立教員養成大学・学部、大学院、附属学校の改革に関する有識者会議は平成28（２０１６）年９月13日から11回開催されている。平成29（２０１７）年８月29日に、「教員需要の減少期における教員養成・研修機能の強化に向けて―国立教員養成大学・学部、大学院、附属学校の改革に関する有識者会議報告書―」が取りまとめられている。https://warp.ndl.go.jp/info:ndljp/pid/11293659/www.mext.go.jp/b_menu/shingi/chousa/koutou/077/index.htm（参照2024-09-18）

(36) 「国立教員養成大学・学部、大学院、附属学校の改革に関する取組み状況について―Vol.3（令和２年12月10日）」「国立教員養成大学・学部、大学院、附属学校の改革に関する取組み状況について―Vol.2（令和元年５月29日）」「国立教員養成大学・学部、大学院、附属学校の改革に関する取組み状況について（平成30年７月13日）」https://www.mext.go.jp/b_menu/shingi/chousa/koutou/077/index.htm（参照2024-09-18）

（37）２０２３年４月に私立の「神山まるごと高等専門学校」が開学している。

（38）文部科学省（高等教育局専門教育課ページ）より抜粋。
https://www.mext.go.jp/a_menu/koutou/kousen/index.htm（参照2024-09-18）

（39）https://www.mext.go.jp/a_menu/koutou/kousen/index.htm（参照2024-09-18）

（40）２０２１年９月７日に行った国立高等専門学校へのヒアリングに基づく。

（41）詳細は、以下を参照。
https://www.kosen-k.go.jp/about/profile/gear5.0-compass5.0.html（参照2024-09-18）

（42）一部は「独立行政法人国立高等専門学校機構の令和元年度における業務の実績に関する評価」より抜粋している。

第4章　公立小中学校（義務教育）における財源構造(1)
——国と地方（自治体）の両者による財源責任

1　義務教育費の財政制度と負担構造

(1)　義務教育の無償原則と国庫負担の根拠

日本国憲法第26条（1946年公布）には、「第26条　すべて国民は、法律の定めるところにより、その能力に応じて、ひとしく教育を受ける権利を有する」「すべて国民は、法律の定めるところにより、その保護する子女に普通教育を受けさせる義務を負ふ。義務教育は、これを無償とする」と定められている。現在の義務教育における主要な制度の根幹はこの憲法に基づいている。

1953年に「義務教育費国庫負担法」が公布され、日本の教育の根幹が固められた。この法律は、「義務教育について、義務教育無償の原則に則り、国民のすべてに対しその妥当な規模と内容とを保障するため、国が必要な経費を負担することにより、教育の機会均等とその水準の維持向上とを図ること」を目的としている（義務教育費国庫負担法第1条［法律の目的］）。

この法律により、「義務教育費国庫負担制度」として、教育の機会均等と教育水準の維持向上を図るため、義務教育費国庫負担法に基づき、都道府県・指定都市が負担する公立義務教育諸学校（小・中学校、義務教育学校、中等教育学校の前期課程および特別支援学校の小・中学部）の教職員の給与費について、3分の1（2006年度以降）を国が負担している[2]。

(2) 義務標準法と学級上限

「公立義務教育諸学校の学級編制及び教職員定数の標準に関する法律」（省略して義務標準法と呼ばれる）は、1958年に制定された。この法律は、「公立の義務教育諸学校に関し、学級規模と教職員の配置の適正化を図るため、学級編制及び教職員定数の標準について必要な事項を定め、もって義務教育水準の維持向上に資すること」を目的としている（義務標準法　第1条［法律の目的］）。

教育の質を確保するため、1学級の上限の人数が定められた。義務教育は、全額無償であるため、財源との関係が問題となる一方で、教育の質の向上が重要との観点から、その上限は、1958年に制定された当初の50人からその後、40人まで引き下げられてきた。2001年には、都道府県の判断で特例的に40人以下学級編成が可能となり、少人数学級の導入を行う都道府県が出てきている。

また、同年、常勤教職員の非常勤講師等への振替えが可能となり、これまで、常勤の教職員のみが国庫負担の対象だったものが、非常勤の教職員が国庫負担の対象として追加されたことで、たとえば、1日8時間のフルタイムの教職員を1日4時間のパートタイム2人に振り替えることが可能となった。

2004年には、加配定数の弾力的運用により、少人数学級の実施に加配定数を活用できること、および、「総額裁量制」の導入により、定数１の枠を半分の時間の教職員２名で振り替えることを可能とするなど、教職員配置の弾力化が行われた。

２０１１年には、１学級の上限人数が、小学校１年生で35人へと引き下げられ、さらに、２０２０年には、小学校全体で１学級あたりの人数は、原則として35人にする方向が示され、２０２１年４月から小学２年生が、また、その後、毎年１学年ずつ増え、２０２５年度に小学６年生が35人学級となることとされた。

なお、法律には、その他（検討規定）として、「この法律の施行後速やかに、学級編制の標準の引下げが教育活動に与える影響などに関する実証的な研究ほかを行い、それらの結果に基づいて必要な法制上の措置等を講ずるものとする」（附則〔令和三年三月三一日法律第一四号〕抄）とも書かれており、いままさに、変革の途上である。

(3)　義務教育費国庫負担制度の負担構造

すでに述べたように、義務標準法の定めに従い、教育に必要な額を措置する、主要な国の仕組みが、義務教育費国庫負担制度である。１９５３年に義務教育費国庫負担法が施行されて以来、教育諸条件の整備・充実の流れで、１９５６年には恩給費が、１９６２年には公務員の共済費、１９７４年には学校栄養職員の給与費なども国庫補助の対象となるなど、義務教育費国庫負担制度の対象となる費目も拡大されてきた。

その後は、地方分権の流れで、負担構造が地方の一般財源で財源措置する方向となり、義務教育費国庫負担金について対象費目の見直しが行われるようになった。主なものとしては、旅費と教材費（1985年）、恩給費（1989年）、退職年金（1993年）、共済費長期給付（2003年）、退職手当（2004年）が一般財源化されている。

2004年からは、総額を定め、中身については裁量に任せる仕組みとして、「総額裁量制」が導入された。総額裁量制とは、「国が定めた基準に従い算定された教職員給与費の総額の範囲内で、各都道府県・指定都市が地域や学校の実情を踏まえた特色ある教育が展開できるよう給与額や教職員配置について基本的に自由に決定することができる制度」とされている[3]。総額は、「給与単価×国庫負担定数」で定められる（なお、給与水準を引き下げる一方、教職員数を増やさなければ、支出される総額が減少する。その結果、総支出額が基準額［総額裁量制で見積もる国庫負担額］を下回れば、その部分は減額対象となり、措置される国庫負担額も減少する）。

また、2006年には、これまで国が2分の1の義務教育費を国庫負担してきたが、その割合が3分の1へと引き下げられている。実額と基準額との差額である6分の1は、地方交付税交付金の算定対象となり、一般財源で措置されることとなった。（これらの制度変更によるインセンティブ効果については、次節で説明する）。

なお、義務教育費国庫負担制度と義務標準法における主要な変更点は、表4-1のようにまとめられる。

表4－1　義務教育費国庫負担制度と義務標準法における主要な変更点

年	義務教育国庫負担金制度	義務標準法
1953	「義務教育費国庫負担法」公布	
1956	恩給費が国庫補助の対象に追加 （これ以後、複数の費目が国庫補助の対象に追加がなされる）	
1958		「公立義務教育諸学校の学級編制及び教職員定数の標準に関する法律」制定（50人学級）
1964～1968		第2次定数改善計画（45人学級へ）
1980～1991		第5次定数改善計画（40人学級へ）
1985	旅費と教材費の一般財源化 （これ以後、複数の費目が一般財源化される）	
2001		都道府県の判断で特例的に40人以下学級編成可能。常勤教職員の非常勤講師等への振り替え可能。
2004	総額裁量制の導入	総額裁量制の導入 （加配定数の弾力化）
2006	三位一体改革により、国庫負担割合が3分の1へ引き下げ	
2011		（小学校1年生は35人学級へ）
2021		35人学級の学年の拡大 （5年かけて2年生より学年進行で段階的に実施：2021年は2年生で35人学級へ）

出所：齊藤・宮錦（2017）表6-2を加筆修正

2　近年の義務教育費国庫負担金額の推移

現行の制度を評価する前に、近年の義務教育費国庫負担金額の推移を振り返ることにする。

図4－1には、過去20年間の義務教育費国庫負担金額の推移が示されている。2003年度から2006年度まで大幅に減少したのちは、1兆5000億円ほどで推移している。2022年度では、義務教育費国庫負担金額は1兆5015億円となっており、これは、文部科学省予算5兆2818億円の約28・4％（科学技術予算や文化芸術・スポーツ関連予算を除いた金額に占める比率では、約36・1％）を占めている。教育予算において、1兆786億円の「国立大学法人運営費交付金」（2022年度予算）と並び、最も大きな割合を占める歳出の一つとなっている。

年度間の増減要因には、制度的変化、社会の状況変化がある。2003年度の減少は、共済費長期給付などの一般財源化によるものであり、2004年度の減少は、退職金手当などの一般財源化によるものである。2005年度の減少は、三位一体改革に関連した4250億円の減額により、また、2006年度の減少は、前節で述べたように、国庫負担割合を、2分の1から3分の1へ引き下げたことによるものである。さらに、2013年度の減少は、東日本大震災にかかる給与臨時特例法を踏まえて給与単価を引き下げた影響によるものである。

そのほかの年度は、おおむね同額が維持されている。この背景をもう少し探ってみよう。近年の少子化により、小中学校の児童生徒数は、毎年減少を続けている。国庫負担金は、教職員の人件費

図4－1　義務教育費国庫負担金予算額の推移

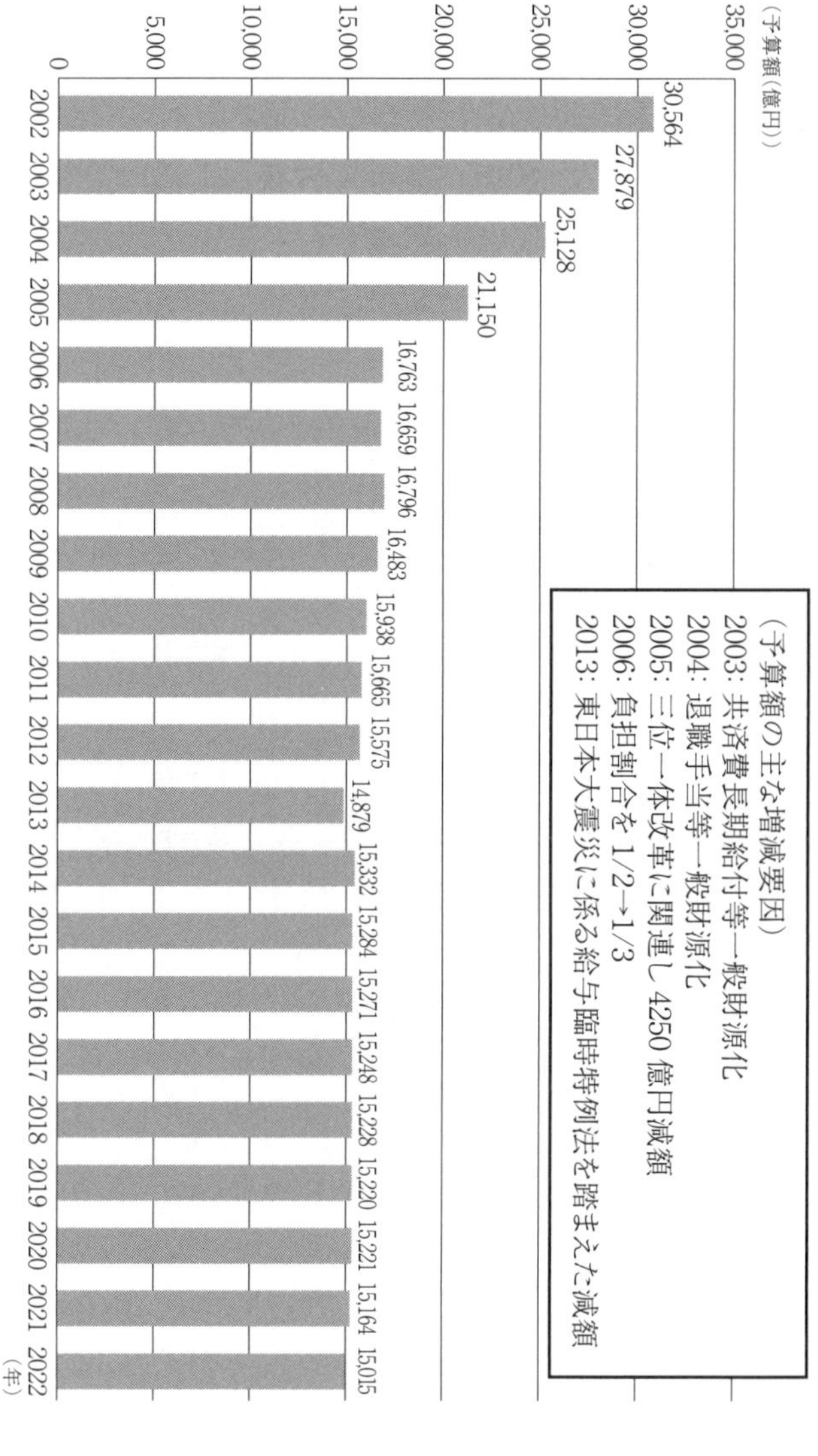

注：予算額は一般会計分。
出所：文部科学省データより筆者作成

を国費で負担するものであるが、教職員の基礎定数は、義務標準法に基づき、学級編制基準による学級数から積算されている。そのため、生徒数が減少すれば、教職員定数の減少を通じて、国庫負担金も減少すると思われるが、図4‐2を見る限り、2012年以降は、そのような傾向にはない。この背景を、財務省と文部科学省のやり取りから探ってみよう。

これまで、財務省の財政制度等審議会が2015年度、2016年度、2020年度に行った指摘に対して、文部科学省は公式な見解を述べている[4]。

2015年度には、財務省の財政制度等審議会が、義務教育教職員定数に関して、「加配定数の削減などにより、定数合理化計画を策定すべき」と指摘したことに対し、文部科学省は、「これらの指摘は、学校現場を取り巻く課題が複雑・困難化する中、時代の変化に対応した新しい教育に取り組まなければならない状況を考慮していない」と説明している。具体的には、「教育再生の推進のためには、①『いじめへの対応や特別支援教育など学校が対応しなければならない教育課題は大幅に増加しており、きめ細かい対応がこれまで以上に必要となっていること』、および②『情報化社会に対応した創造性や課題解決力等を重視したアクティブ・ラーニングに転換するための指導体制の充実が必要であること』などを踏まえ、「機械的削減ではなく、加配定数をはじめとする教職員定数の戦略的充実が必要」」と主張している[5]。

2016年度には、財務省の財政制度等審議会が、義務教育教職員定数に関して、「教員一人当たりの生徒数が、主要先進国（ＯＥＣＤ）と比べて遜色ないレベル」と指摘したことに対し、文部科学省は、「世界トップレベルの維持・向上を目標とする日本において、ＰＩＳＡの成績におけるトッ

図4-2　公立小中学校における教員数および児童生徒数の推移

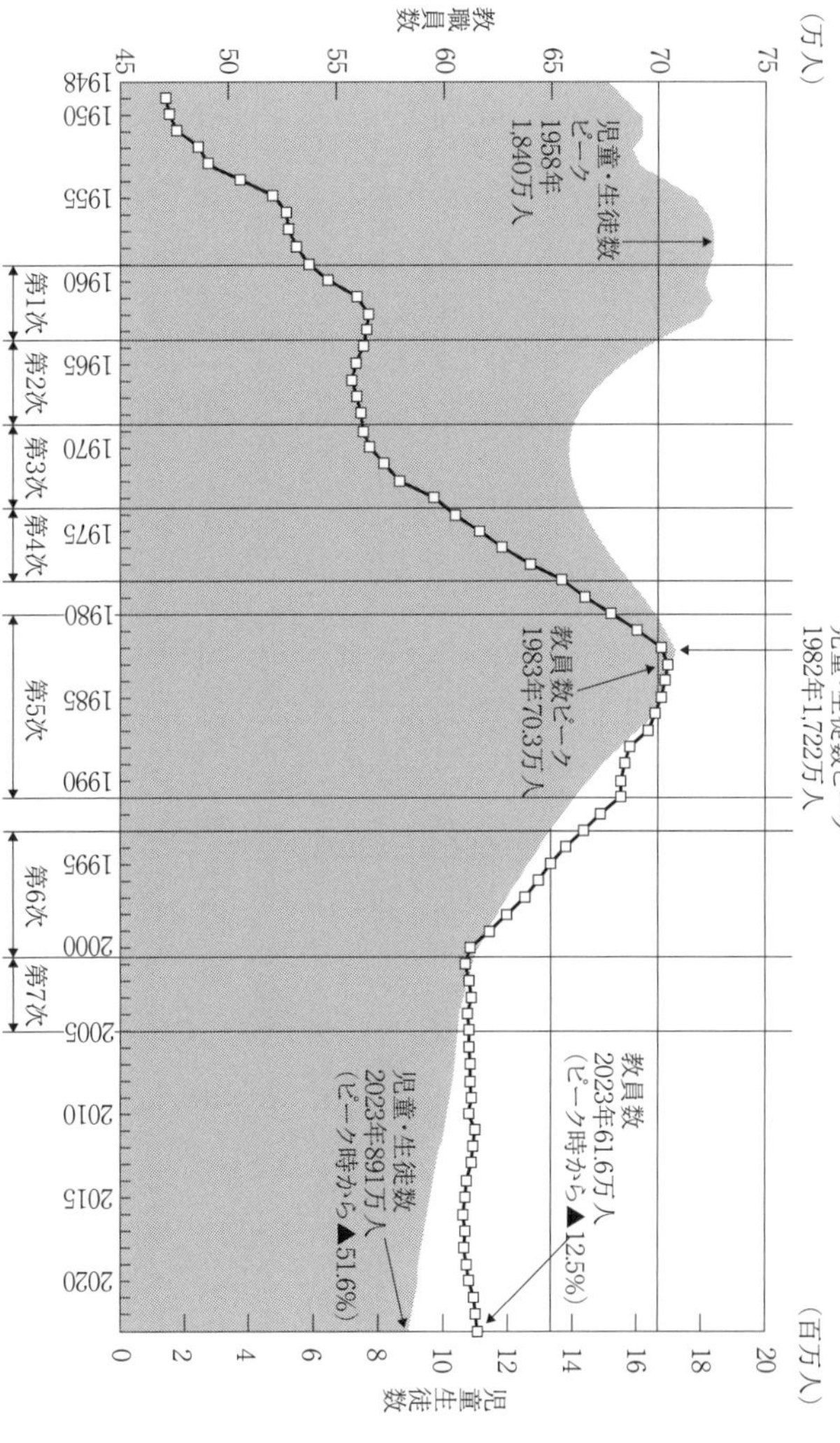

出所：文部科学省（2023）「今後の教職員定数の在り方等に関する国と地方の協議の場（第3回）」（【参考資料1】公立義務教育諸学校の学級編制及び教職員定数等に関する参考資料」）より抜粋
https://www.mext.go.jp/a_menu/shotou/hensei/003/mext_0005.html

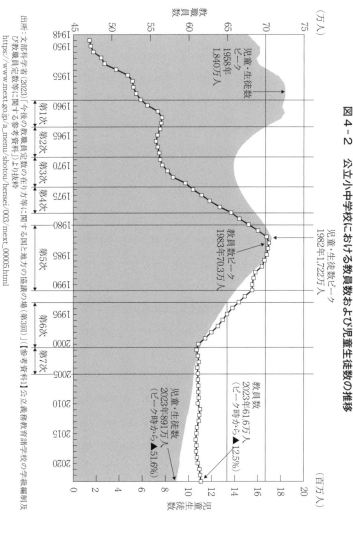

プレベルの国々（韓国を除く）に関して、教員一人当たりの生徒数を見てみると、日本よりも良い条件となっている」と説明している。また、財務省が、「学級当たりの加配定数の割合を維持して、現在の教育環境を継続させた場合でも、教職員定数は、今後10年間で約4万9０００人の減となる」と指摘したことに対し、文部科学省は、「①発達障害などの児童生徒への「通級指導」、②日本語能力に応じた指導が必要な児童生徒への特別指導」のニーズは高まりを見せており、現在の教育環境を継続させるには、これらの高まりを反映させる必要があると主張している。[6]

２０２０年度には、図４－２での傾向に関して、財務省の財政制度等審議会が、「平成以降、児童生徒数の減少ほど教職員定数は減少していない。児童生徒数あたりの教職員数を平成元年度と同水準とした場合の教職員数（約48万人）と比べれば、実質20万人の増」であると指摘したことに対し、文部科学省は、「教職員定数が児童生徒数ほど減少していないのは、特別支援学校・特別支援学級に通う児童生徒数の増加によるものが大きい」と説明している。また、「教員1人あたりの児童生徒数は主要先進国並み」であると指摘したのに対して、文部科学省は、学級担任外教員により一人あたりの児童生徒数はＯＥＣＤ並みとなっていることは認めつつも、「学級担任外教員は特別な支援が必要な児童生徒への対応や専科指導等に充てられている」と主張している。[7]

このように財務省の財政制度等審議会の意見に対して、文部科学省が公開の場で見解を述べることは、課題・論点を透明化させることを通じて、課題・論点の世間での議論を深める効果がある。今後も、このような公開の議論に期待したい。

3　現行の義務教育費国庫負担制度とインセンティブ構造

義務教育費国庫負担制度は、小学校と中学校の教職員の人件費を対象とする。本章第一節で述べたように、国（文科省）が、基本的に、総額の3分の1を負担し、地方（自治体）は、3分の2を負担する。国は、国の定める基準額（標準定数×省令に定める給与単価）[8]のうちの3分の1または地方の実支出額の3分の1のいずれか低いほうについて負担することとされている。この地方（自治体）に交付される国の支出金は、「義務教育費国庫負担金」と呼ばれている。

また、地方（自治体）の支出に対しては、国の定める基準額の3分の2が、基準財政需要額に積算され、基準財政収入額を上回る自治体は、交付団体として地方交付税を受け取ることになる。つまり国の定める基準額の3分の2は、地方交付税を通じて措置（財源保障）されていることになる。

実際には、地方（自治体）の実支出額が、国の定める基準額を上回る場合には、超過分は全額が自治体の持ち出しになる。一方で、地方（自治体）の実支出額が、国の定める基準額を下回る場合には、国（文科省）による「義務教育費国庫負担」と、地方交付税を通じた財源保障とでは対応が異なる。下回る部分の3分の1は、国庫負担額の減額となる一方、下回る部分の3分の2は、財源保障として交付税措置された分であるため、自地域の行動に対する限界的な意味では、減額の対象とならず、一般財源（つまり地方（自治体）にとっては使途の自由な財源）として、そのまま自治体の手元に残ることになる（図4－3を参照）。なぜなら国庫負担分の実質配分額が、国が定める基

図4－3　義務教育費国庫負担制度の仕組み

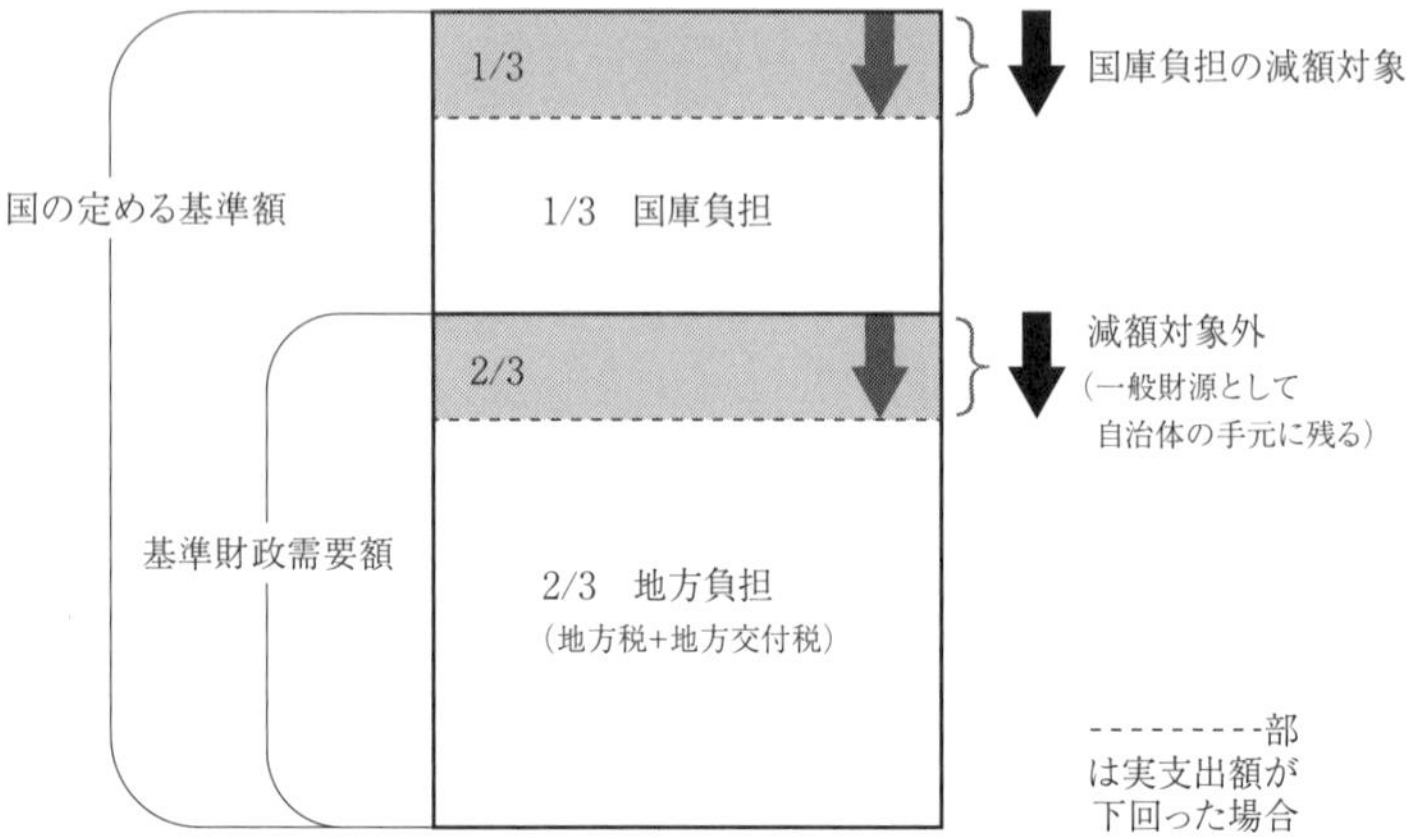

出所：赤井・妹尾（2010）図1から転載

準額を下回る場合には、その地域の実支出額にあわせてダイレクトに変動する仕組みなのに対し、交付税措置分[9]は、実支出額と連動した仕組みになっていないからである。つまり、自治体独自で、教職員数の削減や、給与の削減を行ったりすれば、実額と基準額との差額のうちの3分の2はそのまま手元に残ることになり、制度上、そのような削減インセンティブが働く可能性がある。

以下では、この制度における教職員数・給与の削減インセンティブについて考える。

まず、教職員数削減について考える。教職員定数は、「総額裁量制」とは別に、義務標準法で定められており、年度内での変化はあるものの年度全体として、数は満たされなければならない。そのため、教職員数は確保しなければならない[10]。

次に、給与削減について考える。表4－2は、2008年度に、自治体の実際の教職員給与への支出額（以下では「実額」と呼ぶ）が国の定める

表４-２　2008年度に実額が基準額を下回る県の背景（最終交付決定時）

	定額との差	給与カットの状況	
		本給	諸手当
北海道	16.1億円	▲7.5〜9%	管理職手当、期末勤勉手当
岩手県	2.2億円	▲2〜6%	管理職手当
山形県	0.5億円		管理職手当
石川県	1.8億円		管理職手当
大阪府	35.0億円	▲3.5〜11.5%	管理職手当、期末勤勉手当、退職手当
奈良県	2.8億円	▲1.5〜3%	
鳥取県	0.3億円		
島根県	5.6億円	▲6〜8%	
岡山県	2.0億円	▲2.8〜6%	管理職手当、期末勤勉手当
広島県	18.0億円	▲3.75〜7.5%	管理職手当
徳島県	6.7億円	▲7〜10%	管理職手当
香川県	1.5億円	▲1〜5%	管理職手当、期末勤勉手当
愛媛県	4.8億円	▲2.6〜4.5%	管理職手当
高知県	3.7億円	▲1.5〜5%	管理職手当
鹿児島県	5.2億円	▲5〜10%	管理職手当
沖縄県	12.8億円	▲3%	管理職手当、期末勤勉手当、退職手当
16道府県	118.9億円	13道府県	13道府県

本給か諸手当のいずれかのカットを実施 15道府県

注：鳥取県は、条例改正により、2009年1月から本給を3.5%引き下げるなどの給与改定を実施。▲はマイナス。
出所：赤井・妹尾（2010）表3から転載

「基準額」を下回る県と、その理由として考えられる「給与削減」の状況を整理したものである。

現行の国庫負担の仕組みは、「総額裁量制（2004年〜）」と呼ばれる仕組みを採用している。本制度の導入以前は、国負担の範囲を国の定めた定員の範囲とし、財政上の上限を規定すると同時に、標準法の下、定数を割り込む余地はないという意味で、財政上の下限も規定する仕組みとなっていた。しかしながら、以下のように、2001年以降は、地方分権の流れに沿って、これらの規定は緩和されてきている。

第一は、2001年に、常勤と非常勤の間で定数の振替えが可能になったことである。これにより、標準定数に見合うかたちで定数単価の安い非常勤に振り替えることができるようになった。

第二は、2004年の国立大学法人化により、国基準の教育職俸給表が消滅したことである。これにより、自治体はこれまでの国準拠の教育職俸給表から、自治体の裁量による教育職俸給表へと給与基準を変化させることが可能となった。したがって、自治体独自の給与削減により教育に関わる人件費も減らすことができるようになった。

人件費を削減した場合、文科省から措置される「義務教育費国庫負担金」は返還を余儀なくされる一方、交付税で措置される部分に関しては、返還をする必要がないため、これら二つの緩和は、給与削減による一般財源を生み出す余地を与えたことになる。

これを後押しするように、2006年に、国庫負担割合が2分の1から3分の1へと変更された。これは、地方分権化の流れの中で、当時の小泉首相が主導した「三位一体の改革（①国から地方への補助金・負担金を削減、②地域格差是正のための地方交付税を抑制、①と②を補うために地方へ税源移譲）」によるものである。これにより、厳しい地方財政の下、自治体にとって、給与削減時に残る金額の割合が2分の1から3分の2に増えたという意味で、給与削減を行うインセンティブがよりいっそう促進されることとなった。

表4-2で示されるように、2008年に国の定める基準額（定額交付）を下回る水準（実額交付）となった16道府県の要因は、自治体独自の給与カット・手当カットであったことがわかる。

図４－４　実額が基準額を下回る県の数の推移
（実額と基準額の差が基準額に占める割合別）

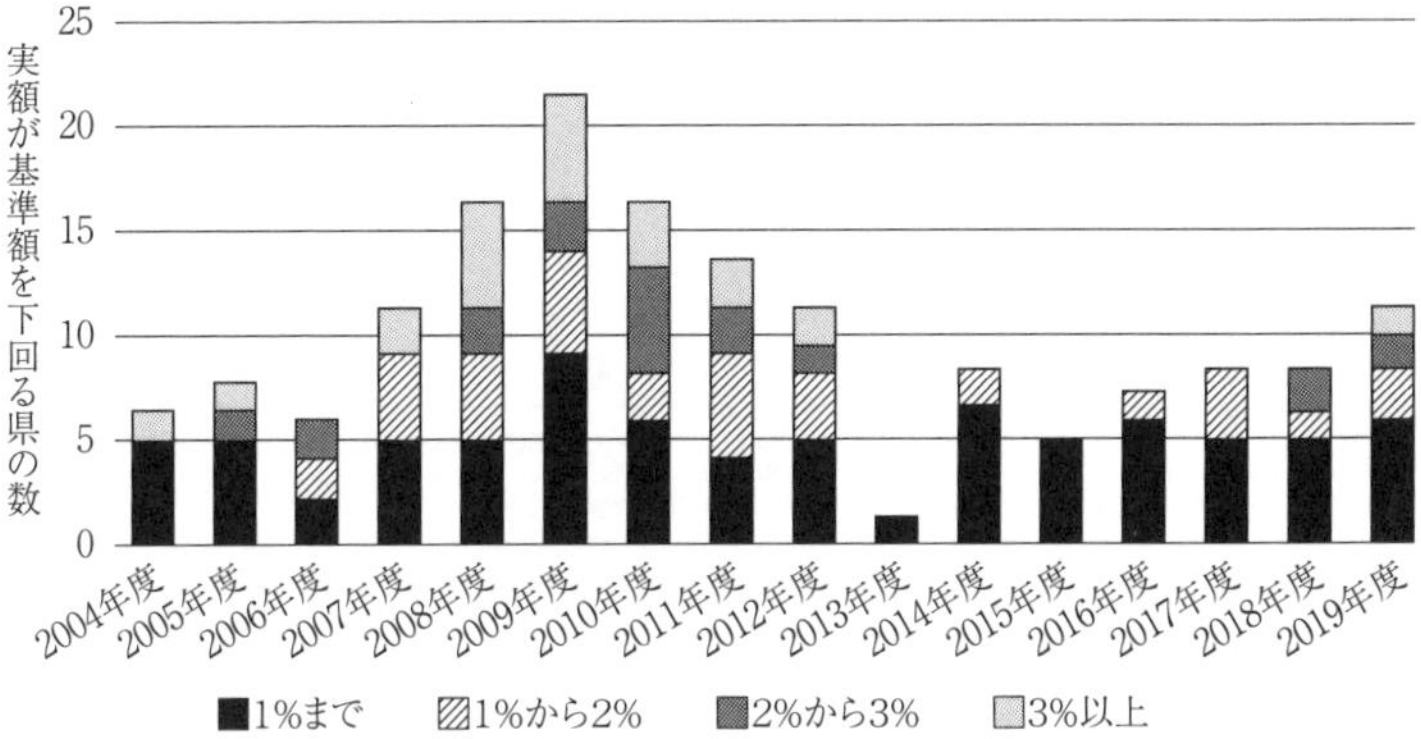

出所：文科省調べより筆者作成

自治体独自の給与カット・手当カットの多くは、知事部局の要請により教職員を含む全職員を対象とした時限的措置であることが多いが、教育職給表の国準拠がなくなったいま、自治体の財政力の高低が義務教育基盤の地域差を生み出している可能性も否定できない。

図４－４は、２０１９年度までの実額交付県（実額が基準額を下回ることになった県）の数を見たものである。その数は、２００９年度まで増加した後減少してきたが、２０１５年度以降に拡大していることがわかる。実額と基準額の差が基準額に占める割合は、１％までの数が、安定して５自治体ほどで生じている。なお、２０１３年度に県数が落ち込んでいる理由は、国の給与が特別に減額されたため、比較対象となる基準額が引き下げられたためである。このように、給与改定（国基準の引下げ、引上げ）に対して、事情により県が据え置きを行う場合には、実額交付となる県が変

図４－５　「(実額−基準額)／基準額」と財政力指数との相関
(2010年度版、2015年度版、2019年度)

■「(実額-基準額)／基準額」と財政力指数の相関(2010年度)

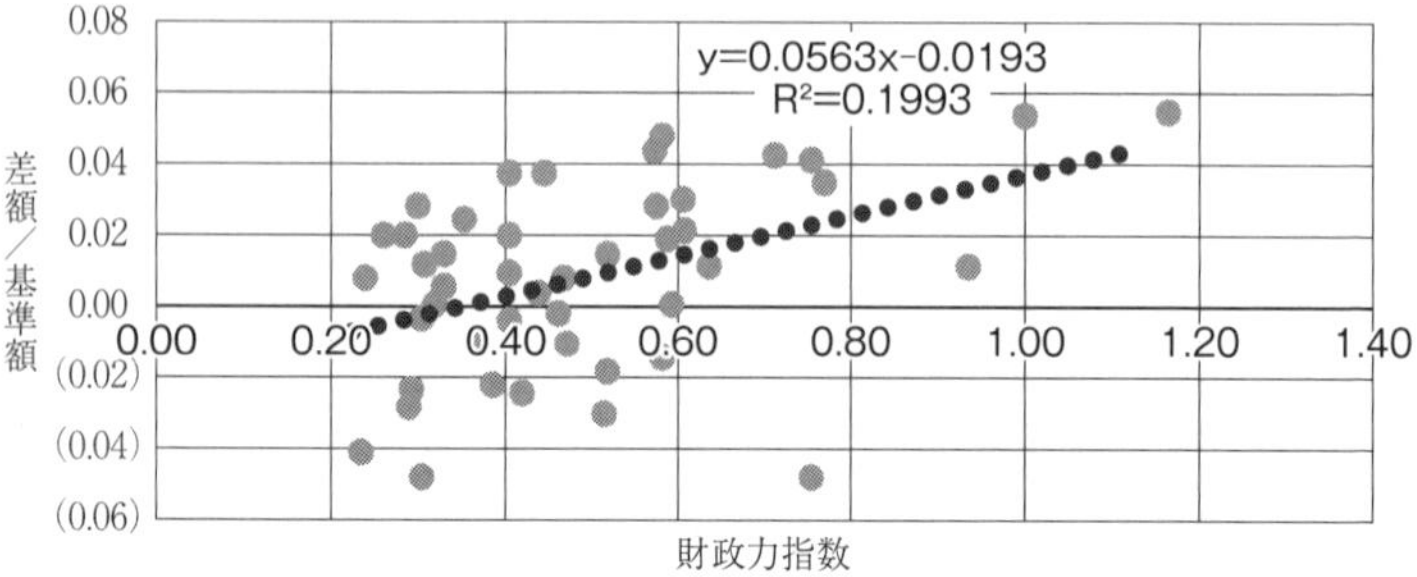

■「(実額-基準額)／基準額」と財政力指数の相関(2015年度)

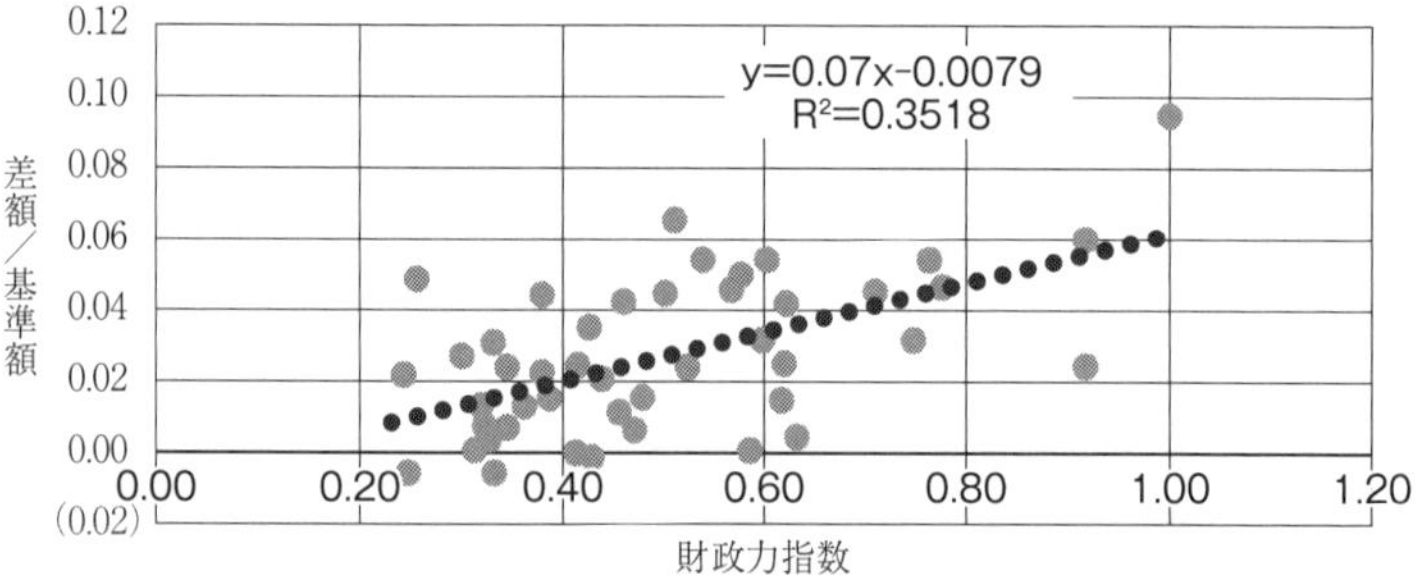

■「(実額-基準額)／基準額」と財政力指数の相関(2019年度)

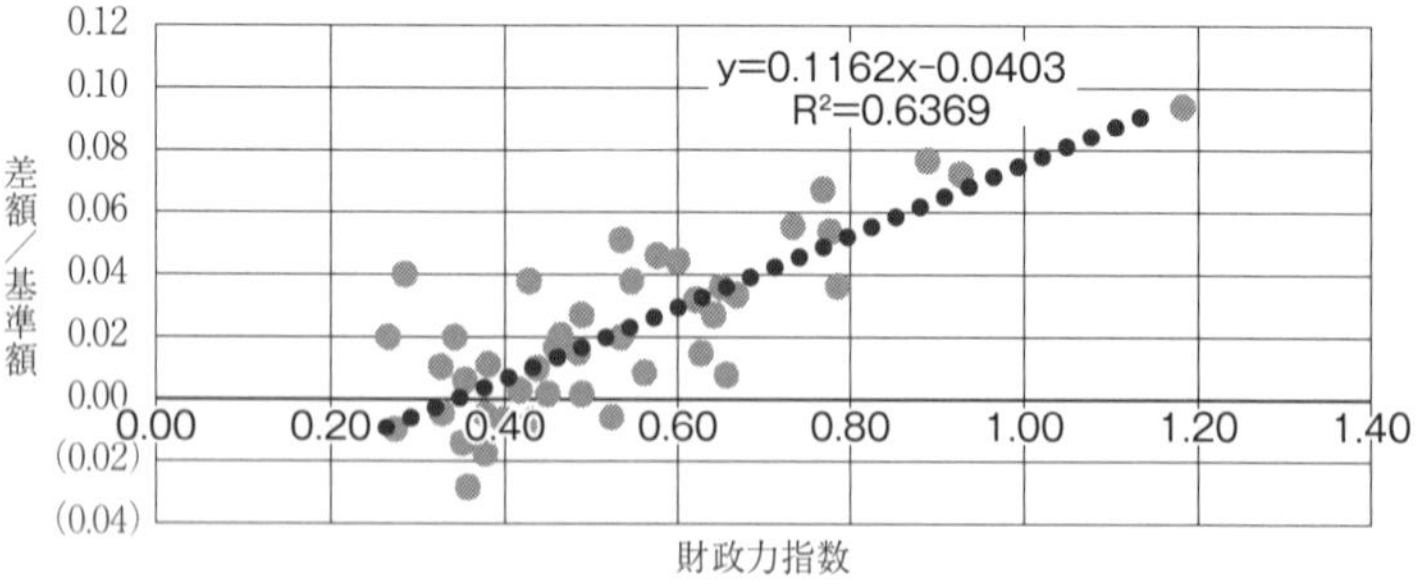

出所：筆者作成

動することになる。２０１７年度から２０１９年度の動きの要因の一つとしては、この背景があると考えられる[11]。

図４－５は、「総額裁量制（２００４年～）」が導入された後の3カ年（交付２０１０年度、２０１５年度、２０１９年度を選定した）における、実額と基準額の差が基準額に占める割合と、財政力指数との関係をグラフにしたものである。

まず、全年度を通じて、実額交付県の財政力指数は、約０・８以下であり、実額県が少なかった２０１５年度も含めて、財政力指数の低い自治体ほど実額が基準額を下回り、実額が交付される県となる傾向がうかがえる（財政力指数の推定係数は、すべての年度において１％有意水準で正に有意である）。また、２０１０年度および２０１５年度では、推定係数の傾きが０・06－０・07であるのに対し、２０１９年度では０・１を超える値となっており、近年において財政力が与える影響が大きくなっていることがわかる。

4　義務教育費負担の考え方

本章では、公立小中学校の教育費において、その大きな部分を占める人件費の財源構造として、義務教育費国庫負担制度に着目し、本制度の歴史・仕組み・実態を概観した上で、制度の背後に潜むインセンティブ構造を明らかにした。これらを踏まえ、公立小中学校の財源構造の制度設計の方向性を考える。

義務教育費の財源構造の制度設計としては、以下の三つの可能性が考えられる。

① 特定財源による全額国庫負担
② 一般財源による全額地方負担
③ 国（特定財源）と地方（一般財源）による分担

以下では、それぞれの制度の評価を踏まえ、義務教育費の財源構造の制度の今後のあり方を考える。

まず、「①特定財源による全額国庫負担」の財源構造の制度は、国が、すべての財源と責任を持つ制度である。この場合、財源と責任は一致する。この制度のメリットは、国が財源を確実に措置することができるため、国家責任としての義務教育の機会の公平性を担保することができる点である。つまり、公平性確保に強い制度である。

一方で、国が適切な義務教育を行うためには、現場で効率的効果的な教育を行わせる仕組みが備わっていなければならない。すなわち、国のガバナンスが適正に機能することが担保されなければならない。

財源も責任も持たない教育現場がモラルハザードを起こさず、教育の質の向上に向け創意工夫ができる仕組みとして、（手足を縛る）インプットコントロールではなく、（地方が創意工夫を行いやすい）アウトプットコントロールの仕組みを取り入れることが考えられる。具体的には、教育に関する達成度合いを定期的に確認し、基準を満たせない場合においてのみ、指導・支援をする仕組みである。この仕組みが適切に機能するかどうかで、「①特定財源による全額国庫負担」の財源構造の制度が望ましくなるかどうかが決まると思われる。実際、義務教育のアウトプットの評価は、長期的視野が必要である。

次に、「②一般財源による全額地方負担」の財源構造の制度は、地方が、財源を持つ制度である。教育内容に関する責任も地方が持つ場合には、財源と責任は一致する。この制度のメリットは、現場である地方が財源を持つことで、地域の費用効率化インセンティブおよび競争インセンティブが高まることにある。つまり効率性確保に強い制度である。一方で、この制度の下では、地方間で教育内容に格差が出る可能性があり、国家責任として、義務教育の機会の公平性が求められる場合、制度設計には困難が伴う。

このように、二つの制度には、メリットとデメリットがある。それぞれのメリットである、公平性確保と、効率性確保の視点を取り入れた制度を模索する場合には、「③国（特定財源）と地方（一般財源）による分担」の財源構造の制度が、一つの候補として考えられる。現行の義務教育費国庫負担制度は、この制度である。

地方の一般財源が使われるため、①の制度に比べ、（本章で述べた給与削減のように）費用を意識した行動インセンティブが働きやすい。また、国全体において一定の教育レベルを保つという意味での教育に関する公平性も、②の制度に比べ、保たれやすい。この制度により、最も望ましい効率性と公平性のバランスを探ることになる。

一方で、この制度の下では、国と地方の役割分担の明確化がポイントになる。財源の一部は地方財源（地方交付税）であるが、国（文部科学省）は教育の提供義務を担っている。責任が、国（文部科学省）にあるのか、地方（県・市町村）にあるのかが不明確になりやすい。教育の質が低下した場合、その責任を誰が負うのかも曖昧になりやすいという問題点は残る。

今後、効率性と公平性のバランスをどのように保ち、義務教育を行っていくのかを模索する上で、インセンティブの作用やモラルハザードの発生状況、全国の教育の質の差の状況、さらに、それらの実態と財源構造の関係を把握することは、これから先、全国で義務教育の質を保持しながら効率的効果的な教育を実現していくための制度設計を考える上で重要である。

コラム3：教育費の実態調査――「予算執行調査」からみる義務教育費等財政負担の効率化

本コラムでは、財務省で行われている調査から、義務教育費国庫負担金に関わるトピックを抽出し、その内容を整理する。

あまり知られていないが、政策の予算の執行の適切性については、財務省が「予算執行調査」という実態調査を毎年行っている。この調査からも、教育財政の実態を学ぶことができる。PDCAサイクルが重要であるとの観点から[12]、財務省は2002年度より毎年、当該年度の予算に対して予算執行調査を実施している。財務省ホームページ[13]によると、予算執行調査とは、「財務省主計局の予算担当職員や日常的に予算執行の現場に接する機会の多い財務局職員が、予算執行の実態を調査して改善すべき点を指摘し、予算

表4-3　義務教育費国庫負担金に関する予算執行調査の類型

類型1：学校統合・学校規模の最適化：コスト効率化・教育効果の視点

- 2007　予算執行調査「学校規模の最適化に関する調査」
- 2014　予算執行調査「義務教育費国庫負担金（公立小中学校の学校規模の適正化について）」
- 2018　予算執行調査（H26調査のフォローアップ）「義務教育費国庫負担金・公立文教施設整備費」

類型2：公立学校施設整備・個別施設計画：効率的施設整備の視点(15)

- 2017　予算執行調査「公立学校施設整備費」
- 2019　予算執行調査「公立学校施設整備事業」
- 2020　予算執行調査「学校規模・配置の適正化と施設の効率的整備」
- 2021 予算執行調査「公立学校施設整備事業」

類型3：義務教育基礎定数・加配定数：活用方法・効果検証の視点

- 2013 予算執行調査「義務教育費国庫負担金」
- 2016 予算執行調査「義務教育費国庫負担金」

出所：財務省「予算執行調査」ホームページより筆者作成
https://www.mof.go.jp/policy/budget/topics/budget_execution_audit/index.htm

の見直しにつなげていく取組み」とされている。本コラムでは、調査の内容を振り返り、効率的・効果的な教育支出の視点から、調査結果がどのように予算・政策に反映されているのか、すなわち、どのようにPDCAを回そうとしているのかを整理し、今後の教育支出・費用、効果把握の議論を深める材料を提供する。

これまでに行われた予算執行調査のうち、義務教育費国庫負担金に関して行われた調査は、三つの類型に分けることができる。それらは表4－3にまとめられている。

第一の類型は「学校統合・学校規模の最適化」の視点であり、コスト効率化・教育効果が焦点となる。第二の類型は、「施設整備：公立学校施設整備費・施設の効率的整備」の視点であり、老朽化対策、個別施設計画(14)が焦点となる。第三の類型は、「義務教育基礎定数」の視点であり、定数の別活用・加配定数の効果検証が焦点となる。

以下類型ごとに、ＰＤＣＡの視点から、調査の内容と、その結果の反映についてみていくことにする。

(1) 類型1：学校統合・学校規模の最適化（コスト効率化・教育効果の視点）

予算執行調査における一つめの類型は、コスト効率化と教育効果の視点から行われる学校統合、すなわち、少子化社会における学校規模の最適化に関するＰＤＣＡサイクルである。予算を効率的・効果的に活用するために、どのようなエビデンスを集め、学校規模の最適化を進めるべきか検討されている。

第一は、２００７年に行われた、予算執行調査「学校規模の最適化に関する調査」である。「統合して２００５年４月に開校した小学校１６１校・中学校60校」を対象として、統合の効果についての調査が行われた。「統合後の通学距離・スクールバス状況・学級数の変化・教職員数（1校あたり）の変化、学校運営費の変化、一定規模の集団形成によるメリット（6・3割が肯定的・1・2割が否定的）」との結果が得られている。ここから、「コスト効率化・教育の質向上のためにも規模の最適化を促進すべきであり、そのために、統合時のサポート（教職員の加配・施設補助・通学支援［スクールバス］）とさらなるエビデンスの収集が必要」と提案している。この調査結果と提案により、今後、外部有識者等の意見等も踏まえながら、規模の最適化の検討を行うことになった。

第二は、２０１４年に行われた、予算執行調査「義務教育費国庫負担金（公立小中学校の学校規模の適正化について）」である。この調査は、児童生徒数の減少が続く中、よりよい教育環境の整備や予算の効率的な執行を図るための統合が順調に進んでいないことを背景としたものである。財源のＰＤＣＡを回す観点から、「H23年度から25年度の間に統合して開校した　小学校３０３校・中学校97校」を対象として、「統合後の通学距離・スクールバス状況・学級数の変化・教職員数（1校あたり）の変化、学校運営費の変化、一定規模の集団形成によるメリット」について調査を行っている。

この調査結果から、「コスト効率化・教育の質向上のためにも規模の最適化を促進すべき。理解を得るため、統合の取り組みの支援、ノウハウの共有が必要」と提案している。この調査結果と提案により、国（文部科学省）における取組みとして、「学校の統合を検討する際の基本的考え方や検討の方向性など、公立小学校、中学校の適正規模・適正配置等に関する手引を策定する」ため、また、地方公共団体における取組みとして、「手引を踏まえ、各都道府県・市区町村において少子化に対応した活力ある学校づくりに向けた施策を主体的に検討・実施する」ための予算が、次年度に措置された。さらに、学校統合を支援するための政策的な教職員定数加配措置等も予算化された。

第三は、２０１８年に、２０１４年の予算執行調査のフォローアップとして位置づけられ行われた、予算執行調査「義務教育費国庫負担金・公立文教施設整備費」である[16]。学校規模については、「公立小学校・中学校の適正規模・適正配置等に関する手引」で示された適正規模である「12～18学級」が達成できていない学校が約5割も存在している。財源となる義務教育費国庫負担金・公立文教施設整備費のＰＤＣＡを回す観点から、「２０１７年度の児童生徒数30名以下の全小中学校（１８６９校）」を対象として、適正規模についての調査が行われ、「具体的な個別施設計画（統廃合など）を計画していないところが75％。統廃合しても通学時間は1時間以下が８割」との結果が得られている。

加えて、「２０１４年度から２０１６年度まで、施設整備国庫補助金を受けた自治体（７２１自治体）」

を対象とした調査も行われ、「4割で学校統廃合にかかる中長期計画がない。統廃合後の施設の活用は、7割が「活用しない」か「ない」」および、「学校新増築の際に、5割が、児童生徒数を基に算出した必要な教室数よりも多い教室を新設した[17]」という結果が得られている。

この調査結果から、「中長期計画がないと補助はしないなどの仕組みの検討、統廃合後の既存施設の活用や新設教室数の適正化」の必要性があると提案している。この調査結果と提案により、「学校統合等に係る取組事例を創出し横展開するなどして、学校の小規模化の対策について検討に着手している自治体の割合を2021年度に100%にする目標を設定し、地方公共団体の協力関係の進展状況を踏まえつつ、児童生徒に対する教育的効果の観点からの小規模校の在り方について検討を実施する」こととなった。

(2) 類型2：公立学校施設整備費・施設の効率的整備

予算執行調査における二つめの類型は、施設の効率的整備の視点から行われる公立学校施設整備費に関するPDCAサイクルである。予算を効率的・効果的に活用するために、どのようなエビデンスを集め、公立学校施設の効率的整備を進めるべきかという視点で、表4-3にまとめられているように、これまで、四つの予算執行調査が行われてきた。

第一は、2017年に行われた、予算執行調査「公立学校施設整備費」である。この調査には、公立学校施設整備補助として、新増築には1／2補助、改築などには1／3補助があることを背景としたものである。この施設整備費のPDCAを回す観点から、「各都道府県のコード上位5市町村の自治体（有効回答

229)」を対象として、インフラ長寿命化計画（行動計画）・個別施設ごとの長寿命化計画（個別施設計画）の実態についての調査が行われ、2017年3月末時点：個別施設計画策定済みは1割のみ、未定が4割、採択方法に地域ニーズが反映されていない」という結果が得られている。

この調査結果から、「個別施設計画の早期策定、そのノウハウの共有、採択方法の改善が必要」と提案している。この調査結果と提案により、まず、個別施設計画の早期策定については、「自治体の職員を対象とした説明会等を開催し、解説書を用いて早期の個別施設計画の策定を促すとともに、既に策定を終えた自治体の事例を発表し情報共有を図るなどの取組を実施すること等を通じて、計画策定期限である2020年度までに計画を確実に策定させる」こと、また、採択方法の見直しについては、「個別施設計画を早期に策定した設置者の事業を優先的に採択し、個別施設計画を策定していない設置者の事業は採択しない」という方針が策定された。

第二は、2019年に行われた、予算執行調査「公立学校施設整備事業」である。この調査には、老朽化した学校施設（築25年以上の建物面積）が7割以上であることが背景にある。施設の効率的な整備が必要であるとの観点から、「学級数が標準かつ築15年以上40年以内の建物面積が1000㎡以上の校舎（小学校1822校、中学校1218校）」を対象として、個別施設計画の策定の実態についての調査が行われ、「個別施設計画策定済みは小中とも2割のみ、短期や長期に分けているものは1割であり、その理由の4割は、ノウハウ不足である」という結果が得られている。

この調査結果から、「優良事例の共有、個別施設計画で適切な維持管理が行われている自治体を優遇、補助対象を計画策定自治体に限定が必要」と提案している。この調査結果と提案により、まず、「横断的な実行計画」の策定について、「各自治体における部局横断的な検討体制を構築した上で、速やかに検討・策定が進められるよう、文部科学省において、ガイドラインなどの取りまとめを目指す」こと、また、当該計画の策定期限について、「実効性を確保した上で自治体へ周知する必要があるため、2022年度以降、可能な限り早期に設定できるよう文部科学省において引き続き検討を行う」こと、さらに、学校施設の統廃合や複合化・共用化等の検討結果を個別施設計画に早期に反映させる仕組みや、コスト縮減効果を可能な限り明らかにした優良事例の横展開についても、各自治体において効果的な検討が早期に進められるよう、文部科学省にその準備を要請している。

第三は、2020年に行われた、予算執行調査「学校規模・配置の適正化と施設の効率的整備」である。2018－2019年で、適正規模に課題があると認識し、方針・計画が策定された自治体（有効回答310）」を調査対象として行われ、「個別施設計画がある自治体（134）の中の5割が、統廃合を計画に反映していない。地元地域から声がない限り検討しないという受け身の姿勢が存在する。複合化・共用化の検討は21％の自治体のみである」という結果が得られている。

この調査結果から、「部局横断的な検討体制の構築、学校規模の適正化・適正配置、複合化・共有化・長寿命化などのコスト削減」の必要性を提案している。この調査結果と提案により、まず、個別施設計画については、「自治体の職員を対象とした説明会等を開催し、個別施設計画の標準的な様式を示し、より具体的に留意点等を解説するとともに、先進的な取組事例を紹介することなどを通じて、同計画の策定を促す。また、2020年度の事業の採択にあたっては、個別施設計画策定済みの自治体に係る事業の優先度を高くするなどし、計画策定期限である令和2年度末までに確実に計画を策定させる」こと、また、維持管理・

修繕の実績については、「長寿命化を促進する観点から、築40年超で実施する現行の「長寿命化改修」（建物の耐久性を高め使用年数を80年超へ延長する改修）に加え、築20年程度で実施する建物の構造躯体の腐食防止など部分的な性能回復を図るための「予防改修」の制度を令和2年度から創設する」こと、さらに、この「予防改修」の事業採択にあたっては、「個別施設計画に基づいた事業のみを対象とすることで、各自治体の予防的修繕の重要性の意識を高め、同計画に基づいた適切な維持管理・修繕を促す」との方針が策定された。

第四は、２０２１年に行われた、予算執行調査「公立学校施設整備事業」である。２０１９年と２０２０年度に関して、自治体（有効回答３１７）を調査対象として行われ、「個別施設計画がある自治体（３０１）の中の7割が複合化を検討しておらず、また、約8割が、共用化を検討していない」こと、「教育部局以外の部局が個別施設計画の策定に参画している自治体の割合を部局ごとに見ると、1割から3割にとどまっている」こと、また、「地方の中核市及び、東京23区において、学校の延べ床面積が基準面積を上回る割合が5割超となっている」という結果が得られている。

この調査結果から、「複合化・共同化により効率化を図れる余地がある」と提案している。この調査結果と提案により、「教育部局以外の部局の参画を促し、効率的な複合化・共同化を通じて、建設コスト及び維持管理コストの提言を進めるべき」との方針が策定された。

(3)　類型3：義務教育基礎定数・加配定数（活用方法・効果検証の視点）

予算執行調査における三つめの類型は、活用方法・効果検証の視点から行われる義務教育基礎定数・加配定数に関するＰＤＣＡサイクルである。予算を効率的・効果的に活用するために、どのようなエビデンスを集め、義務教育基礎定数・加配定数の配置を進めるべきかという視点で、表４－３にまとめられているように、これまで、二つの予算執行調査が行われてきた。

第一は、２０１３年に行われた、予算執行調査「義務教育費国庫負担金」である。基礎定数は、各都道府県で弾力的に配置して運用が可能であるが、加配定数も含め、その活用の実態が明確ではないことを背景として、財源となる義務教育費国庫負担金のＰＤＣＡを回す観点から、「基礎定数を少人数学級に活用している15府県」を対象として、活用の実態についての調査が行われ、「４・２％を活用している県から、０・４％にとどまる県まで様々であり、平均は１・２％である。活用先は、特別支援や生徒指導に重点配分する県と、35人学級に活用している県に分かれている」という結果が得られている。

この調査結果から、「効果的・効率的な教員配置の観点から、地域・学生の特性に合わせて基礎定数を活用すること、活用に合わせて加配を県間で配分するなど、積極活用を促す措置が必要」と提案している。この調査結果と提案により、「公立小中学校の教職員数について、少子化による児童生徒数の減少等を踏まえ、既存定数を合理化縮減（マイナス７１３人）する一方、いじめ問題等の個別課題へ対応するための定数増（７０３人）を措置し、定数の配置改善を推進」という方針が策定された。

第二は、２０１６年に行われた、予算執行調査「義務教育費国庫負担金」である。加配定数の増員が求められていることを背景として、財源となる義務教育費国庫負担金のＰＤＣＡを回す観点から、各都道府県を対象として、加配のＰＤＣＡの実態についての調査が行われ、「加配の投資効果を分析していない県が

16あり、分析している県においても、アンケートのみであり、翌年度の要求に反映している県は皆無である」という結果が得られている。

この調査結果から、「加配の効果検証ＰＤＣＡの必要性、および研修方法の工夫の必要性」を提案している。この調査結果と提案により、まず、加配措置の効果の検証については、「「エビデンスに基づいたＰＤＣＡサイクル」の確立に向けた取組みを進める」との方針が策定された。

(4)　ＰＤＣＡサイクルのさらなる実行に向けて

以上のように、予算執行調査で明らかにされた実態に対して、教育費の予算措置がなされ、改革が促され、まさに、ＰＤＣＡを回す取組みが行われている。教育政策において、財務省と文部科学省がともに実態を把握し、多面的なＰＤＣＡサイクルを行い、新たな政策を実行していくことが、望ましい教育財政の制度設計に効果的であろう。

【第4章　注】

（1）本章の内容の一部は、齊藤・宮錦（２０１７）第6章「教育と政府の役割」を参考にしている。

（2）文部科学省ホームページ「義務教育費国庫負担制度」参照。
https://www.mext.go.jp/a_menu/shotou/kyuyo/1394395.htm（参照2024-09-18）

（3）文部科学省ホームページ「総額裁量制について」参照。
https://www.mext.go.jp/a_menu/shotou/kyuyo/__icsFiles/afieldfile/2017/09/14/1394395_03.pdf

（4）それらは、以下にまとめられている。

https://www.mext.go.jp/a_menu/kaikei/sonota/1379222.htm（参照2024-09-18）

（5）文部科学省（2015）「財政制度等審議会の「財政健全化計画等に関する建議」に対する文部科学省としての考え方」。https://www.mext.go.jp/a_menu/kaikei/sonota/1358553.htm（参照2024-09-18）

（6）文部科学省（2016）「財政制度等審議会財政制度分科会における教職員定数に関する主張に対する文部科学省としての考え方」参照。https://www.mext.go.jp/a_menu/shotou/hensei/003/1379277.htm（参照2024-09-18）

（7）文部科学省（2020）「財政制度等審議会財政制度分科会歳出改革部会資料についての文部科学省の見解」参照。https://www.mext.go.jp/a_menu/shotou/hensei/003/mext_00995.html（参照2024-09-18）

（8）基準額は、省令で定める経験年数ごとの給与月額に年数ごとの県の教職員の数を反映させて算定された、平均給与単価に基づいて計算される。この給与単価は、各県で実際に支給されている給料水準の平均とは異なる。また、国家公務員の俸給の増減（人事院勧告）を反映して改訂される。なお、この基準額は、各県での運用（非常勤講師の採用など）とは独立であるが、臨時的任用教職員を採用して定数を満たす場合には、教員全体の平均給与水準より低い給与水準である講師を採用したこととなり、教員全体の平均給与単価を引き下げることとなるため、結果として基準額が減少する。

（9）交付税措置分は、教員標準定数×単位費用（標準的な給与単価に相当）×補正係数で積算される。この教員標準定数は、「定数法で算定した各県の定数法上の定数」であり、単位費用は、「標準団体における一般財源所要額を標準団体における教職員数で除した、教職員あたりの標準的な費用」である。また、補正係数は、地域事情を考慮して補正をする係数であり、具体的には、普通態様補正（地域手当の級地区分に応じた行政の質量の差を反映）、経常態様補正（各都道府県の年齢構成差を反映）、寒冷補正（寒冷地手当差に応じて補正）の補正が行われている。

（10）教職員定数は、以下のように定められることとなっている。まず、都道府県教委の定める学級編成基準による学級数に基づき、当該都道府県の教職員定数の標準を算定し、都道府県が県費負担教職員の定数を決定する（義務標準法6条および地方教育行政の組織及び運営に関する法律［以下、地教行法］第41条）。その後、都道府県教委が市町村における児童生徒の実態や市町村立学校の学級編制に係る事情等を勘案して、市町村別の学校の種類ごとの定数を決定する。このとき、都道府県教委は市町村教委の意見を十分に尊重することとされている（地教行法第41条）。

（11）なお、国庫負担金額の計算は複雑であり、実績に基づき計算されるため、基準額ぎりぎりで運用している県においては、部活動手当などの教員特殊業務手当などの変動が、実額交付につながる可能性もある。実額が基準額を下回る度合いが小さい県には、そのような背景がある可能性もある。

（12）財務省の「予算執行調査」のホームページには、「財政資金の効率的・効果的な活用のためには、予算のPDCAサイクルにおける、C（チェック）・A（アクション）機能を強化し、予算へ的確にフィードバックすることが重要である」とまとめられている。https://www.mof.go.jp/policy/budget/topics/budget_execution_audit/index.htm（参照2024-09-18）

（13）財務省「予算執行調査」ホームページ https://www.mof.go.jp/policy/budget/topics/budget_execution_audit/index.htm（参照2024-09-18）

（14）個別施設計画とは、インフラ長寿命化基本計画の体系の中に位置づけられるものである。具体的には、まず、計画的な点検や修繕等の取組みを実施する必要性が認められるすべてのインフラに対して、そのメンテナンスサイクルを構築する方針として、管理主体が行動計画を策定する。次に、その行動計画の中で位置づけられる施設に対して、個別施設ごとのメンテナンスサイクルの実施のためにつくられる計画が、個別施設計画である。

（15）２００２年度の予算執行調査には、「公立文教施設整備事業」があるが、視点が異なるので、ここには、含めていない。

（16）なお、この調査では、加えて、平成29年度の児童生徒数30名以下の全小中学校（１８６９校）を調査対象として、「市町村費事務職員の配置状況」についても調査しており、交付金算定人数の3分の1以下しか、配置されていない事実が明らかとなっている。調査結果から、さらなる勤務実態調査の必要性が提案され、次年度に向けて「教員の業務負担軽減のため、市町村費事務職員の積極的な活用の推進を含め、外部スタッフの活用の在り方等、学校や教師の業務の役割分担や適正化について、文部科学省において引き続き推進していく」とされた。

（17）この背景には、機械的に計算した面積まで教室整備への補助が付くという国庫負担金の算定がある。

第5章　公立大学（高等教育）における財源構造[1]
——地方（自治体）による財源責任

1　公立大学セクターの拡大と背後にある財源構造

高等教育はわが国の競争力向上や経済成長に必要不可欠な人的資本の育成を担っている。なかでも公立大学は、地域における高等教育機会の提供主体として、その役割が期待される[2]。

図5－1は、公立大学の大学数、法人化数と学生数の推移を示したものである[3]。大学数は、1992年に40を超えたのち、2010年度に80となり、近年に至るまで増加傾向は続き、2023年度には100の大台に達している。2010年度の80校から現在まで、大学数は約20校増えているが、そのうちの10校は、2009年度から進む私立大学の公立化によるものである（詳細は、コラム4［本章］参照。また、2004年度に公立大学法人制度が開始して以降、公立大学の法人化数は年を追って増加している。さらに、大学数の拡大に応じて、学生数も一貫して増加し、2021年度には、16万人を超える規模に至っている。

鳥山（2021a、2021b）は、新設を含む大学設置が増加している背景として、設置自治

図５－１　公立大学数、法人化した公立大学数、公立大学生徒数の推移

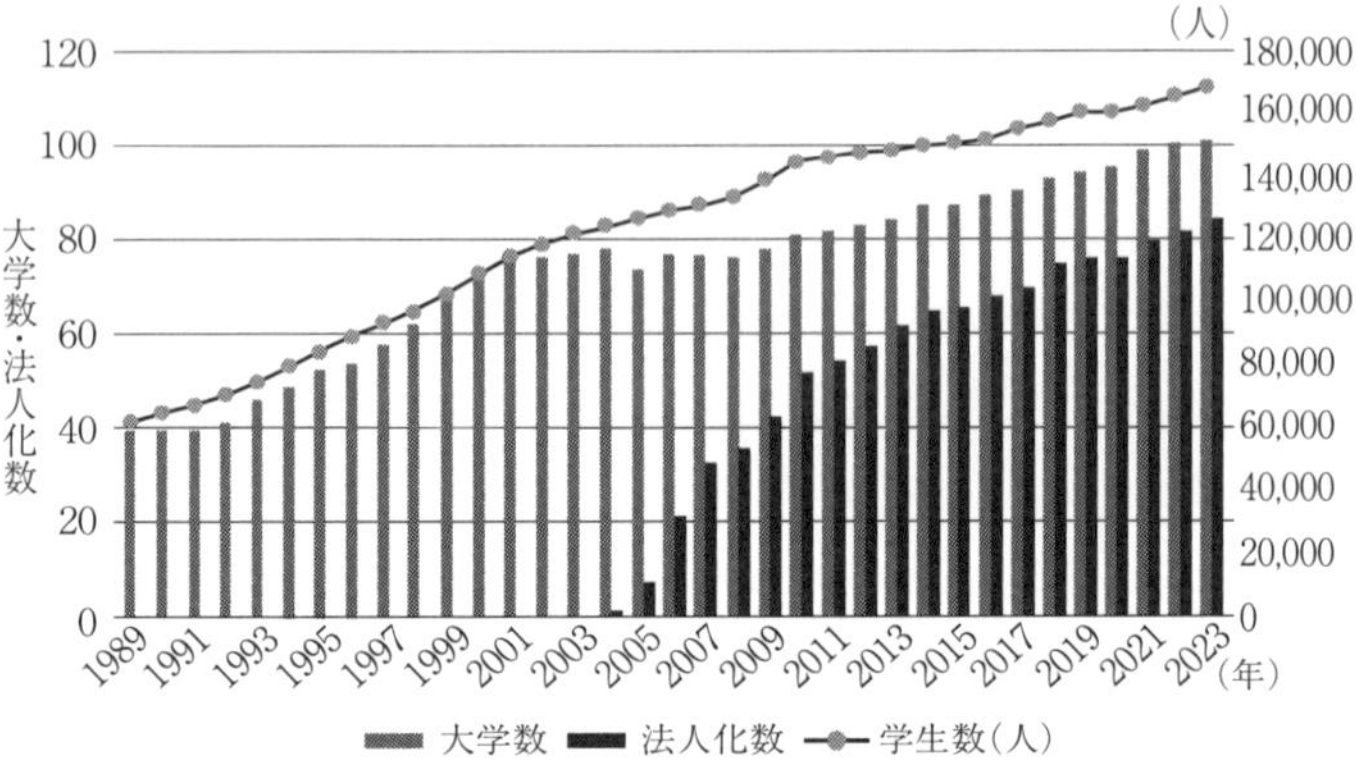

注：大学数に、募集停止の大学は含まない。また、大学数、法人数、学生数ともに、公立短期大学分は含まない。
出所：文部科学省（学校基本調査）ホームページより抜粋(4)

体が要請する地域貢献活動について説明しているが、財政面からの視点も欠かせない。後述するように、公立大学の運営費は、国から交付される地方交付税によって賄われる。したがって、制度上、地方交付税によって措置される額の範囲内で公立大学を運営すれば、新たな負担なしに運営できる場合もある。この公立大学の運営における費用負担構造が、財政状況が厳しい昨今においても公立大学数が増加し続けている要因の一つとなっている可能性は高い。

　また、この費用負担構造は、公立大学を設置する場合にのみ生じるものであり、私立大学には存在しない(5)。この費用負担構造が、近年の「私立大学からの公立化」（公立大学としての新規開学）の増加を後押ししているとも考えられる（詳細は、コラム４［本章］参照）。

　一方、国・地方の財政逼迫を受けて公立大学の財政運営は厳しさを増し、大学の法人化および再編・統合といった行財政改革の動きもみられる。このような背景の中、地方が行う高等教育としての公立大学の教育の経費に関して、国がどこまで財源保障していくべきなのかという論点は重要であり、公立大学の財源（負担）構造および財源保障の実態把握が必要であると考える。

本章では、地方交付税制度を通じた都道府県立大学および市立大学の運営経費に対する国の財源保障について、その仕組みと実態を把握する。公立大学は、理科系や社会科学系など専門性に特化した大学の占める割合が高く、大学規模も1学部のみの単科大学から総合大学まで幅広く整備されている。地方交付税の交付額は、これら大学の特性によって大きく異なるため、公立大学の財源構造や財源保障の実態把握を行うには、大学の保有する学部や大学の規模に留意した分析が必要となる。

2　公立大学の基準財政需要額の算定

公立大学の運営財源について、授業料や入学金などの学生納付金収入で賄えない部分は、主に設置団体の一般財源で負担されている。２００４年度の地方独立行政法人法施行に基づき公立大学法人に移行した場合は、設置団体が、一般財源から法人に運営費交付金を交付することになる。

公立大学の運営経費は、普通交付税算定における地方公共団体の基準財政需要額に算入されており、一般財源での設置団体負担額は交付税措置を通じて、財源保障されている。実際に各自治体に交付される地方交付税交付額は基準財政需要額から基準財政収入額を差し引いた不足分であるが、地方自治体が大学を設置している場合、当該自治体の基準財政需要額が算定額に応じて増加し、その分、地方交付税の交付額も増加することとなる。そのため、限界的には、財源は国によって保障されていると位置づけることができる。

以下では地方財務協会『地方交付税制度解説』をもとに、単位費用および補正係数の算定に焦点を当てながら、公立大学の基準財政需要額の算定ルールについて概観する。

(1) 都道府県立大学

単位費用

都道府県立大学の単位費用は、「教育費」の中の「その他の教育費」にあたる行政項目の一部として算定される。「その他の教育費」の測定単位は、「人口」、「高等専門学校及び大学の学生の数」および「私立の学校の幼児、児童及び生徒の数」である。このうち、都道府県立大学の基準財政需要額の算定には「高等専門学校及び大学の学生の数」が用いられる。なお、学生の数とは具体的に、「当該年度5月1日時点における大学の学部および専攻科・大学院に在籍する学生の数」を指す。

「高等専門学校及び大学の学生の数」を測定単位とするものについては、「大学の運営に要する経費（大学費）」が単位費用の積算対象となる。表5－1には、標準行政規模団体における大学費の積算内容と単位費用の計算式が示されている。ここで、標準団体行政規模は、社会科学系学部の単科大学を想定した上で900人となっている。

表5－1から単位費用の積算内訳をみる。支出は、給与費・報酬・需用費等の合計額、収入は、授

表5－1　標準団体行政経費積算内容と単位費用の算定基礎（2019年度）

（単位：千円）

区分	経費	積算内容		
負担金、補助及び交付金	190,653	運営費交付金		
		＜積算内訳＞		
		● 支出		698,147
		給与費（教員32人、事務職員等19人）		491,710
		報酬（学校医3人、非常勤講師36人）		39,102
		需用費等（旅費、消耗品、光熱水費等）		167,335
		● 収入		507,494
		授業料	535,800円×900人×0.878=	423,389
		入学検定料	17,000円×225人×5.4倍=	20,655
		入学金	282,000円×225人=	63,450
単位費用（計算式）=190,653÷900人=211,837（円） 最終確定単位費用=212,000（円）				

出所：地方財務協会『地方交付税制度解説（単位費用篇）』（令和元年度版）より筆者作成

業料・入学検定料・入学金の合計額とされている。これら支出から収入を差し引いた値を、標準団体財政規模の900人で除して得た学生一人あたりの経費が単位費用として算定されることになる。2019年度においては、21万2000円である。

種別補正

各大学の保有する学部・研究科の別による「教職員の給与の差、教職員構成の相違等に基づく所要一般財源の差を補正するため[6]」、「高等専門学校及び大学の学生の数」を測定単位とする基準財政需要額算定には種別補正が適用される。2019年度現在、大学が設置する学部・学科は医学部・歯学部・理科系学部・保健系学部・社会科学系学部・人文科学系学部・家政系学部および芸術系学部の7区分に分類され、それぞれに補正係数が決められている。

これらの区分別の種別補正係数の値は、表5－

表５−２　種別補正の区分と種別補正係数値（2019年度）

区分	補正係数
医学部（医学に関する単科大学を含む）	17.75
歯学部（歯学に関する単科大学を含む）	10.44
理科系学部（理学部、工学部、農学部、水産学部をいい、理学、工学、農学及び水産学に関する単科大学を含む）	7.33
保健系学部（医学部および歯学部を除き，薬学及び看護学（衛生学を含む）に関する単科大学を含む）	8.38
社会科学系学部（社会科学に関する単科大学を含む）	1.00
人文科学系学部（人文科学に関する単科大学を含む）	2.05
家政系学部及び芸術系学部(家政および芸術に関する単科大学を含む）	3.26

出所：地方財務協会『地方交付税制度解説（補正係数・基準財政需要額篇）』（令和元年度版）より筆者作成

表５−３　種別補正係数の算出内訳（2019年度）（単位千円）

区分	医学部	歯学部	理科系学部	保健系学部	社会科学系学部	人文科学系学部	家政系学部及び芸術系学部
学生数	800	700	800	500	900	900	800
運営費交付金	3,009,261	1,549,600	1,242,024	887,752	190,630	391,058	553,736
<積算内訳>							
• 支出	3,435,322	1,922,638	1,693,130	1,169,693	698,124	898,552	1,004,842
給与費	2,023,230	1,218,480	814,460	683,060	491,710	571,890	579,840
報酬	64,752	187,658	121,396	60,477	39,102	62,615	129,946
需用費等	1,347,340	516,500	757,274	426,156	167,312	264,047	295,056
• 収入	426,061	373,038	451,106	281,941	507,494	507,494	451,106
学生1人あたりの額	3,762	2,214	1,553	1,776	212	435	692
係数	**17.75**	**10.44**	**7.33**	**8.38**	1.00	**2.05**	**3.26**

出所：地方財務協会『地方交付税制度解説（補正係数・基準財政需要額篇）』（令和元年度版）より筆者作成

2に示されている。これらの値は、表５－１で示した単位費用の積算を学部区分ごとに分別して行い、各区分の単位費用に対する、社会科学系学部の単位費用の比率を種別補正係数として逆算するかたちとなっている（表５－３を参照。各区分の「学生１人あたりの額」の比率が種別補正係数の基礎となる）。各都道府県立大学の基準財政需要額も他の行政項目と同様に、「単位費用×測定単位×補正係数」から算出されるが、実質的には、「学部区分ごとに定められた単位費用×学部・大学院在籍者数（測定単位）」という算式が背景にある。

(2)　市立大学

単位費用

市立大学の単位費用も、「教育費」の中の「その他の教育費」にあたる行政項目の一部として分類される。しかし、都道府県立大学の場合と異なり、「その他の教育費」の測定単位は「人口」および「幼稚園の幼児数」であり、市立大学の基準財政需要額算定には「人口」が適用される。「人口」を測定単位とするものについては、「教育委員会費」「社会教育費」「図書館費」「保健体育費」の行政事務に関わる経費が単位費用の積算対象となっており、市立大学の運営に要する経費が個別に積算されるわけではない。市町村が大学、短期大学および高等専門学校を設置している場合、測定単位の「人口」に補正係数を掛け、基準財政需要額を増額することで、その財政需要を反映するかたちとなっている。

表５-４　密度補正Ⅱ係数の算定（2019年度）

$$
(\text{密度補正Ⅱ係数}-1)=\frac{A\times3{,}762\text{千円}+B\times1{,}553\text{千円}+C\times1{,}776\text{千円}+D\times212\text{千円}}{\text{当該団体の人口}\times(\text{単位費用}=5{,}290\text{円})}
$$

$$
\frac{+E\times435\text{千円}+F\times813\text{千円}+G\times879\text{千円}+H\times353\text{千円}}{\square}
$$

$$
\frac{+I\times596\text{千円}+J\times688\text{千円}+K\times41\text{千円}+L\times449\text{千円}}{\square}
$$

$$
\frac{+M\times532\text{千円}+N\times697\text{千円}+O\times P\times393\text{千円}}{\square}
$$

$$
\frac{+(Q\times46.6\text{千円}-260.96\times\text{当該団体の人口})}{\square}
$$

$$
=\frac{A\times711+B\times294+C\times336+D\times40+E\times82+F\times154+G\times166}{\text{当該団体の人口}}
$$

$$
\frac{+H\times67+I\times113+J\times130+K\times8+L\times85+M\times101}{\square}
$$

$$
\frac{+N\times132+O\times P\times74+(Q\times8.8-0.049\times\text{当該団体の人口})}{\square}
$$

算式の符号

Ａ～Ｆ：学校基本調査規則によって調査した2019年度5月1日現在における当該市町村の設置する大学(公立大学法人の設置する大学を含む)に在学する次の学部学生･大学院生の数。
Ａ：医学部
Ｂ：理科系学部(理学部、工学部、農学部、水産学部をいう)。
Ｃ：保健系学部(医学部を除く)。
Ｄ：社会科学系学部
Ｅ：人文科学系学部
Ｆ：家政系学部及び芸術系学部

Ｇ～Ｉ：学校基本調査規則によって調査した2019年度5月1日現在における当該市町村の設置する短期大学(公立大学法人の設置する大学を含む)に在学する次の学科の学生の数。
Ｇ：理科系、工学系、農学系及び保健系学科
Ｈ：文科系学科
Ｉ：家政系学科及び芸術系学科

J：学校基本調査規則によって調査した2019年度5月1日現在における当該市町村の設置する高等専門学校（公立大学法人の設置する高等専門学校を含む）に在学する学生の数。

K～N：学校基本調査規則によって調査した2019年度5月1日現在における当該市町村立特別支援学校の幼児数・生徒数。

O：2019年4月1日現在における市町村立の保育所型認定こども園及び地方裁量型認定こども園の1号認定子どもの数。

P：当該市町村における市町村立の幼稚園及び幼保連携型認定こども園に在籍する1号認定こどもに係る施設型給付の給付単価差を示す乗率。

Q：学校基本調査規則によって調査した2019年度5月1日現在における私立幼稚園に在学する園児数。

出所：地方財務協会『地方交付税制度解説（補正係数・基準財政需要額篇）』（令和元年度版）より筆者作成

密度補正Ⅱ

市町村が大学や短期大学、高等専門学校などを設置している場合、その財政需要を基準財政需要額に反映させるために「密度補正Ⅱ」が補正係数として適用される。都道府県立大学における基準財政需要額の算定では、種別補正が用いられている一方で、市立大学の算定では、密度補正が用いられているというちがいはあるが、歴史的経緯に依存するものであると思われる。実質的には同様の補正方法である。２０１９年度を例にとり具体的な数値で示した算定式は、表５－４に示されている。

表５－４の「算式の符号」に示すとおり、公立大学に関係する符号はＡ～Ｆであり、各大学が保有する学部区分により補正係数の値は変化する。また、１９９３年度以降、新設大学に対して基準財政需要額の算定上の優遇措置が取られ、開設初年度目にあってはＡ～Ｆで示されている当該学生数に２・０を、開設２年目にあっては１・５を、開設３年目にあっては１・25を乗

じることとされている。

市立大学についても学部区分ごとに学生一人あたり経費が定められている。Fの家政系および芸術系学部は都道府県と市町村とで金額に差が設けられており、Bの理科系についても2011年まで両者の金額は異なっていた。この点は次節において改めて触れる。

種別補正の算定（表5-3）と同様、密度補正Ⅱ係数も「単位費用×測定単位（人口）」に占める各学部区分の必要経費の比から逆算されている。つまり、市立大学の基準財政需要額も都道府県立大学の場合と同様に、「単位費用×測定単位×補正係数」から算出されるが、実質的には、「学部区分ごとに定められた単位費用×学部・大学院在学者数（測定単位）」という算式が適用されていることになる。

これらの単位費用積算の背景について、総務省自治財政局交付税課へのヒアリング[7]によれば、「基本的に、1999年度に調査を行い、平均的な大学の学生数を取り出してきて、その規模周辺の大学の歳出と歳入を用いて算出し、その後は政治的意見や各大学の要望を踏まえて適宜調整を加えている」ということであった。

ここで述べられている「1999年度における平均的な大学の学生数」がどのように決められたのかは明らかにされなかったが、1999年度から現在に至るまで、学部区分の変更を経て、実際の積算に用いられている平均的な学生数は、医学部800人、歯科部700人、理科系学部800人、保険系学部500人、社会科学系学部900人、人文科学系学部900人、家政系学部および芸術系学部800人と設定されている。

さらに、単位費用は毎年改訂されるが、改訂の背景は「交付税算定の予見可能性を高めるために、毎年の実額をみるのではなく、基本的に１９９９年度をベースにして％変化や微調整のみを行っている」ということであった。

また、単位費用の積算背景については、一般社団法人公立大学協会に過去設置されていた「公立大学のあり方検討会」による、次のような記録が残っている。

自治省（当時）の担当課長へのヒアリングから、「毎年自治省の交付税課は、文部省（当時）から、4月の初め頃に公立大学の決算資料を入手して、――中略――この資料を基に、自治省では、系統（前述の学部区分に相当）ごとに、経常費の総額から授業料等の大学収入を差し引き、その残りの額に2分の1をかけた額に達していないときにその不足分を引き上げるという方法をとっているということであった」との内容が報告されている[8]。

これを受けて、公立大学のあり方検討会（２０００）では、地方交付税はあくまでも一般財源であり、自治体がどれだけを大学の経費に回すのかは各自治体によって差があることを断った上で、「（基準財政需要額の数値が、自治体の行政に必要な財源の）ガイドラインとしての性格を持っている以上は、平均的な経常費から授業料等の納付金を差し引いた額の2分の1ではあまりにも少なすぎる。少なくとも1にすべきであろう[9]」との主張が残されているが、政府で公式に制度化されているわけではない。

２０２２年2月に筆者らが総務省自治財政局交付税課へ行ったヒアリング[10]によれば、以下の変更が行われている。第一に２０１６年度および２０１７年度より、歳出の効率化を促進する観点から、多くの団体で民間委託等の業務改革に取り組んでいる業務について、業務改革を実施している地方団体の経費水準を地方交付税の基準財政需要額の算定に反映（いわゆる「トップランナー方式」の導入）することとされ、公立大学運営についても2017年度より、この対象となった。具体的には、①多くの公立大学が地方独立行政法人化していたこと、②すでに業務改革に取り組んでいる地方団体からも経費の効率化等の効果が見られることから、基準財政需要額の積算基礎が、直営等から地方独立行政法人に変更され、それに伴い単位費用も変更されている。

第二に、理科系学部および保健系学部を対象に、地方団体の財政運営への影響等を考慮し、2017年度から2021年度の5年間をかけて、経費水準の見直しが段階的に行われたところである。

最後に、2011年度から2012年度の理科系（市町村）のジャンプや、2013年からの保健系と人文科学系の分離に関しては、文部科学省からの要望等をもとに、文部科学省が調査した経費の状況等を踏まえて、県市の統合・算定区分の細分化を行ってきた結果である。

3　学部区分別の単位費用推移

図5－2には学部区分別の単位費用の時系列推移が示されている。[11] 理科系学部など学部・学科区分によっては都道府県・市町村とで適用される単位費用の値が区別されている。全体として単位費用は、低下傾向にあることがわかる。

図5-2　学部区分別単位費用の推移（名目値）

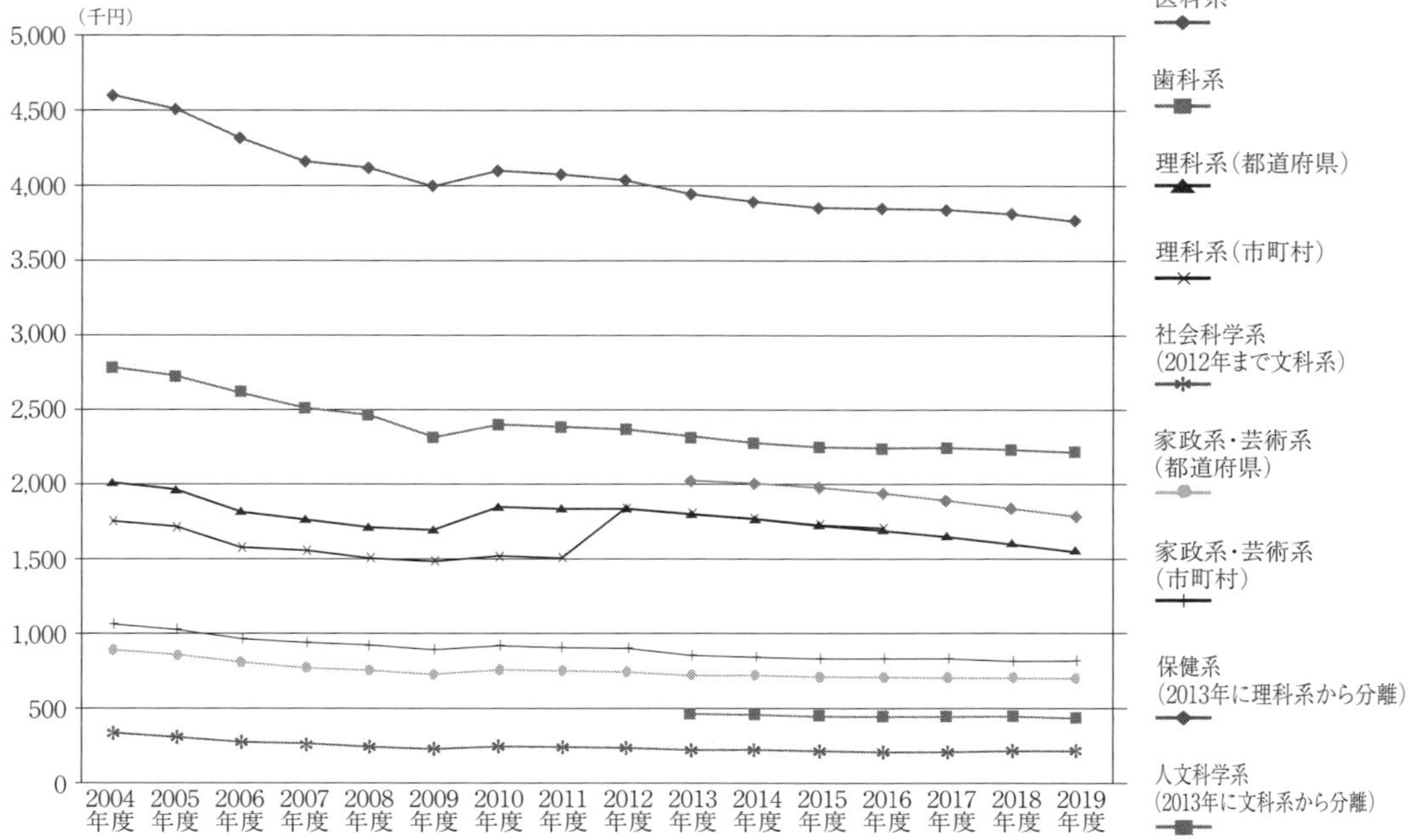

出所：公立大学協会（2021）『公立大学ファクトブック2020』より筆者作成

家政系学部と芸術系学部については、2003年度までは個別算定で、理科系学部に含まれるかたちであったが、2004年度以降、家政系学部および芸術系学部という新たな枠組みの下で設置者による区別が設けられている。また、文科系学部は、2013年度から、社会科学系学部と人文科学系学部に分離されている。社会科学系学部の単位費用は変わらず、人文科学系学部の単位費用がジャンプしていることから、人文科学系学部の単位費用が分離されたと解釈できる。このように修正は行われてきているものの、前節で述べた学部区分別の単位費用の格差に大きな変化はないことがわかる。

4 学部区分別の学生一人あたり経常経費と財源構造(12)

基準財政需要額は標準的な行政を実施するのに必要な一般財源の額を算定するためのものと考えられ、前節で詳述したとおり、都道府県立大学も市立大学も、学部区分ごとに学生一人あたり経費が算出され、その値が各学部区分の単位費用に反映されている。よって、公立大学に対する国の財源保障の程度を検証するにあたっては、自治体が現実に負担する学生一人あたり経費と国が定める単位費用の水準とを、学部区分ごとに比較する必要がある。

そこで、学部区分のちがいによる国の財源保障レベルのちがいやその程度を見ていくことにする。図5－3には、8つの学部区分別の公立大学の学生一人あたり経常経費と財源負担額が示されている。公立大学が有する学部・学科の8区分への振り分けについては、公立大学協会から提供いただ

図５-３　学部区分別学生一人あたり経常経費と財源（負担）構造（2015 年度決算）

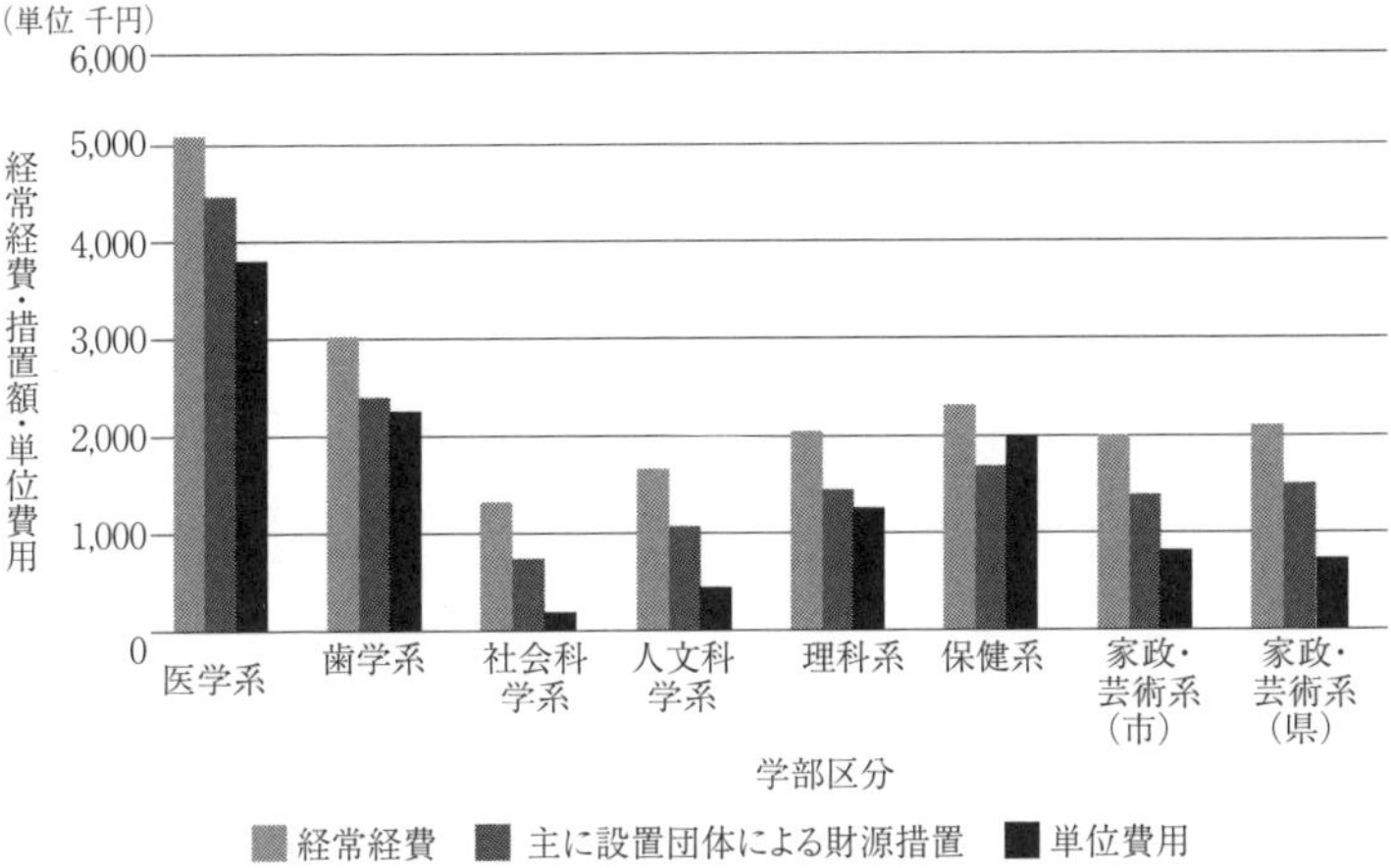

出所：公立大学協会「公立大学実態調査（2016年度版）」より筆者作成

いたデータおよび各大学のホームページに記載されている情報を参考に按分率を計算し、経常経費および学生数を8区分別に集計した。

財源負担については、各大学の学生納付金収入を学部・学科の在籍数に応じて按分した上で8区分別に振り分け、経常経費のうち学生納付金収入以外で財源措置している部分を「主に設置団体による財源措置」として示した。「主に」としているのは、学部区分によるちがいが想定されるものの、寄附金収入や受託金収入などによる財源措置も平均的に1割程度含まれることによる。なお、数値はすべて学生一人あたりに基準化している。

学生一人あたり経常経費について、医学系学部は約500万円と突出して高い。続いて、歯学系学部の約300万円、保健系学部・理科系学部・家政系学部および芸術系学部の約200万円、人文科学系学部の約160万円、社会科学系学部の約130万円の順に低くなっており、学問分野による経費のちがいが顕著に表れている。

これらの経常経費を学生納付金以外の収入（主に設置団体による財源措置）でどれくらい充当されているかについては、医学系学部で90％と高水準となっている。次いで、歯学系学部では80％であり、以降、保健系学部・理科系学部・家政系学部および芸術系学部で70％ほど、人文科学系学部で64％、社会科学系学部で56％と続く。主として自然科学分野を中心に有する大学の運営費は、設置団体による一般財源負担が他分野と比較して相対的に高く、人文社会科学分野を中心に有する大学の運営費は、学生納付金による財源確保の割合が相対的に高いことが推察される。

さらに、図5－3には、国が算定する学生一人あたりの一般財源所要額である単位費用の金額が示されており、設置団体の負担部分が地方交付税により、どの程度財源保障されているのかがわかる。

歯科系学部および理科系学部では、設置団体による負担の90％以上が単位費用に反映されており、保健系学部については単位費用が設置団体の負担水準を超えている。医学系学部については約70％、家政系学部・芸術系学部についても50％以上の水準が単位費用に反映されているが、人文科学系学部および社会科学系学部では、それぞれ40％、30％と相対的に低く、これらの学問分野を中心に保有する大学の設置団体では、一般財源による持ち出しの割合が相対的に大きくなっていることが考えられる。学生一人あたり経常経費と単位費用との比較においても、保健系学部では経常経費の90％が単位費用によりカバーされているが、社会科学系学部では20％に満たない水準となっている。

5　公立大学の財源構造と制度設計の方向性

本章では、公立大学（都道府県立大学・市立大学）の運営費の財源構造として、基準財政需要額が一般財源自治体負担額に占める割合、すなわち、国の財源保障が自治体の財源をどの程度まで保障してきたのかを明らかにしてきた。具体的には、学生一人あたり経費と国の算定による単位費用を用い、学部区分別に国の財源保障の実態を明らかにした。これらを踏まえ、公立大学の財源構造の制度設計の方向性を考える。

公立大学の財源構造の制度設計としては、以下の三つの可能性が考えられる。

① 特定財源による全額国庫負担
② 一般財源による全額地方負担
③ 国（特定財源）と地方（一般財源）による分担

以下では、第4章で議論した義務教育とのちがいも考慮しながら、公立大学の財源構造の制度設計の方向性を考える。

義務教育は、機会の公平性や、国全体で必要とされる一定の教育サービスを確実に提供することが求められるため、地方の財政に左右されることなく教育が実施されるシステムとして、国が財源に直接関与する「①特定財源による全額国庫負担」または、「③国（特定財源）と地方（一般財源）による分担」が求められる。一方で、公立大学は、国立大学や私立大学を補完するかたちで各地方の独自判断で設置および運営がなされており、義務教育とは性質が大きく異なる。

地方での創意工夫を促す意味では、システムとして「②一般財源による全額地方負担」となるのが自然である。ただし、各地方自治体で提供される公共サービスである限り、国が自治体の財源を保障する枠組みが適用され、地方交付税による地方財政措置は行われる。以下では、この財政措置の下で、効率的効果的な公立大学運営が行われる仕組みの構築に向けて必要となる視点を考える。

第一の視点は、本章での実態把握から明らかとなった、学部区分ごとに存在する財源保障率（措置率）の格差である。これには、さまざまな歴史的背景があると考えられるが、国には今後、学部区分ごとの必要経費を適切に把握し、説明責任のあるかたちで財源措置を行う制度の設計が求められる。

第二の視点は、地方のインセンティブの問題である。使途が縛られない地方の一般財源が、公立大学運営の財源として用いられるため、地方には、費用を効率化する（費用対効果を最大化する）インセンティブが働く。ただし、その一方で、公立大学の質が地域間で異なってくる可能性がある。

義務教育と比べると、地方間の公立大学の教育の質の差は容認されると考えられるが、教育を受けた卒業生の動向や、研究成果の状況、さらにそれらの実態と財源構造の関係を把握することは、今後、全国で高等教育の質を保持しながら効率的効果的な教育・研究を実現していくための制度設計を考える上で重要である。

コラム４：公立大学設置と費用構造

近年、公立大学の数が増加している背景を受けて、本コラムでは、公立大学設置と費用構造を探る。近年の公立大学数の増加の要因の一つとして、「私立大学からの公立化」（公立大学としての新規開学）が考えられる。２０１９年までに、私立大学から公立化を行った大学は、表５－５のとおりである（これらの私立大学が公立化される経緯は、鳥山（２０１７）に詳しい。なお、２０２２年度より、徳山大学が公立化され周南公立大学として、また、２０２３年度より旭川大学が公立化され旭川市立大学として、それぞれスタートしている[13]）。

総務省「私立大学の公立化に関する地方公共団体の財政状況等の見える化[14]」および文部科学省「私立大学の公立化に際しての経済上の影響分析及び公立化効果の「見える化」に関するデータ[15]」には、最新の大学リストおよび公立化後の大学の経営状況や教育効果についての情報が掲載されており、公立学校運営への財政措置について国民への説明責任を果たしている。交付税措置をする以上、公立大学が責任あるかたちで運営されているのかどうかが問われるからである。もちろん、この説明責任は、既存の公立大学の学部・大学院はもちろん、新設される公立大学やその学部・大学院など、財政措置がなされているすべての大学に対して、同様に必要となる。

公立大学は、自治体が設置する大学であり、その運営費用は、地方交付税を含む自治体財源によって賄われている。そのため、地域住民に対して、公立大学が地域にとって必須の公共サービスであり、その財源が地域のために効率的かつ効果的に使われているのかを説明する必要がある。

私立大学から公立化を行った大学は、いずれも、地域への貢献を掲げて開学されている。地域への貢献にはさまざまなアプローチの方法があるが、鳥山（２０１８）によれば、公立化により地元からの進学者が増えたとは言えないという。その背景には、公立化により、大学の認知度・信頼度が向上するとともに、学費が下がったことで地域外からの入学志願者が増えたため、地元外の志願者との競争の高まりによって偏差値が上がり、地元志願者の合格が困難になったことがあると思われる。

また、上記で述べた、財政状況等の見える化のデータにおいても、卒業後の地域内就職率も目立って上がっているとは言えない。この背景には、受け入れ先の地元企業の限界があると思われる。２０２１年度に新規に開学した三条公立大学では、地元企業と連携し、地元企業に貢献できる人材育成を意識した教育を行っている。開学とともに、産業面での政策も同時に必要であることがわかる。今後も、しっかりとした説明責任を通じて、財源の有効な活用に期待したい。

表5-5　2019年までに公立化された大学の2019年の状況

	大学名	設立団体	開学年	法人設立年	収容定員充足率	在籍者数(人)	地域内就職率(%)	学生あたり運営費交付金(万円)
1	高知工科大学	高知県	平成9年	平成21年	1.10倍	2308	14.8%	186.7
2	静岡文化芸術大学	静岡県	平成12年	平成22年	1.17倍	1425	36.7%	107.1
3	名桜大学	北部広域市町村圏事務組合	平成6年	平成22年	1.10倍	2055	9.8%	82.9
4	公立鳥取環境大学	鳥取県、鳥取市	平成13年	平成24年	1.10倍	1218	23.4%	70.7
5	長岡造形大学	長岡市	平成6年	平成26年	1.13倍	1035	6.9%	83.3
6	福知山公立大学	福知山市	平成12年	平成28年	1.11倍	469	7.3%	59.5
7	山陽小野田市立山口理科大学	山陽小野田市	平成7年	平成28年	1.10倍	1148	10.1%	131.0
8	長野大学	上田市	昭和41年	平成29年	1.10倍	1457	14.5%	21.2
9	公立諏訪東京理科大学	諏訪広域公立大学事務組合	平成14年	平成30年	1.02倍	1224	19.2%	116.4
10	公立千歳科学技術大学	千歳市	平成10年	平成31年	0.97倍	931	1.5%	76.0

出所：総務省(2019)より筆者作成

【第5章　注】

（1）本章は、須原・赤井（2013）をベースに、大幅に加筆修正したものである。
（2）2022年度および、2023年度には、「活力ある公立大学のあり方に関する研究会」（総務省と地方公共団体金融機構が共催）が開催されている。
https://www.jfm.go.jp/support/research/useful_research.html（参照2024-09-15）
（3）公立大学の存在意義や各大学の設置に関する経緯に関しては、中田（2020）および田村（2021、2022）が詳しい。
（4）https://www.mext.go.jp/a_menu/koutou/kouritsu/index.htm（参照2024-09-15）
（5）公立大学の運営は、地方財政制度において、設置主体となる地方自治体における欠かせない一つの公共サービスとして認識されるため、その費用は、地方自治体の負担の公平性の視点から、地方交付税で調整される。すなわち、新たな公立大学設置による運営費用の増分は、地方交付税によって追加措置される。しかしながら、地方交付税制度では、このような限界的な変化に関して、国からの追加の措置はなく、この増加した運営費用は、他の自治体を含む全自治体の負担から賄われていると考えることができる。そのため、公立大学数の拡大は、他の自治体の他のサービスへの資金を犠牲にして賄われているという点にも注意が必要である。
（6）地方財務協会『地方交付税制度解説（補正係数・基準財政需要額篇）』（平成22年度版）75ページを参照。
（7）2012年2月10日　総務省自治財政局交付税課におけるヒアリングによる。
（8）公立大学のあり方検討会（2000）『分権時代の公立大学』公立大学協会　93ページより引用。ただし、制度の公式な解説書である『地方交付税制度解説（補正係数・基準財政需要額篇）』には、「差引一般財源」に2分の1が乗じられているという記載はない。
（9）公立大学のあり方検討会（2000）『分権時代の公立大学』公立大学協会94ページ。
（10）2022年2月8日　総務省自治財政局交付税課におけるメールヒアリングによる。
（11）学部区分別の単位費用を、学生一人あたりの費用として理解するためには、以下の注意が必要である。都道府県立大学では、基準財政需要額算定に用いられる測定単位は「高等専門学校及び大学の学生の数」であるため、そのまま単位費用が、学生一人あたりの単位の費用として用いることができる。一方で、市立大学の基準財政需要額算定に用いられる測定単位は「人口」であり、その後、「密度補正Ⅱ」によって学生に変換され単位として用いられているため、市立大学の学生一人あたりの単位の費用としては、密度補正を乗じて補正した単位費用を用いることとしている。
（12）同様の視点で財源負担構造の実態を整理したものに、水田（2016）がある。
（13）日本経済新聞社（2022）では、周南公立大学および旭川市立大学の取組み事例が紹介されている。
（14）https://www.soumu.go.jp/iken/shiritsu_koritsu.html（参照2024-09-15）

（15）各大学の情報は、統一的なフォーマット「私立大学の公立化に際しての経済上の影響分析及び公立化効果の「見える化」に関するデータ」に整理されている。
https://www.mext.go.jp/a_menu/koutou/kouritsu/1412396.htm（参照2024-09-15）

第6章　公立小中学校（義務教育）における費用構造[1]
――規模の経済性の検証

1　教育費の費用構造把握の重要性

本章では、国と地方自治体がともに財源責任を持ち運営する教育システムとして、義務教育に関わる教育費の費用構造を明らかにする。特に、児童生徒が一人増加することで児童生徒あたりの教育費が減少する程度を示す「規模の経済性」が存在するのか、その程度はどのくらいなのかを明らかにする。なぜなら、わが国のような少子社会において、「規模の経済性」が存在する下では，児童・生徒数が減少することに伴って児童生徒あたりの教育費は大きくなると考えられるからである。もちろん、総教育費は、児童・生徒数の減少によって減少する傾向にある。しかしながら、負担という視点で費用を考える際には、その費用を負担する側に立って児童・生徒あたりベースで考えることも欠かせない。人口の変化が教育費に与える影響を分析したものに、貞広（2010）が、学校教育費の決定要因を分析したものに、齊藤（2011）、田中（2017）および鈴木（2023）がある。ただし、性質別費用に関する分析はなされていない。

わが国の学校教育において、「規模の経済性」の有無と大きさを把握することは、少子化時代の教育財政制度（資金配分およびそのガバナンス）のあり方を考える上で有益である。したがって、本章では、児童生徒あたり学校教育費の費用関数の推定を通じて、公立小・中学校における「規模の経済性」の視点から、費用構造を明らかにし、財政負担を考える上での基礎的情報を提供するとともに、学校運営に関わる政策に対して、費用効率性の側面からのインプリケーションを提示することを目的とする。特に、教育費全体および費目ごとに分析することで今後につながる有益な情報が得られる。

2　小中学校教育費の推移

本章では、文部科学省「地方教育費調査」に所収されている消費的支出を対象に分析する。消費的支出とは、「原則として例年経常的に支出する経費[2]」であり、2017年度時点で、公立小学校・中学校ともに、地方が負担する学校教育費総額の80％以上を占める。[3]分析期間は1980－2016年度までの37カ年である。

文部科学省「学校基本調査」によると、公立小学校の児童数は1980年代半ば頃から、公立中学校の生徒数は少し遅れて1980年代後半から減少し始めている。一方で、文部科学省「地方教育費調査」によると、児童あたり消費的支出は1980年代半ば以降、生徒あたり消費的支出は1990年頃から増加傾向にある。児童・生徒数が減少したとしても、教育費は比例的に減少していないことがわかる。

この背景には、教育内容の変化も考えられるが、教育における「規模の経済性」が影響している可能性も考えられる。すなわち、児童生徒が一人減少したとしても、消費的支出は同比率で減少しない可能性がある。本章では、これらの児童生徒あたり消費的支出の動きが，「規模の経済性」によってどの程度説明されるのかについて検証する。

小・中学校の消費的支出に関して、全体の費用に加え、人件費、教育活動費、管理費、補助活動費、所定支払金の五つの費目に分類したものにも着目し、それぞれの費用構造を見ていくことにする。なお、教育費全体を分析対象とする際には、消費的支出総額から、児童・生徒数の増減に依存せず決まると考えられる恩給費等および退職・死傷手当を控除した金額を用いる。したがって、分析対象となる費目は、①消費的支出総額、②人件費、③教育活動費、④管理費、⑤補助活動費、⑥所定支払金の六区分となる。

②人件費には、本務教員の給与、兼務教員の給与、事務職員の給与および教育補助員の給与が該当する。③教育活動費には，旅費、教授用消耗品、特別活動・修学旅行費などが該当する。④管理費とは、修繕費およびその他管理費を示し、その他管理費としては消耗品費や光熱水費、宿日直手当、学校警備費等が含まれる。⑤補助活動費は、補助事業費およびその他の補助活動費を示し、その他の補助活動費としては給食関係費や衛生関係費、スクールバスの維持費などの通学関係費、寄宿舎費等が含まれる。最後に⑥所定支払金は，共済組合等負担金，日本スポーツ振興センター共済掛金，借地料、建物借料、設備賃借料、学校施設・設備・備品等に関わる保険料などを示す[4]。

図6－1　児童生徒あたり消費的支出内訳と児童・生徒数の推移

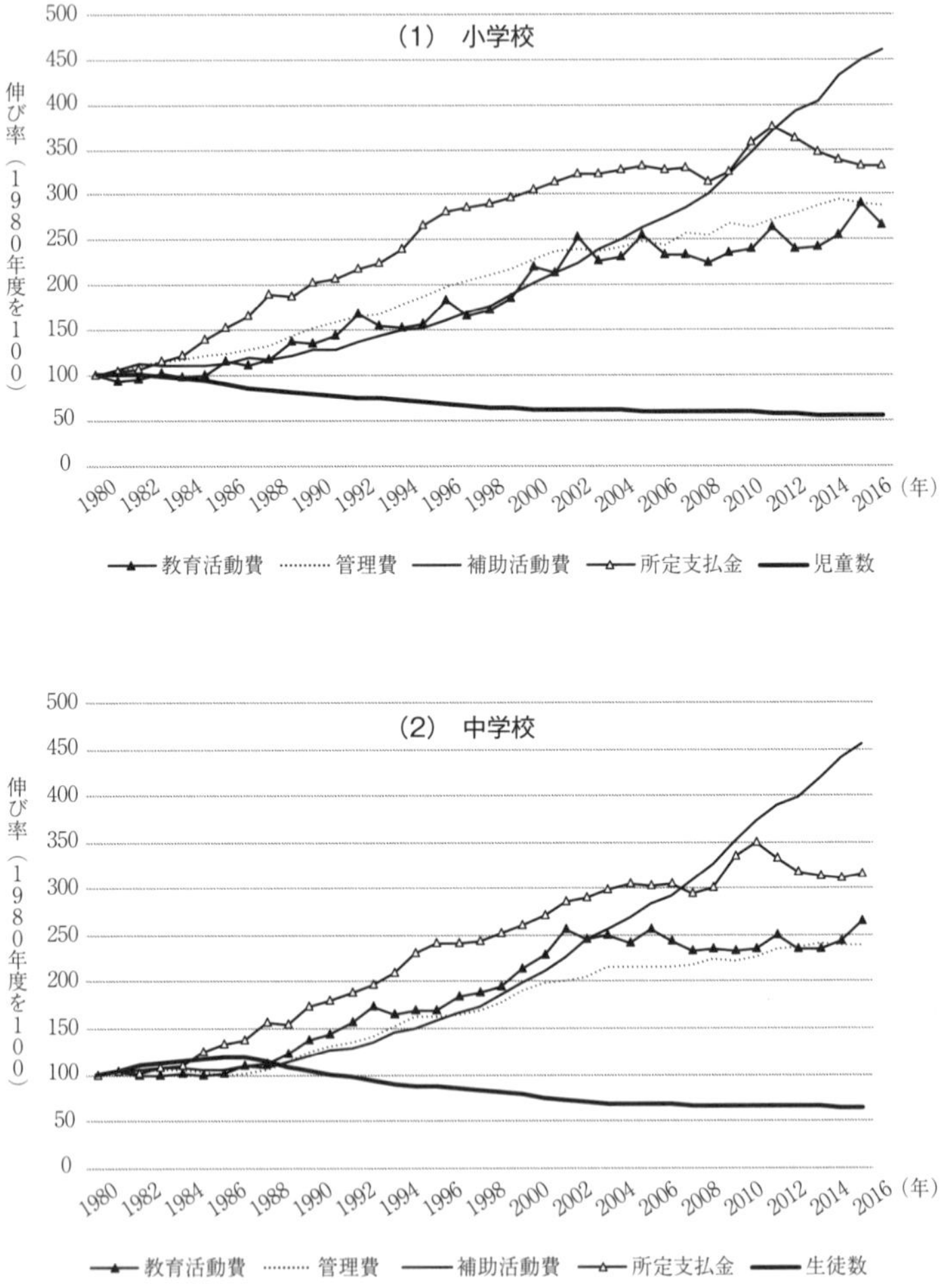

注1：児童生徒あたり消費的支出額はGDPデフレータで実質化している。
　2：1980年度を100として基準化している。
出所：文部科学省「地方教育費調査」（各年度版）より筆者作成

図6－1は、児童生徒あたりの各費目（人件費を除く）の時系列推移を、児童・生徒数の推移と比較したものである。小・中学校ともに、いずれの費目も増加基調であることが見て取れる。金額としては、人件費の次に所定支払金が大きく（2016年度時点で、①消費的支出総額の約15％）、2000年代後半頃まで増加基調にあったが、近年は減少傾向にある。金額で次に大きい費目は、学校の修繕費などが計上される管理費（同7％）で、1980年度以降、コンスタントに増加していることがわかる。

管理費とほぼ同水準の金額の補助活動費（同6％）は，特に大きく伸びている様子が見て取れる。補助活動費に計上される補助事業費には、要保護／準要保護児童生徒援助費や、特別支援教育就学奨励費などが含まれており、近年における制度の拡充や特別支援を必要とする児童生徒の増加とともに、支出が増えていると推察される。

最後に、教育活動費（同3％）は、その他の費目に比べて年度による増減が目立つが、全体の傾向としては増加基調にある。

3　仮説：費用構造の想定

学校教育費における「規模の経済性」に着目し、各費目に関して以下の費用構造があると想定（以下では仮説と呼ぶ）し分析をすることにする。

〈仮説1：消費的支出全体における「規模の経済性」の存在〉

「小学校の児童数および中学校の生徒数に関して、「規模の経済性」が存在し、児童生徒あたり学校教育費は、児童生徒が増加（減少）するにつれて減少（増加）する」

本仮説の理論的根拠は以下のとおりである。学校では学級を基礎単位とした集団指導が行われており，児童・生徒数が増加したとしても、追加で必要となる費用は限定的であり、大きな支出となる教員人件費や学校施設運営費にはほとんど影響がないと考えられる。したがって、「児童生徒あたり学校教育費」において児童・生徒数が増えた場合、分母は大きくなるものの、分子（支出）はそれほど増えず、「児童生徒あたり学校教育費」は減少することになる。すなわち「規模の経済性」が存在すると推察される。逆に言うと、児童・生徒数が減少し、分母（児童・生徒数）が小さくなったとしても、分子（支出）は同比率では減少しないことから、「児童生徒あたり学校教育費」は増加することになる。

次に、費目ごとの「規模の経済性」を検証する。学校運営活動においては、費用全体に関する費用最小化行動がなされていると考えられる。その行動の結果、各費目が決定される。行動の結果もたらされる各費目における教育費が、児童・生徒数の規模や、その他のさまざまな要因とどのような関係にあるのかを明らかにすることは、学校運営のあり方を検討する上で有益であると考えられる。したがって、以下の費目ごとの仮説を設定する。

〈仮説２：費目別消費的支出における「規模の経済性」の存在〉

２－Ａ：人件費仮説：「人件費には、「規模の経済性」が存在する」

人件費は、本務教員の給与、兼務教員の給与、事務職員の給与、教育補助員の給与などから構成されており、集団指導においては，「規模の経済性」が存在すると想定される。

２－Ｂ：教育活動費仮説：「教育活動費には、「規模の経済性」が存在しない」

教育活動費は，旅費，教授用消耗品，特別活動・修学旅行費などから構成されており、これらは児童・生徒数に応じて増加する費目であるため、「規模の経済性」は存在しないと想定される。

２－Ｃ：管理費仮説：「管理費には、「規模の経済性」が存在する」

管理費は、修繕費やその他の管理費（消耗品費、光熱水費、宿日直手当・学校警備費等）から構成されており、児童・生徒数が増加する一方で、学校全体の費用の増加は限定的であると考えられるため、「規模の経済性」は存在すると想定される。

２－Ｄ：補助活動費仮説：「補助活動費における「規模の経済性」の存在は不明である」

補助活動費は、大きく、補助事業費（奨学費）とその他の補助活動費（給食関係費や衛生関係費、通学関係費等）に分かれる。前者については、児童生徒が増加すれば支援の対象となる児童生徒の数も増えることが推測され、対象児童・生徒数の増加に応じて給付額も増加すると考えられるため、

「規模の経済性」は存在しないと想定される。後者については，児童・生徒数が増加する一方で、学校全体の費用の増加は限定的であると考えられるため、「規模の経済性」は存在すると想定される。

2－E：所定支払金仮説：「所定支払金には，「規模の経済性」が存在する」

所定支払金は、共済組合等負担金、日本スポーツ振興センター共済掛金、借地料、建物借料、設備賃借料、学校施設・設備・備品等にかかる保険料、その他所定支払金から構成されており，児童・生徒数が増加する一方で、学校全体の費用の増加は限定的であると考えられるため、「規模の経済性」は存在すると想定される。

以下では、この仮説を検証することとする。

4　推定モデルとデータ

以下の費用関数を設定し，費用構造を推定する。

$$lnC_{it}=\alpha+\beta_1 lnS_{it}+\beta_2 lnW_{it}+\beta_3 lnST_{it}+\sum_k \gamma_k lnP_{kit}+\sum_j \delta_j lnA_{jit}+\tau_t+\mu_i+\varepsilon_{it}$$

被説明変数（C_{it}）には、t年度における地域・iの児童・生徒あたり消費的支出および各費用項目を採用する。

説明変数には、以下の変数を採用する。まず、教育アウトカム（S）については実質出席者率を、要素価格（W）には本務教員人件費を本務教員数で除して得られた教員あたり賃金を採用する。児童生徒要因（ST）には、特別支援学級に在籍する児童生徒の比率を採用する。S については、多くの先行研究が学力テストのスコアや卒業率、退学率といった指標を用いているが、わが国では文部科学省「全国学力・学習状況調査」による全国都道府県レベルでの公立小・中学生の学力の把握は２００７年度からのみ可能であり、分析開始期間である１９８０年代以降の教育アウトカムの近似指標には用いられない。また、高校とは異なり、小・中学校段階において退学や留年のケースは稀である。

そこで本章では、学校教育のアウトカムを「一定レベルの教育を学生に提供すること」とし、わが国の学校教育は、教育基本法においてその質が保たれており、児童生徒が教育基本法の下で学校教育を受ける限りにおいて教育の質は保たれると想定する。

この想定に立てば、必要な児童・生徒数を教育することが学校教育の目的として正当化される。したがって、卒業率や退学率の指標は採用せず、「不登校や病気、経済的理由などで学校を年間30日以上休んでいる長期欠席者を除いた児童生徒が全体に占める比率」をアウトカム変数として採用する。

次に、学校の物的環境要因（P）については，児童・生徒数（P_1）および学校数（P_2）を考慮する。児童・生徒数（P_1）が、本章で着目する「規模の経済性」に関する変数である。この分析は、都道府県レベルで行われており、ある都道府県内の児童・生徒数が追加的に増加（あるいは減少）することで、当該道府県の児童・生徒あたりの費用がどの程度減少（あるいは増加）するかを検証している。

しかし、児童・生徒数の増減に伴って学校新設や統廃合があった場合に、児童・生徒数の増減と学校数の増減のいずれの要因で費用に変化がもたらされるのか区別できない。そこで、学校新設や統廃合による「規模の経済性」への影響をコントロールするために、児童・生徒数に加えて学校数をモデルに考慮する[(5)]。

また、物的環境要因（P）には学級規模（P_3）を追加的に考慮するケースも分析する。学級規模とは、児童生徒総数からへき地等指定学校および特別支援学級に在籍する児童・生徒数を控除した値を、総学級数から複式学級と特別支援学級を控除した単式学級数で除した値である。

本章では、学級規模を考慮した一方で、学校規模を考慮した推定は行っていない。この理由は、学級規模と学校規模が高い相関関係にあり、モデルに同時に考慮することで多重共線性の問題に直面すること、学校規模の変化による教育費への効果は学級規模の変化によってもたらされる可能性が高いと考えられるからである。

さらに、地域の環境要因（A）には、自治体財政力指数（A_1）および地域の経済変数としての県民あたり所得（A_2）を考慮した。家庭環境（F）については、主に米国では人種や貧困率などが用いられることが多いが、データ入手の制約から本章では考慮していない。

なお、分析では、２００1年度以降に1を取るダミー変数と、児童・生徒数との交差項の変数を採用している。この理由は以下のとおりである。

学校における集団指導の基礎単位は学級であるが，1980年度時点では，40人学級が学級編成の標準として定められていた。教員数は，標準学級規模の想定下で算出された学級数と保有学校数から定められる基礎定数と，教育上の特別事由に対応するため予算措置された加配定数から決まる。これは教員の標準定数として国が定める範囲であり，義務教育費国庫負担金および地方交付税による財源措置が適用される。2001年度からは，「公立義務教育諸学校の学級編成及び教職員定数の標準に関する法律（義務標準法）」の改正が行われ，都道府県教育委員会の裁量の下で，学級編成を柔軟に行うことが可能となった（4章2節参照）。学級編成の変更は，消費的支出の大部分を占める教員人件費の水準に大きく関わるため，「規模の経済性」の大きさにも変化が現れる可能性がある。したがって，本章では，2001年度以降に1を取るダミー変数と，児童・生徒数との交差項の変数を用いて，この変化を捉えることとする。

最後に，τ_t は年度効果および μ_i は個体効果，ε_{it} は $\varepsilon_{it} \sim iid\ (0, \sigma_2)$ を満たす誤差項である。分析には，1980－2016年度の都道府県別パネルデータを用いる。(6) なお，児童・生徒数，長期欠席児童・生徒数，特別支援児童・生徒数，本務教員数の各データは文部科学省「学校基本調査（各年度版）」から，財政力指数は総務省「地方財政状況調査（各年度版）」から，県民所得は内閣府「県民経済計算」から入手した。

また，本章の分析期間は37年間と長期のパネルデータであるため，推定に先立ちすべての使用変数にパネル単位根検定｛LLC検定（Levin, Lin and Chu［2002］）｝を適用し，データの定常性を確認している。また，すべての金額データはGDPデフレータを用いて実質化している。データの

表6-1　記述統計量

変数	観測数	平均値	標準偏差	最小値	最大値
		小学校			
消費的支出総額（恩給費等・退職死傷手当控除）	1,739	540.44	175.32	205.23	967.87
人件費	1,739	392.70	119.15	157.55	692.28
教育活動費	1,739	15.25	6.55	2.83	44.84
管理費	1,739	29.84	11.97	9.44	81.12
補助活動費	1,739	19.30	12.32	2.13	71.04
所定支払金	1,739	83.35	32.09	22.81	219.83
実質出席者比率	1,739	0.99	0.00	0.98	1.00
児童数	1,739	177,912.70	160,288.30	29,394.00	1,026,804.00
学級規模	1,739	28.54	3.63	20.52	39.34
本務教員給与	1,739	5,626.66	890.90	3,256.76	7,566.78
へき地等指定学校の児童比率	1,739	0.04	0.04	0.00	0.21
特別支援学級の児童比率	1,739	0.01	0.01	0.00	0.04
		中学校			
消費的支出総額（恩給費等・退職死傷手当控除）	1,739	602.52	199.45	257.36	1,244.92
人件費	1,739	432.45	134.26	194.98	887.94
教育活動費	1,739	23.30	9.82	7.84	79.46
管理費	1,739	31.52	12.69	10.82	86.96
補助活動費	1,739	23.83	15.55	4.18	86.13
所定支払金	1,739	91.43	35.26	28.66	220.87
実質出席者比率	1,739	0.97	0.01	0.94	1.00
生徒数	1,739	90,357.30	79,282.57	14,925.00	467,186.00
学級規模	1,739	33.40	3.74	23.16	41.97
本務教員給与	1,739	5,458.89	785.93	3,423.50	7,074.60
へき地等指定学校の生徒比率	1,739	0.03	0.04	0.00	0.20
特別支援学級の生徒比率	1,739	0.01	0.01	0.00	0.04
		その他			
財政力指数	1,739	0.48	0.22	0.20	1.64
県民あたり所得	1,739	2.37	0.59	1.08	5.95

注：教育費データはすべて児童生徒あたりの教育費であり，表示単位は千円である。また、県民あたり所得の表示単位は百万円。
出所：筆者作成

記述統計量は表6－1にまとめられている。

5　小中学校における「規模の経済性」の推定

以下では，小学校および中学校の「規模の経済性」について、ちがいにも考慮しながら、費用構造を順に分析していくことにする。

(1)　小学校における「規模の経済性」

まず、小学校の学校教育費について、「規模の経済性」の有無とその大きさを検討する。被説明変数、説明変数は、ともに対数変換されており，推定係数は弾力性を示している。

推定結果は、表6－2に示されている。

①仮説1に関して、消費的支出総額の結果を考察する。消費的支出総額に関しては、児童数の推定係数はマイナスに有意であり、仮説1のとおり、小学校の児童数に関して「規模の経済性」が存在し、児童あたり学校教育費は、児童が増加（減少）するにつれて減少（増加）することがわかる。この結果の背景として、学校では集団指導が行われているために、児童数が増加したとしても，追加的に必要となる費用は限定的になっている可能性が考えられる。

②仮説2－Aに関して、人件費の結果を考察する。人件費に関しては、仮説2－Aのとおり、「規模の経済性」が存在することがわかる。この背景にも、学校の集団指導の特性が表れていると解釈

表6-2　小学校の推定結果（上：ベースモデル／下：学級規模を考慮したモデル）

ベースモデル	①	②	③	④	⑤	⑥
費目	消費的支出総額	人件費	教育活動費	管理費	補助活動費	所定支払金
児童数[a]	**-0.337 (0.045) *****	**-0.344 (0.038) *****	**0.052 (0.223)**	**-0.431 (0.150) *****	**-0.182 (0.216)**	**-0.380 (0.057) *****
児童数[a] *2001年以降ダミー	−0.030 (0.010) ***	−0.033 (0.010) ***	−0.035 (0.030)	−0.059 (0.020) ***	−0.018 (0.028)	−0.028 (0.013) **
2001年以降ダミー	0.778 (0.143) ***	0.680 (0.126) ***	1.319 (0.433) ***	1.370 (0.315) ***	1.332 (0.390) ***	1.046 (0.177) ***
実質出席者比率	0.250 (1.762)	0.816 (1.545)	10.860 (9.654)	−6.015 (5.477)	−6.234 (9.555)	0.387 (2.170)
学校数[a]	0.206 (0.050) ***	0.254 (0.047) ***	0.425 (0.282)	0.174 (0.146)	−0.550 (0.236) **	0.163 (0.066) **
本務教員給与[a]	0.757 (0.040) ***	0.835 (0.036) ***	0.436 (0.179) **	0.186 (0.106) *	0.073 (0.166)	0.793 (0.049) ***
特別支援児童比率	1.318 (0.833)	2.007 (0.833) **	−4.302 (3.637)	0.209 (2.095)	0.209 (3.604)	1.271 (0.966)
財政力指数	0.085 (0.034) **	0.065 (0.033) *	0.242 (0.125) *	0.276 (0.143) *	0.187 (0.147)	0.084 (0.064)
県民あたり所得[a]	0.079 (0.044) *	0.056 (0.041)	0.296 (0.168) *	0.185 (0.137)	0.366 (0.184) *	0.077 (0.059)
定数項	2.036 (0.663) ***	0.945 (0.573)	−4.996 (2.754) *	4.997 (2.030) **	6.732 (2.400) ***	0.307 (0.861)
観測数	1,739	1,739	1,739	1,739	1,739	1,739
自由度修正済み決定係数	0.995	0.994	0.881	0.958	0.938	0.991
都道府県数	47	47	47	47	47	47

学級規模を考慮したモデル	①		②		③		④		⑤		⑥	
費目	消費的支出総額		人件費		教育活動費		管理費		補助活動費		所定支払金	
児童数[a]	**-0.277 (0.049)**	***	**-0.281 (0.042)**	***	**0.092 (0.227)**		**-0.428 (0.147)**	***	**-0.147 (0.205)**		**-0.307 (0.062)**	***
児童数[a] *2001年以降ダミー	−0.028 (0.008)	***	−0.031 (0.008)	***	−0.034 (0.030)		−0.059 (0.020)	***	−0.017 (0.027)		−0.026 (0.011)	**
2001年以降ダミー	0.701 (0.112)	***	0.599 (0.096)	***	1.268 (0.429)	***	1.367 (0.342)	***	1.287 (0.393)	***	0.953 (0.132)	***
実質出席者比率	0.670 (1.653)		1.260 (1.433)		11.140 (9.728)		−5.995 (5.456)		−5.990 (9.571)		0.898 (2.033)	
学級規模[a]	−0.416 (0.118)	***	−0.440 (0.108)	***	−0.277 (0.363)		−0.020 (0.346)		−0.243 (0.406)		−0.507 (0.145)	***
学校数[a]	0.168 (0.048)	***	0.214 (0.046)	***	0.400 (0.277)		0.172 (0.151)		−0.571 (0.226)	**	0.118 (0.064)	*
本務教員給与[a]	0.757 (0.037)	***	0.835 (0.033)	***	0.436 (0.179)	**	0.186 (0.106)	*	0.073 (0.166)		0.794 (0.044)	***
特別支援児童比率	0.924 (0.690)		1.590 (0.682)	**	−4.565 (3.557)		0.191 (2.117)		−0.021 (3.583)		0.791 (0.775)	
財政力指数	0.090 (0.031)	***	0.070 (0.030)	**	0.245 (0.124)	*	0.277 (0.143)	*	0.190 (0.146)		0.090 (0.060)	
県民あたり所得[a]	0.068 (0.038)	*	0.044 (0.037)		0.289 (0.163)	*	0.185 (0.135)		0.360 (0.184)	*	0.063 (0.055)	
定数項	2.999 (0.527)	***	1.964 (0.444)	***	−4.355 (2.990)	*	5.043 (2.427)	**	7.294 (2.736)	***	1.480 (0.623)	**
観測数	1,739		1,739		1,739		1,739		1,739		1,739	
自由度修正済み決定係数	0.996		0.996		0.883		0.957		0.94		0.992	
都道府県数	47		47		47		47		47		47	

注1：添え字のaは対数変換していることを示す。
注2：***、**、*はそれぞれ1%、5%、10%有意水準で有意であることを示す。
注3：カッコ内は不均一分散に対して頑健な標準誤差を示す。
出所：筆者作成

できる。つまり、児童が一人増加したとしても、教員の人件費は同比率で増加しない。
③仮説２－Ｂに関して教育活動費の結果を考察する。教育活動費に関しては、仮説２－Ｂのとおり、「規模の経済性」が存在しないことがわかる。教育活動費は、旅費や特別活動費、消耗品から構成されている。これらは児童数に応じて増加する経費であるため、「規模の経済性」が見られなかったと考えられる。
④仮説２－Ｃに関して、管理費の結果を考察する。管理費に関しては、仮説２－Ｃのとおり、「規模の経済性」が存在することがわかる。管理費は、修繕費など学校全体に関わる経費であり、児童一人の増加に対して学校全体で必要な管理費の増加は限定的であるため、「規模の経済性」が見られたと考えられる。
⑤「規模の経済性」の存在の有無は事前には定まらないとしていた仮説２－Ｄに関して、補助活動費の結果を考察する。補助活動費に関しては、「規模の経済性」は存在しないことがわかる。この背景には、児童数とともに増えると想定される奨学費の影響が考えられる。
⑥仮説２－Ｅに関して、所定支払金の結果を考察する。所定支払金に関しては、仮説２－Ｅのとおり、「規模の経済性」が存在することがわかる。所定支払金は、学校全体に関わる費用が多いため，児童数の増加に対しての学校全体の費用増加は限定的であり、「規模の経済性」が見られたと考えられる。
すでに述べているように、「規模の経済性」が存在する背景には、学校の集団指導の特性がある。集団指導の基礎単位は学級であるが，児童数が同数だけ増加した場合でも、学級規模を変えずに学

級数が大きくなるケースと、学級規模を増やして学級数の拡大が抑えられるケースでは追加的に必要となる経費が異なり、「規模の経済性」の存在および程度も変わってくると考えられる[7]。

そこで学級編成のあり方が教育費に与える影響を考慮し、追加的に学級規模（学級あたり児童数）を説明変数として追加したモデルを推定した（表6－2の下段）。推定結果をみると、学級規模は、①消費的支出総額、②人件費、⑥所定支払金でマイナスに有意な結果が得られ、学級規模が大きくなることで児童あたり支出が減少することが示唆される。

そして、学級規模の効果を制御してもなお、児童数の推定係数は、ベースモデルと同様の費目においてマイナスに有意な値を得ている。費目間での相対的な弾力性の大きさも同様の傾向が示されている。

しかし、ベースモデルの結果と比較して、児童数の値はいずれの費目においても、絶対値で小さくなっている。この背景には、学級規模をコントロールしたことにより、学級規模変化の効果が取り除かれ、学級規模変化以外の効果に限定されたからだと考えられる。すなわち、児童数が減少したときに、学級規模が小さくなる場合に、児童あたり支出は拡大することになるため、その効果を取り除くと、真の「規模の経済性」は小さくなり、1％の児童減少による児童あたり支出の増加率は小さくなる（係数の絶対値はゼロに近づく）と解釈できる。

続いて、2001年度の義務標準法改正による「規模の経済性」への効果を確認する。これは、児童数および児童数と2001年度以降1を取るダミー変数との交差項の係数によって確認することができる。児童数の「規模の経済性」が認められたすべての費目について交差項の係数はマイナスで有意であり、教育活動費と補助活動費を除いたすべての項目において、2001年度以降は「規模の経済性」が拡大していることが確認できる。

この背景には、田中（2017）も指摘するように、法改正を受け、都道府県教育委員会は自らの裁量の下で、法定の標準を下回る学級編成の「基準」を定めることができるようになり、以前よりも多くの支出をするようになったため、児童数が1％縮小した場合の児童あたり支出が大きくなったことがあると考えられる。

最後に、その他のコントロール変数についても簡潔に解釈を加える。要素価格としての本務教員給与は、補助活動費を除くすべての費目でプラスに有意な結果を得た。児童総数に占める特別支援が必要な児童の比率は人件費でのみプラスに有意な結果となり、特別支援児童が増加することは人件費を増やすことにつながると言える。財政力指数は消費的支出総額、人件費、教育活動費、管理費でプラスに有意であり、都道府県の財政力が高いほど、これらの費目が増加すると示唆される。

他方、奨学費をはじめとする補助活動費や、保険料などの所定支払金支出は財政力に影響されない。県民あたり所得は、10％水準ではあるが、教育活動費や補助活動費でプラスに有意であり、地域経済が豊かであればこれらの費目の支出が増加する可能性がある。また、義務標準法改正の2001年度以降、小学校の児童あたり支出は増加していると言える。

(2) 中学校における「規模の経済性」

以下では、中学校の学校教育費について、「規模の経済性」の有無とその大きさを検討する。本章

第４節で設定したそれぞれの仮説の検証結果は、表６－３に示されている。①消費的支出総額、②人件費、④管理費、⑥所定支払金に関しては、小学校の場合と同様に、仮説のとおり、「規模の経済性」が存在することが示された。つまり、これらの費目に関しては、生徒が増加（減少）するにつれて生徒あたり支出は減少（増加）することがわかる。

一方、補助活動費に関しては、仮説２－Ｄに対して、「規模の経済性」は存在しないことがわかる。この背景には、小学校同様、生徒数とともに増えると想定される奨学費の影響が考えられる。

さらに、学級規模を説明変数として考慮し、追加的に学級規模の効果を制御した場合の「規模の経済性」の推定結果は、表６－３下段に示されている。学級規模の効果を制御してもなお、生徒数の推定係数は、ベースモデルと同様の費目においてマイナスに有意な結果を得た。費目間での相対的な弾力性の大きさもベースモデルと同じであるが、小学校の場合と同様に、推定された弾力性値はいずれの費目においても絶対値で小さくなっている。中学校においても、学級規模の影響を考慮しないと、「規模の経済性」の程度を過大に推定してしまう可能性が示唆される。

２００１年度の義務標準法改正による効果についても小学校と同様の傾向がみられ、生徒数の「規模の経済性」が認められたすべての費目について交差項の係数はマイナスで有意であり、教育活動費と補助活動費を除いたすべての項目で、２００１年度以降は「規模の経済性」が拡大していることが確認できる。中学校においても、法改正前よりも多くの支出をするようになったことから、生徒数が１％縮小した場合の生徒あたり支出が大きくなった可能性が考えられる。

最後に、コントロール変数についても簡潔に解釈を加える。中学校では、本務教員給与はすべて

表6-3　中学校の推定結果（上：ベースモデル／下：学級規模を考慮したモデル）

ベースモデル	①		②		③		④		⑤		⑥	
費目	消費的支出総額		人件費		教育活動費		管理費		補助活動費		所定支払金	
生徒数 a	**-0.426 (0.036)**	***	**-0.445 (0.031)**	***	**-0.092 (0.222)**		-0.441 (0.121)	***	**-0.003 (0.223)**		**-0.485 (0.045)**	***
生徒数 a *2001年以降ダミー	−0.026 (0.009)	***	−0.031 (0.009)	***	0.009 (0.027)		−0.055 (0.018)	***	0.039 (0.025)		−0.029 (0.010)	**
2001年以降ダミー	0.601 (0.103)	***	0.515 (0.095)	***	0.629 (0.376)		1.120 (0.231)	***	0.961 (0.352)	***	0.929 (0.119)	***
実質出席者比率	0.096 (0.530)		−0.330 (0.507)		1.016 (2.690)		−0.248 (1.888)		6.123 (3.423)	*	0.098 (0.740)	
学校数 a	0.253 (0.060)	***	0.318 (0.057)	***	0.371 (0.201)	*	0.054 (0.175)		−0.431 (0.271)		0.228 (0.080)	***
本務教員給与 a	0.756 (0.056)	***	0.803 (0.050)	***	0.400 (0.200)	*	0.318 (0.104)	***	0.574 (0.213)	***	0.750 (0.058)	***
特別支援生徒比率	2.903 (1.028)		3.322 (0.930)	***	0.418 (4.215)		0.810 (3.276)		0.496 (5.230)		3.196 (1.280)	**
財政力指数	0.097 (0.024)	***	0.069 (0.021)	***	0.310 (0.119)	**	0.283 (0.124)	**	0.264 (0.182)		0.055 (0.058)	
県民あたり所得 a	0.118 (0.041)	***	0.098 (0.038)	**	0.176 (0.165)		0.176 (0.130)		0.307 (0.191)		0.148 (0.056)	**
定数項	2.866 (0.590)	***	2.117 (0.482)		-1.957 (3.049)		4.662 (1.701)	***	−0.469 (2.932)		1.509 (0.614)	**
観測数	1,739		1,739		1,739		1,739		1,739		1,739	
自由度修正済み 決定係数	0.995		0.994		0.909		0.945		0.941		0.991	
都道府県数	47		47		47		47		47		47	

学級規模を考慮したモデル	①		②		③		④		⑤		⑥	
費目	消費的支出総額		人件費		教育活動費		管理費		補助活動費		所定支払金	
生徒数[a]	-0.388 (0.037)	***	-0.414 (0.032)	***	-0.079 (0.212)		-0.396 (0.103)	***	0.137 (0.221)		-0.445 (0.045)	***
生徒数[a] *2001年以降ダミー	−0.021 (0.008)	***	−0.027 (0.008)	***	0.010 (0.029)		−0.050 (0.017)	***	0.056 (0.026)	**	−0.024 (0.008)	***
2001年以降ダミー	0.523 (0.090)	***	0.450 (0.083)	***	0.603 (0.415)		1.036 (0.235)	***	0.675 (0.393)	*	0.846 (0.100)	***
実質出席者比率	−0.173 (0.520)		−0.554 (0.485)		0.927 (2.714)		−0.559 (1.990)		5.133 (3.480)		−0.188 (0.702)	
学級規模[a]	−0.261 (0.070)	***	−0.217 (0.060)	***	−0.087 (0.280)		−0.236 (0.267)		−0.961 (0.344)	**	−0.278 (0.074)	***
学校数[a]	0.225 (0.053)	***	0.294 (0.051)	***	0.362 (0.214)	*	0.029 (0.181)		−0.535 (0.259)	***	0.198 (0.069)	***
本務教員給与[a]	0.751 (0.053)	***	0.799 (0.049)	***	0.398 (0.199)	*	0.322 (0.095)	***	0.556 (0.199)	***	0.745 (0.055)	***
特別支援生徒比率	2.630 (1.014)	**	3.095 (0.911)	***	0.327 (4.283)		0.637 (3.215)		−0.510 (5.468)		2.905 (1.223)	**
財政力指数	0.112 (0.022)	***	0.082 (0.018)	***	0.315 (0.116)	***	0.297 (0.126)	**	0.319 (0.188)	*	0.071 (0.053)	
県民あたり所得[a]	0.092 (0.040)	**	0.076 (0.038)	*	0.167 (0.162)		0.147 (0.132)		0.211 (0.175)		0.121 (0.055)	**
定数項	3.572 (0.591)	***	2.704 (0.498)	***	−1.722 (3.392)		5.281 (2.006)	***	2.132 (2.890)		2.260 (0.609)	***
観測数	1,739		1,739		1,739		1,739		1,739		1,739	
自由度修正済み決定係数	0.995		0.995		0.909		0.945		0.942		0.991	
都道府県数	47		47		47		47		47		47	

注1：添え字のaは対数変換していることを示す。
注2：***、**、*はそれぞれ1%、5%、10%有意水準で有意であることを示す。
注3：カッコ内は不均一分散に対して頑健な標準誤差を示す。
出所：筆者作成

の費目でプラスに有意な結果を得た。特別支援生徒比率は人件費に加えて総額や所定支払金でもプラスに有意な結果となった。財政力指数は主に消費的支出総額、人件費、教育活動費、管理費でプラスに有意であり、小学校とほぼ一致する結果を得た。県民あたり所得は、人件費と所定支払金でプラスに有意な結果となった。義務標準法改正の２００１年度以降は、教育活動費を除いた費目で生徒あたり支出が増加している。

(3) 「規模の経済性」の費目間・小中間比較

規模の経済性を費目間および小中学校間で比較するため、表６－４に各モデルにおける児童・生徒数の推定係数値を整理している。

まず、小学校において「規模の経済性」が有意に確認された費目は、①消費的支出総額、②人件費、④管理費、⑥所定支払金であり、学級規模をコントロールした上での弾力性は、それぞれ①マイナス０・２７７　②マイナス０・２８１、④マイナス０・４２８、⑥マイナス０・３０７であった。このことから、少子化の下で、児童数が１％減少することによる児童あたり支出の増加率は、小学校教育費の中でも，相対的に管理費や所定支払金で大きくなると考えられる。

中学校において「規模の経済性」が有意に確認された費目は、①消費的支出総額、②人件費、④管理費、⑥所定支払金であり、学級規模をコントロールした上での弾力性は、それぞれ①マイナス０・３８８、②マイナス０・４１４、④マイナス０・３９６、⑥マイナス０・４４５であった。このことから、生徒数が１％減少することによる生徒あたり支出の増加率は、中学校教育費の中で

表６－４　費目別「規模の経済性」の小中間比較

	学級規模を考慮しない場合		学級規模を考慮する場合	
	小学校	中学校	小学校	中学校
①消費的支出総額	-0.337***	-0.426***	-0.277***	-0.388***
②人件費	-0.344***	-0.445***	-0.281***	-0.414***
③教育活動費	0.052	-0.092	0.092	-0.079
④管理費	-0.431***	-0.441***	-0.428***	-0.396***
⑤補助活動費	-0.182	-0.003	-0.147	0.137
⑥所定支払金	-0.380***	-0.485***	-0.307***	-0.445***

出所：筆者作成

も、相対的に人件費や所定支払金で大きくなると考えられる。

小・中学校に共通して「規模の経済性」が認められた、これら４費目の大きさを比較すると、ほとんどの場合において、中学校で係数値が大きくなっている。この背景には、中学校のほうが小学校に比べて、相対的に、学生数の変化にかかわらず必要になる固定的な費用が大きいからであると考えられる。中学校で生徒数が１％減少することによる費用の増加率のほうが、小学校で児童数が１％減少することによる費用の増加率よりも大きくなる傾向が示されており、今後の少子化による児童生徒あたり支出の拡大効果は、小学校よりも中学校において相対的に大きくなることが示唆される。

6　公立小中学校の費用構造と制度設計の方向性

本章では、「規模の経済性」の観点から、義務教育費の費用構造を分析した。具体的には、1980－2016年度の37カ年にわたる公立小・中学校の児童・生徒あたり消費的支出総額、人件費、教育活動費、管理費、補助活動費、所定支払金の各費目について、児童・生徒数の「規模の経済性」の実態を検証した。分析の結果、以下のことが明らかとなった。

第一に、小学校においては、消費的支出総額、人件費、管理費、所定支払金について「規模の経済性」の存在が認められた。第二に、人件費に関しては、集団指導という学校の特性から、児童数が増加したとしても、追加的に必要となる費用は限定的になっている背景が指摘できる。第三に、管理費や所定支払金は、学校全体に関わる費用が多いため、児童数の増加に対しての学校全体の費用増加は限定的であり、「規模の経済性」が認められたと考えられる。これらの費目における「規模の経済性」の存在は、児童・生徒数の増減に附随して変化する学級規模の影響をコントロールした後でも認められた。これらの傾向は、中学校についてもほぼ同様に確認された。以上から、少子化で児童が減る中にあって、学級規模の維持や拡大は、義務教育費用の効率性向上という面から貢献することがわかる。

また、本章では、小中間および費目間での「規模の経済性」の比較も行った。小中間比較では、学級規模を考慮した場合の管理費を除いては、「規模の経済性」の程度は小学校よりも中学校で大きく、少子化による児童生徒あたり支出の拡大効果は、小学校よりも中学校において相対的に大きくなる傾向があることがわかる。費目間比較では、費目間の「規模の経済性」のちがいも明らかになった。学校教育費の消費的支出の大部分は人件費が占めるため、人件費の増減がとりわけ注目されるが、児童・生徒数が１％減少したときの児童・生徒あたり支出の増加率は、人件費よりも、むしろ管理費や所定支払金で相対的に大きくなることがわかった。

今後、人口減少が進むにつれ、地域間において少子化の進行状況にも差が生じてくることが予想される。分析結果からは、「規模の経済性」が存在することにより、少子化を通じて、学校教育における一人あたり教育費を上昇させることが明らかとなったが、さらに、その水準の地域間格差も深刻になっていくだろうと推察される。特に、金額規模から人件費の変化に焦点が当たるが、本章で着目した性質別費目の分析結果からは、管理費や所定支払金などの支出が、少子化でいっそう上昇し、また、その地域間格差も広がることも推察される。

今後の小中学校の財務運営においては、多様な視点からの分析・判断が必要であることを前提としつつも、「規模の経済性」を意識して、各費目の効率化という視点から、将来の学校運営のあり方を考えることも重要であろう。人口減少下においても費用効率性を悪化させないために、連携や再編などは、一つの効果策であろう。各地域において、小中学校教育の費用負担をする自治体が自律的に行動し財務的にも自立できるように、国は、地方財政措置を通じて、自治体に連携や再編などを促すことも有用であると考えられる。

また、今後の公立小中学校の制度設計のあり方を費用面から考える上では、その費用構造の実態をデータで把握することは欠かせない。特に、本章で行った費目ごとの「規模の経済性」に関する実態把握は、少子化による児童生徒の減少とともに生じる高コスト化をどのように緩和し、教育の質向上に予算を振り向けるのかという方向性を考える上で、貴重な情報を提供する。

コラム5：公立高等学校の費用構造――規模の経済性の分析

ここでは、本章における小中学校の規模の経済性の分析を補完するかたちで、高等学校における規模の経済性の推定結果から、教育費の費用構造の実態を探る。分析の枠組みは、本章の小中学校の分析と同じであり、文部科学省「地方教育費調査」に所収されている高等学校（全日制および定時制）における消費的支出を対象に分析する。２０１９年度時点で、高等学校（全日制および定時制）における消費的支出は、学校教育費総額（消費的支出、資本的支出、債務償還費からなる）の85パーセント以上を占める。小中学校の分析とは異なり、費目のデータ突合が１９９４年以降しかできないことや、２０１２年度から計上方法に大幅な制度変更(8)があったことから、分析期間は１９９４年－２０１３年としている。分析費目は、本章（小・中学校）と同様に、①消費的支出総額、②人件費、③教育活動費、④管理費、⑤補助活動費、⑥所定支払金における費用構造を分析する。

図6－2には、生徒あたりの消費的支出総額および各費目、生徒数の時系列の伸び率（１９９４年度を１００）の推移が示されている。まず、生徒数はほぼ横ばいである一方、消費的支出は、40パーセントを超える伸びとなっている。各費目を見てみると、人件費と管理費が40パーセントの伸びとなっており、こ

図6-2　高等学校生徒あたり消費的支出内訳と生徒数の推移

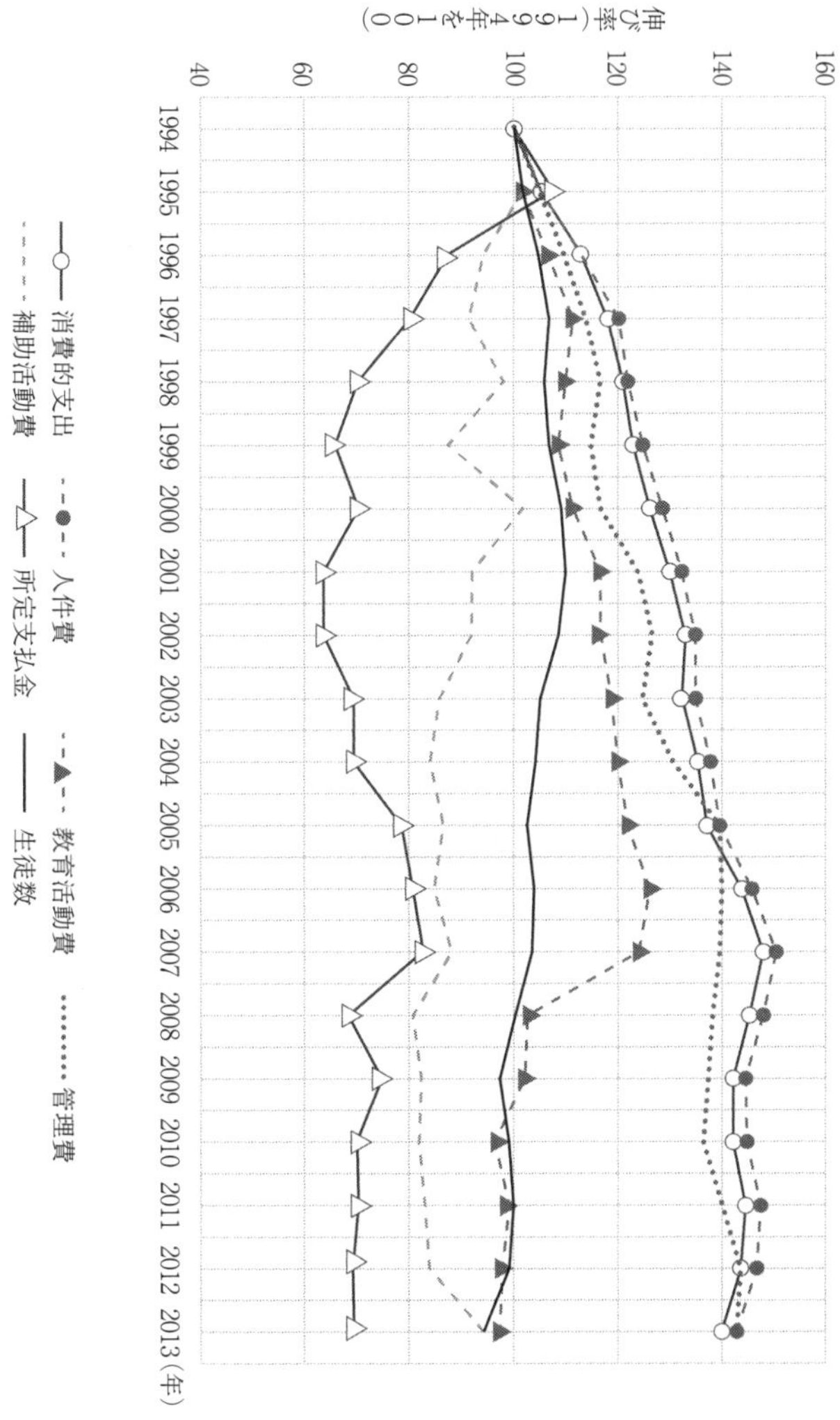

注1：生徒あたり消費的支出額はGDPデフレータで実質化している
注2：1994年度を100として基準化している
出所：文部科学省「地方教育費調査」（各年度版）より筆者作成

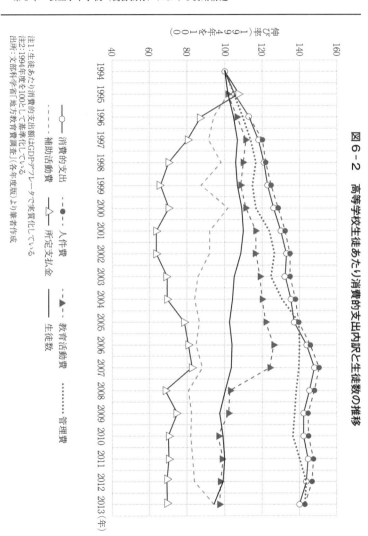

表6－5　費目別「規模の経済性」の小中高間比較

	学級規模を考慮しない場合			学級規模を考慮する場合		
	小学校	中学校	高等学校	小学校	中学校	高等学校
①消費的支出総額	(−)***	(−)***	(−)***	(−)***	(−)***	(−)***
②人件費	(−)***	(−)***	(−)***	(−)***	(−)***	(−)***
③教育活動費	(+)	(−)	(+)	(+)	(−)	(+)*
④管理費	(−)***	(−)***	(−)***	(−)***	(−)***	(−)
⑤補助活動費	(−)	(−)	(−)	(−)	(+)	(−)
⑥所定支払金	(−)***	(−)***	(−)	(−)***	(−)***	(+)

注：(　)内は、係数の符号を表しており、***は、1%で、**は、5%で、*は10%でその符号が有意であることを示している。
出所：筆者作成

れらの費目が、全体の伸びにつながっていることがわかる。教育活動費は、２００７年度頃までは伸びていたものの、その後は減少に転じ、２０１３年度では、１９９４年度とほぼ同じ額となっている。逆に、補助活動費は減少傾向にあったが、２０１３年度には１９９４年度とほぼ同額の水準に戻っている。所定支払金は、約30パーセントの減少率となっている。

以下では、高等学校の規模の経済性の推定を通じて、費用構造を見てみることにする。高等学校に関しても、本章（小・中学校）と同様の関数モデルを設定し、費用構造を推定する。被説明変数（C）には、高等学校生徒あたり消費的支出および各費用項目を設定する。説明変数も本章（小・中学校）と同様であるが、高校レベルでは、データの制約から妥当な教育アウトカム（S）データを入手することは難しく、採用できていないことは今後の課題である。[9] 表6－5は、本章における小・中学校の規模の経済性の存在の有無とともに、高等学校の規模の経済性の存在の有無を加え、小中高間で比較したものである。

高等学校において、学級規模を考慮した場合としない場合両方において規模の経済性が確認された費目は、①消費的支出総額および②人件費となった。すなわち、生徒数が減少したとき、一人あたり支出は、①消費的支出総額および②人件費で大きくなる。この傾向は小中学校と同様である。学級規模を考慮しない場合には、小中学校と同様に、管理費にも規模の経済性が確認された。

また、所定支払金については、小中学校では規模の経済性が見られたものの、高等学校では学級規模の考慮にかかわらず、規模の経済性が見られないという特徴も読み取れる。

【第6章　注】

（1）本章は、宮錦・赤井（2021）をベースに、大幅に加筆修正したものである。

（2）文部科学省「地方教育費調査　各年度版」説明資料（市町村・都道府県教育委員会用）の定義による。

（3）文部科学省「地方教育費調査（平成29会計年度）」によると、消費的支出は、小学校の教育費総額約6兆円のうち約4・9兆円（約82％）を、中学校の教育費総額約3・4兆円のうち約2・8兆円（約82％）を占める。また、残りの約20％は資本的支出であるが、大規模改修など資本形成に対する支出である資本的支出は、支出のタイミングが児童生徒数の変化に関係なく決定する場合も多く、経常的な支出とは異なる要因で決まると考えられるため（Hirsch[1959]）、分析対象からは除外する。

（4）なお、これらのデータの出所となっている文部科学省「地方教育費調査」は、分析期間中に費目区分や名称の変更が5回確認されており、これらの変更は以下のように突合させている。②人件費には、1993年度以前に「維持費」として分類されている「施設維持職員の給与」および「用務員の給与」、1993年度以前に「補助活動費」として分類されている「補助活動職員の給与」および「衛生職員の給与」「給食職員の給与」「その他の補助活動職員の給与」（1981年度以）を含む。③教育活動費には、１９９３年度以前に教授費として分類されている「教育活動・修学旅行費」「その他の教授費」を含む。④管理費は、１９９３年度以前は「維持費」として区分されている。⑤補助活動費は、１９９３年度以前は「補助事業費」は「奨学費」として区分されている。⑥所定支払金には、１９９４年度以降に「人件費」として分類されている「共済組合等負担金」を含む。

（5）学校数の変化に着目し、統廃合による学校教育費の変化を検証したものに、宮錦（２０２２）がある。小学校数の10％の減少は、児童あたり教育費を2-5パーセント減少させることを示しており、この分析においても規模の経済性の存在が見出されている。

（6）市町村別データは、オープンデータとして長期的に利用可能ではないため、都道府県データを用いている。

（7）実際、「公立義務教育諸学校の学級編制及び教職員定数の標準に関する法律」の下では、1学級あたり40人（小学校第1学年は35人）を下回ると、特別の手当てをしない限り、学級数が減少するルールとなっている。

（8）第2章で説明されたように、２０１４年4月1日に「公立高等学校に係る授業料の不徴収及び高等学校等就学支援金の支給に関する法律の一部を改正する法律（平成25年法律第90号）」が施行され、「補助活動費」に「高等学校等就学支援金」（高等学校等における教育に係る経済的負担の軽減：年収約９１０万円未満の世帯の授業料を無償化）および「高校生等奨学給付金（高等学校修学支援事業費補助金）」（授業料以外の教育費負担を軽減する補助金：授業料以外の教育費とは、教科書費、教材費、学用品費、通学用品費、教科外活動費、生徒会費、ＰＴＡ会費、入学学用品費、修学旅行費等）が計上されることになり、この費目が10倍程度に大幅に増加することとなった。なお、高校の無償化は、すでに２０１０年度から始まっていた（第2章参照）が、２０１２年度までは、分析対象としているデータには影響を与えないかたちでの計上方法がとられていた。

（9）なお、生徒数、本務教員数の各データは文部科学省「学校基本調査（各年度版）」から、財政力指数は総務省「地方財政状況調査（各年度版）」から、県民所得は内閣府「県民経済計算」から入手した。

第7章　公立大学（高等教育）における費用構造[1]
——規模・範囲の経済性の検証

1　公立大学の費用構造把握の重要性

本章では、地方自治体が財源責任を持ち運営する教育システムとして、公立大学運営に関わる費用構造を明らかにする。特に、第6章と同様に、学生が一人増加することで学生一人あたりの費用が減少する程度を示す「規模の経済性」が存在するのか、その程度はどのくらいなのかを明らかにする。

図5－1で示されているように、公立大学の大学数および法人数（および法人化された大学数）、さらに、学生数は、1990年以降一貫して増加しており、近年においても増加傾向は続いている。公立大学の運営財源について、授業料等の学生納付金収入以外の部分は、地方交付税で負担される。他方で、国の財政も厳しさが増しており、公立大学にも効果的・効率的な財政運営が求められている。その流れの中で、地域の高等教育サービスの望ましい供給体制を構築するべく、大学の再編・統合を検討する事例もある[2]。大学の再編統合は、教育・研究環境や地域貢献など多様な視点から考

察される必要があるが、費用構造を把握することは、今後の持続可能な公立大学の財政運営を実現する上で不可欠である。

公立大学の費用構造に関する実証研究としては渡部（２０１０）があるが、国立・市立大学と比較して、研究の蓄積は浅い。地域ニーズに応じて公立大学が掲げる教育研究の目的の多様性や、自治体の数だけ存在する公費負担の多様性（渡部［２０１０］）等がその理由に挙げられる。小中学校の場合と異なり、大学では、教育活動に加えて研究活動も行われている。

また、学問種別は多様であり、教育や研究活動におけるアウトプットも、そのアウトプットを生み出すための費用構造も異なると考えられる。特に公立大学は、単科大学や小規模な総合大学が占める割合が高く、自然科学系あるいは人文社会科学系のみの学生が在籍する大学も多いことから、多様な費用構造を考慮した分析が必要である。したがって、公立大学の費用構造の特徴を捉え、国立・私立大学と比較検証することは、教育財政制度（資金配分およびそのガバナンス）のあり方を考える上で有益である。

したがって、本章では、大学の教育費の費用関数の推定を通じて、公立大学における「規模の経済性」および「範囲の経済性」の視点から、費用構造を明らかにする。そこから、国・設置団体が公立大学の財政負担を考える上での基礎的情報を提供するとともに、大学や学部・研究科の再編統合といった政策に対して、費用効率性の側面からのインプリケーションを提示することを目的とする。

2　公立大学の分類と支出規模

設置団体の財政状況をはじめ、大学の保有学部の種類や数、学生数等の特性に応じて、公立大学の費用構造は大きく異なると考えられる。公立大学協会（２０００）は、１９９６年時点における53公立大学の学生数と支出規模をプロットし、その位置関係から公立大学を四つに類型化した上で、公立大学の性格と財政との関係に言及している。具体的には、学部を四つ以上保有し大都市に立地する総合大学（第1グループ）は、学生数・支出規模ともに非常に大きい点、医科系単科大学（第2グループ）は、学生数が少ないのに支出規模は比較的大きく、学生一人あたり支出規模が大きい点、看護系単科大学（第3グループ）は、学生数と支出規模の両方ともに小さい点、文科系のみの学部を持つ大学（第4グループ）は、支出規模に対して学生数が多く、学生一人あたり支出規模が小さい点を指摘する。

図7－1には、公立大学協会「公立大学実態調査」のデータ（2019年度予算）を用いて、学生数と支出規模の関係を描いた散布図が示されている。縦軸の支出規模は、臨時費を除いた経常経費額である。横軸の学生数は、大学院生も含めた総現員数である。参考までに、学生一人あたり経費を表す直線も示している。分類としては、中田（２０１９）に倣って、公立大学を「5学部・学生５０００名以上の総合大学（それに相当する規模の大学を含む）」「複数分野の学部を持つ総合大学」「看護医療系の単科大学」「看護系以外の単科大学（同一分野の複数学部を持つ大学）」の四つに

図７－１　大学類型別にみた学生数と支出規模の関係

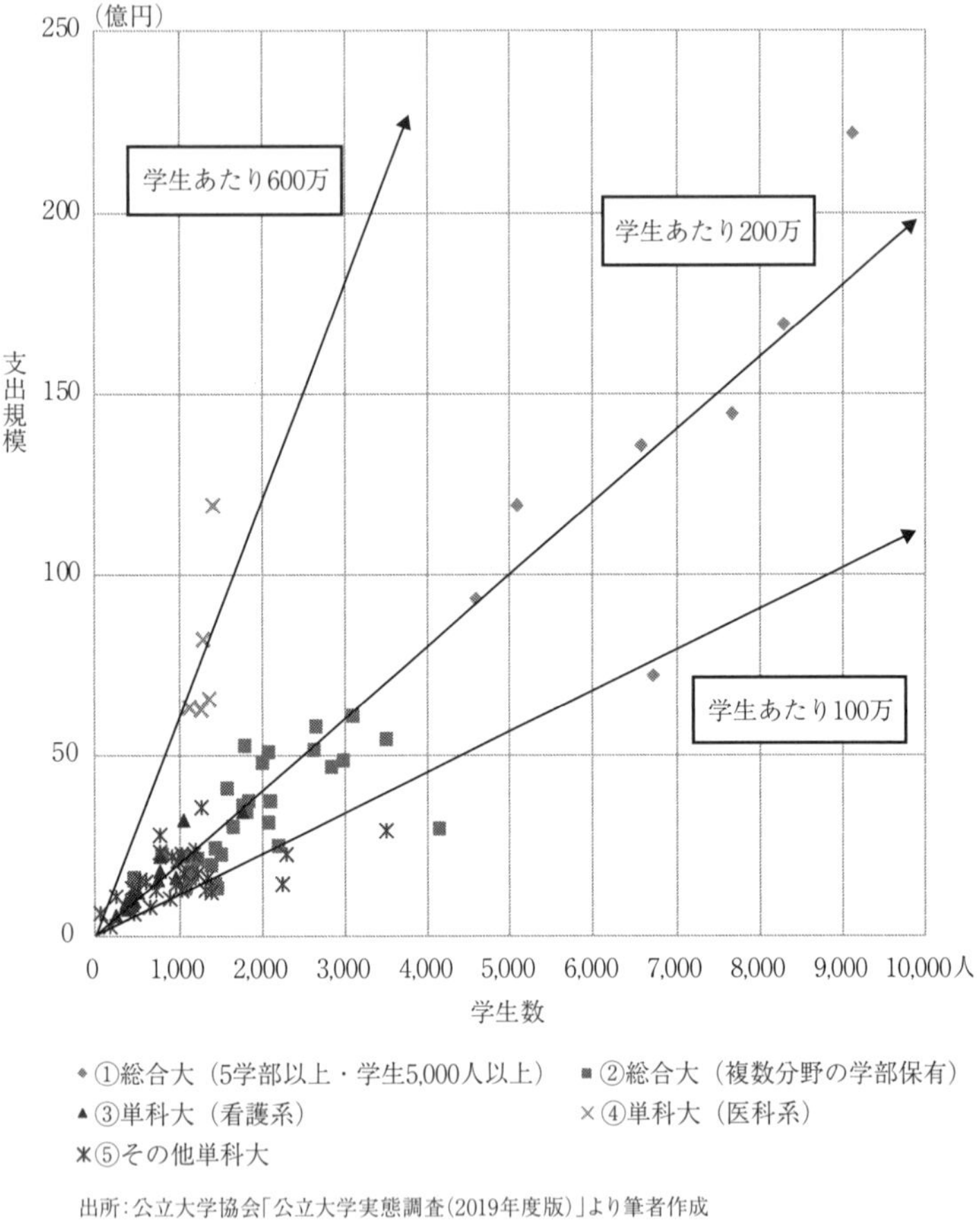

出所：公立大学協会「公立大学実態調査（2019年度版）」より筆者作成

分類した上で、さらに、公立大学協会（２０００）の結果を参考にして、「看護系以外の単科大学」を、「医科系単科大学」と「その他の単科大学」に区別して表示している。「その他の単科大学」とは具体的には、医科系・看護大学以外の単科大学で、文科系単科大学や芸術・美術系単科大学が該当する。

公立大学を上記の五類型に分類した上で図７－１をみると、以下のことがわかる。

第一に「①５学部・学生５０００人以上の総合大学（7大学）」は、他大学と比較して学生数・支出規模ともに顕著に大きいことがわかる。具体的に、学生数は平均７０００人、支出規模は平均１４０億円（学生一人あたり経常経費２００万円）で、首都大学が学生数９１００人・支出規模２２０億円で最大、大阪市立大学が学生数８３００人・支出規模１７０億円と続く。

第二に「②複数分野の学部を持つ総合大学（31大学）」は、学生数が平均２０００人、支出規模が平均32億円（学生一人あたり経常経費１７０万円）で、公立大学全体では第①グループについで学生や支出規模が大きく、その規模は第①グループの約2～3割程度である。

第三に「③看護医療系単科大学（21大学）」は、学生数が平均６００人、支出規模が平均13億円と、学生数・支出規模ともに最も小さい。総額としては第①グループの1割程度であるが、学生一人あたり経常経費は約２３０万円と、①や②の総合大学よりは高くなっている。

第四に「④医科系単科大学（5大学）」は、学生数は平均１３００人と少ないが、支出規模は平均80億円であり、学生一人あたり経常経費は６００万円と、他のいずれのグループより突出して高くなっている。

第五に「⑤その他の単科大学（28大学）」は、「②複数分野を持つ総合大学」と「③看護医療系単科大学」をまたがるように分布しており、学生数は平均１０００人、支出規模は平均17億円、学生一人あたり経常経費は１６０万円となっている。第⑤グループの中で学生数が２０００人以上の大学は都留文科大学、神戸市外国語大学、下関市立大学の３大学であり、いずれも文科系のみの学部を持つ大学である。

3　費用構造の想定（仮説の設定）

本章では、支出における「規模の経済性」および「範囲の経済性」に着目し、以下の費用構造を想定（以下では仮説と呼ぶ）し、分析をすることにする。ここで、本章における、「規模の経済性」および「範囲の経済性」は、以下のように定義する（数式による定義およびその度合いの計算方法は、本章補論を参照）。

まず、「規模の経済性」が存在するとは、規模が大きくなるほど、費用の伸びが逓減する傾向を示し、言い換えると、規模で基準化した費用が減少することを指す。その場合、規模あたりの費用（平均費用）は、限界的に規模を拡大した場合の増分費用（限界費用）よりも、大きくなる。そこで、限界費用を平均費用で除した比率を、「規模の経済性」の指標と定義するとき、この比率が1であれば、費用の伸びは一定であり、「規模の経済性」は存在しない。この比率が1よりも小さければ、費用の伸びは逓減しており、「規模の経済性」が存在することになる。また、1よりも小さいほど、逓減のスピードは大きく、「規模の経済性」の度合いも大きいといえる。

次に、「範囲の経済性」が存在するとは、複数のアウトプットをひとつの主体がまとめて生産することで費用が削減できることを示す。複数の異なるアウトプットが存在する場合に、アウトプットを別々に生産するときの費用（Ａ）と、複数のアウトプットをひとつの主体がまとめて生産するときの費用（Ｂ）の差（Ａ－Ｂ）を用いて、（Ａ－Ｂ）／Ａを、「範囲の経済性」の指標と定義する。（Ａ－Ｂ）／Ａがプラスである場合、「範囲の経済性」が存在することになる。また、（Ａ－Ｂ）／Ａがプラスで大きいほど、「範囲の経済性」の度合いも大きいといえる[3]。

これらの定義の下、公立大学の費用構造として、以下の仮説を設定する。

〈仮説１：「規模の経済性」の存在〉

「教育、研究および全体に関して、「規模の経済性」が存在する」

教育、研究それぞれにおいて、固定費用はあると考えられるため、限界費用は平均費用よりも小さくなり、教育、研究および全体に関して「規模の経済性」が存在すると考えられる。

〈仮説２：「規模の経済性」と大学規模の関係〉

「「規模の経済性」の程度は、大学規模の拡大とともに大きくなる」

大学規模が大きい場合には、施設など固定費用の要素が多くなるため、限界費用は平均費用よりも、より小さくなり、「規模の経済性」の程度は、大学規模の拡大とともに大きくなると思われる。

〈仮説３：「範囲の経済性」の存在〉

「「範囲の経済性」は、教育活動については存在しないが、研究活動については存在する」

教育活動については、個別に行われるものも多く、「範囲の経済性」は見られない可能性が高いと思われる。一方で、研究活動については、施設の共同利用など、「範囲の経済性」が見られる可能性が高いと思われる。

以下では、上記の仮説を検証することとする。

4　推定モデルとデータ

以下の費用関数を設定し、費用構造を推定する。

$$C_{it}=\alpha_0+\sum_{k=1}^{3}\beta_k y_{kit}+\frac{1}{2}\sum_{k=1}^{3}\sum_{j=1}^{3}\gamma_{kj}y_{kit}y_{jit}+\delta w_{it}+\theta Q_{it}+\mu_i+\tau_t+\varepsilon_{it}$$

被説明変数 C_{it} には、t 年度における大学 i の経常経費（人件費および物件費の合計値で、臨時費および附属病院に係る経費を除く）の各年度決算額を採用する。

説明変数には、以下の変数を採用する。アウトプット（y_{kit}）は t 年度における大学 i のアウトプット k（k=1~3）を示している。アウトプット（y_{kit}）として、教育のアウトプット指標を２つ、研究のアウトプット指標を１つ設定する。[4] 教育のアウトプット指標については、地方交付税の基準財政需要額算定時の補正係数に適用される8つの学問種別に従い、医学系・歯学系・理科系・保健系学部・研究科に所属する自然科学分野の学生数（y_1）と、人文科学系・社会科学系・家政および芸術系学部・研究科に所属する人文社会科学分野の学生数（y_2）を、用いる。(5)(6)

研究のアウトプット指標については、妹尾（２００４）や中島ほか（２００４）、北坂（２０１１a、２０１１b）と同様に、科学研究費補助金額（y_3）を用いる。研究費はインプットの指標とも考えられるが、科学研究費補助金は、その採否および金額の水準がピアレビューを経て決定され、研究費の水準は研究成果をある程度予想するという点でアウトプットの代理指標としても妥当であると考えられる。加えて、日本の公立大学に関しては、人文科学系、芸術関連系統、生活関連系統、その他学際的な学部が全体に占める割合は3割を超えることから、今回の分析においては、人文科学系や学際的分野の研究成果をうまく捉えられない論文数や被引用数の利用は見送った。

最後に、生産要素価格（w）には、平均教職員給与を採用する。教育の質（Q）には、教育の質を可能な限りコントロールするため、教員あたり学生数比率を採用する。μ_iは大学の個体効果、τ_tは年度効果、ε_{it}は$\varepsilon_{it} \sim iid\ (0, \sigma^2)$を満たす誤差項である。分析には、２０１４年度から２０１８年度の５カ年パネルデータを用いる。データ未報告のケース等を考慮すると、分析対象となるデータ数はすべての期間で合計４３０である（各年度83～88大学）。データはすべて、公立大学協会『公立大学実態調査報告書（各年度版）』から入手し、金額データはＧＤＰデフレータで実質化している。データの記述統計量は表７－１にまとめられている。

表7－1　記述統計量

変数	単位	観測数	平均値	標準偏差	最小値	最大値
経常経費	百万円	430	3210.89	3563.61	307.45	20584.46
自然科学系学生数	十人	430	80.10	102.95	0	587
人文社会科学系学生数	十人	430	89.63	114.49	0	519
科学研究費補助金額	百万円	430	127.48	237.37	1.14	1176.05
平均教職員給与	百万円	430	9.94	1.74	4.52	19.38
学生教員比率		430	13.34	8.18	1.95	44.39
大規模総合大学ダミー		430	0.08	0.27	0	1
その他の総合大学ダミー		430	0.31	0.46	0	1
医科系単科大学ダミー		430	0.06	0.23	0	1
看護系単科大学ダミー		430	0.24	0.43	0	1

出所：筆者作成

5　公立大学における「規模の経済性」と「範囲の経済性」の推定

(1) 推定結果

推定結果は表7－2に示されている。モデル（1）には、固定効果モデルの推定結果が示されている。[7]

また、高等教育分野では変量効果によるパネル分析が多く行われるため、モデル（2）として変量効果モデルの推定結果も併記する。モデル（3）は、モデル（2）に、図7－1で示した大学5類型のうち、大規模（5学部以上学生5000人以上）総合大学ダミー、その他（複数分野の学部）の総合大学ダミー、医科系単科大学ダミー、看護医療系単科大学ダミーを加えた推定結果である（ベースグループはその他の単科大学）。

表７－２　推定結果

被説明変数:経常経費	(1)		(2)		(3)	
	固定効果推定		変量効果推定			
			類型ダミーなし		類型ダミーあり	
自然科学分野の学生数	28.270	***	22.200	***	23.340	***
	(8.880)		(2.775)		(2.735)	
人文社会科学分野の学生数	24.650	***	13.860	***	16.420	***
	(8.852)		(2.572)		(3.065)	
科学研究費補助金	1.144		5.644	***	1.321	
	(1.605)		(1.575)		(1.269)	
自然科学分野の学生数の二乗	−0.223	***	−0.133	***	−0.134	***
	(0.061)		(0.022)		(0.024)	
人文社会科学分野の学生数の二乗	-0.121	*	-0.041	**	-0.055	***
	(0.063)		(0.018)		(0.019)	
科学研究費補助金の二乗	−0.053		−0.009	**	−0.010	***
	(0.005)		(0.004)		(0.004)	
自然科学分野の学生数*人文社会科学分野の学生数	0.091		0.135	***	0.105	**
	(0.122)		(0.041)		(0.047)	
自然科学分野の学生数*科学研究費補助金	0.062	***	0.064	***	0.073	***
	(0.015)		(0.013)		(0.012)	
人文社会科学分野の学生数*科学研究費補助金	−0.050	***	−0.050	***	−0.029	**
	(0.015)		(0.012)		(0.014)	
学生教員比率	-45.36	***	-39.40	***	-38.10	***
	(12.360)		(7.597)		(6.677)	
平均教職員給与	70.85	**	57.61	*	63.85	**
	(30.03)		(29.57)		(29.65)	
大規模総合大学ダミー					1,048	
					(994.5)	
その他の総合大学ダミー					-182.3	
					(232.5)	
医科系単科大学ダミー					3,281	***
					(737.6)	
看護医療系単科大学ダミー					-369.0	**
					(153.3)	
定数項	-48	**	-48,304	**	-52,749	***
	(18.972)		(22,049)		(23,005)	
年度効果	○		○		○	
F test	65.32	***				
LM test			671.46	***	590.78	***
Hausman test	150.23	***				
within R^2	0.408		0.313		0.326	
between R^2	0.043		0.936		0.959	
overall R^2	0.042		0.933		0.957	
Observations	430		430		430	
Number of id	88		88		88	

Robust standard errors in parentheses
*** $p<0.01$, ** $p<0.05$, * $p<0.1$

注１：***、**、*はそれぞれ1%、5%、10%有意水準で有意であることを示す。
注２：カッコ内は不均一分散に対して頑健な標準誤差を示す。
出所：筆者作成

モデル（1）の推定結果では、自然科学分野の学生数および人文社会科学分野の学生数ともにプラスに有意な係数が得られた。科学研究費補助金の係数の符号はプラスであるものの、非有意となっており、科学研究費補助金の変動は個体効果に吸収されている可能性がある。アウトプットの二乗項および交差項の係数は、一部有意に推定されていないが、これらを考慮しない線形モデルでの推定結果と比較すると、二乗項および交差項の推定係数がすべてゼロであるという帰無仮説はF検定において有意水準1％で棄却された。要素価格の係数は想定どおりプラスで有意、学生教員比率の係数はマイナスに有意な結果となり、本務教員あたりの学生の係数が多いほど、経費は小さくなることがわかる。

それぞれの交差項目において、推定係数がプラスの場合は費用代替的、マイナスの場合は費用補完的であることを意味する。モデル（1）の推定結果によると、自然科学系教育と研究活動（自然科学分野の学生数＊科学研究費補助金）については費用代替的であり、人文社会科学系教育と研究活動（人文社会科学分野の学生数＊科学研究費補助金）については費用補完的であることがわかる。自然科学系教育と人文社会科学系教育（自然科学分野の学生数＊人文社会科学分野の学生数）については、推定係数の符号は費用代替性を示すが、モデル（1）では非有意な結果となった。日本の公立大学では、自然科学系教育と研究活動を同時に行うことで費用がより嵩んでいる可能性、一方で、人文社会科学系教育と研究活動を同時に行うことで費用が抑制されている可能性が考えられる。

この点に関連して、妹尾（2004）は、日本の理系国立大学では大学院教育が研究と費用代替的で、文系国立大学では逆に費用補完的であることを指摘している。本章の教育指標は学部教育も含むため単純な比較は難しいが、大学院教育に限れば、国立大学にも本章と類似する傾向が示唆される。

モデル（３）において、大学類型と費用の関係をみると、「その他の単科大学」と比較して医科系単科大学は33億円程度経常経費が大きく、逆に、看護系単科大学は３・７億円程度小さい。モデル（２）の推定結果と比較すると、研究の一次項の推定係数が有意でなくなっており、背景に、医科系単科大学ダミーや看護系単科大学ダミーと研究活動との相関が考えられる。推定係数の有意性はモデル（２）やモデル（３）が高いが、これらのモデルの推定係数にはバイアスが含まれる可能性があるため、以下ではモデル（１）の推定結果をベースに、公立大学の費用構造を検証していく。

モデル（１）の推定結果から得た、各アウトプットの限界費用および平均増分費用は、表７－３に示されている。値は、アウトプットの生産が平均的な水準（１００％）である場合をベースにして、生産規模が50％水準から２００％水準までを想定して算出している。なお、公立大学の形態は多様であり、Agasisti and Johnes（2010）が指摘するように、ここで示す「平均的な」規模の大学が必ずしも実在するわけではなく、数値はあくまで仮想的形態の大学の費用構造を示している。その点を念頭に置いた上で、限界費用および平均増分費用ともに、自然科学系教育が最も費用が高く、研究が最も費用が低いことがわかる。

自然科学系教育のほうが人文社会科学系教育よりも費用が高いことは、先行研究とも整合的である（Johnes and Johnes［2009］;Agasisti and Johnes［2010］）。人文社会科学系教育の費用に対する自然科学系教育の費用の比率をみると、平均的な生産規模水準では、限界費用が約１・３倍、平均

表７－３　限界費用と平均増分費用

アウトプット平均値との比率	限界費用(MC)			平均増分費用(AIC)		
	自然科学系教育(学生数)	人文社会科学系教育(学生数)	研究(科学研究費補助金)	自然科学系教育(学生数)	人文社会科学系教育(学生数)	研究(科学研究費補助金)
50%	23.35	19.47	0.93	27.82	22.18	1.10
100%	18.44	14.29	0.73	27.37	19.71	1.06
150%	13.52	9.11	0.52	26.92	17.25	1.02
200%	8.60	3.93	0.31	26.46	14.78	0.98

出所：筆者作成

増分費用が約１・４倍である。ともに大学の規模が大きくなるほど比率は大きくなり、２００％水準では2倍近くになる。

本章と異なって、学部教育・大学院教育・研究の３つをアウトプットとし、日本の国立大学を対象とした研究（中島ほか［２００４］）では、国立大学では限界費用および平均増分費用とも大学院教育が最も高く、研究が最も低いことが示されている。一方、私立大学を対象とした研究（Hashimoto and Cohn［1997］）では、最も費用が高い活動は大学院教育であるが、最も費用の低い活動は学部教育となっている。日本の公立大学において研究活動が最も費用効率的である点は、国立大学の傾向と類似する。

(2)「規模の経済性」と「範囲の経済性」

①　規模の経済性

モデル（１）の推定結果をもとに補論（４）～（７）式より求められた「規模の経済性」および「範

表７－４　規模および範囲の経済性

アウトプット平均値との比率	規模の経済性				範囲の経済性			
	全体	自然科学系教育（学生数）	人文社会科学系教育（学生数）	研究（科学研究費補助金）	全体	自然科学系教育（学生数）	人文社会科学系教育（学生数）	研究（科学研究費補助金）
50%	1.12	1.19	1.14	1.18	-0.01	-0.08	-0.01	0.03
100%	1.32	1.48	1.38	1.46	-0.02	-0.17	-0.01	0.07
150%	1.70	1.99	1.89	1.98	-0.03	-0.29	-0.02	0.11
200%	2.64	3.08	3.76	3.19	-0.05	-0.45	-0.03	0.18

注：「規模の経済性」の値は、平均増分費用/限界費用で計算されており、1の場合に、規模に関する収穫一定となる。1より大きければ、収穫逓減となり「規模の経済性」が存在する。1より大きいほど、その程度は大きい。また、「範囲の経済性」」の値は、複数のアウトプットを分離して生産した場合の費用が、同時に生産した場合の費用を上回った部分の費用を、同時に生産した場合の費用で除したものであり、プラスであれば分離して生産した場合の費用増分割合を、マイナスの場合は、費用節約割合を示す。
出所：筆者作成

囲の経済性」は、表７－４に示されている。

まず、「規模の経済性」について見てみよう。すべてのケースにおいて、１より大きい値が得られており、「規模の経済性」が認められ、その効果は大学規模が大きくなるほど大きくなっている。前述のように、日本の国立大学や私立大学でも、全体の「規模の経済性」が認められている。ただし、国立大学は、大学規模が大きくなるほど「規模の経済性」も大きくなる一方、私立大学は、大学規模が大きくなるほど「規模の経済性」は小さくなることが指摘されている（中島ほか［２００４］１００ページ）。本章の公立大学の分析結果は、私立大学ではなく国立大学の傾向と類似していると言える。

次に、公立大学の個々の活動についても、自然科学系教育、人文社会科学系教育、研究のすべての活動において「規模の経済性」が存在することが認められ、大学規模が大きくなるほど「規模の経済性」の程度が大きくなることが示された。自然科学系教育や研究の「規模の経済性」が相対的に大きいが、大学が200％以上の規模になると、人文社会科学系教育の「規模の経済性」が最も大きくなる。

わが国の公立大学は、個々の活動についても教育・研究全体の活動についても、生産量の拡大によって費用効率性を向上させる余地があると言える。また、規模拡大による費用効率性向上の効果は、大学が大規模になるほど大きくなることから、中島ほか（2004）が国立大学について示唆したように、公立大学についても大学統合といった政策は、財政面から支持されると考えられる。[8]

② 範囲の経済性

次に、「範囲の経済性」についてみてみよう。マイナスの数値が得られており、これは、複数のアウトプット指標を分離して生産した場合に費用が節約されることを意味している（マイナスの意味は、表7－4の注を参照）。したがって、公立大学には全体の「範囲の経済性」は存在しないことになる。これは、自然科学系教育・人文社会科学系教育・研究のすべてを同時に行うことが、それぞれ単独で行うことよりも費用効率性が高いとするエビデンスはないことを示している。したがって、全体の「範囲の経済性」がおおむね認められている国立大学や私立大学の結果とは対照的である。

個々の活動に関する「範囲の経済性」は、大学規模にかかわらず、自然科学系教育および人文社会科学系教育には確認されなかった。[9] これは、すべての活動を同時に行うのではなく、自然科学系教育だけを分離させて人文社会科学系教育と研究だけを行うことや、人文科学系教育だけを分離させて自然科学系教育と研究だけを行うことも、費用効率性の観点からの弊害は少ないことを示唆している。また、特に自然科学系教育の「範囲の経済性」の値は大規模大学ほどマイナスに大きいことから、大学の規模が大きくなるほど、自然科学系教育を単体で行うことによる費用効率性の改善が示唆される。

他方で、研究については、プラスの数値が得られており、分離して生産した場合に費用が拡大することが示されている。したがって、「範囲の経済性」が存在することになる。これは、研究活動だけを単体で行うよりも、教育活動と研究活動を同時に行う形態が、費用効率的であることを示唆している。

また、規模の拡大に伴い値が大きくなることから、大学規模が大きくなるほど、研究は教育とともに行うことが費用効率性の面から支持される。この点は、日本の国立大学の分析結果とも一致する。国立大学においても、特に研究活動における「範囲の経済性」は大きく、大学規模の拡大とともに大きくなる点が強調されている（中島ほか［２００４］および妹尾［２００４］）。

他方、私立大学とは対照的である。私立大学においても研究の「範囲の経済性」は存在するものの、その効果は大学規模の拡大とともに小さくなっている（Hashimoto and Cohn［1997］）。

わが国の公立大学は、自然科学系あるいは人文社会科学系の学問分野に特化した単科大学が多いが、本章の分析結果によると、公立大学のこのような形態は、規模の要素を取り除けば、学系の視点では、費用効率性の面から支持されると言えよう。大学統合や学部・学科等の再編においては、自然科学系（医学系・歯学系・理科系・保健系）あるいは、人文社会科学系（人文科学系・社会科学系・家政および芸術系）それぞれの領域内での統合や拡大が、費用効率性の観点からは支持される。

ただし、それぞれの領域内での統合や拡大を実現させる場合においても、研究は教育と分離させずに並行して行うことが望ましい。

6　公立大学の費用構造と制度設計の方向性

本章では、公立大学の組織構成と費用負担の関係を記述的に検証した上で、「規模の経済性」および「範囲の経済性」の観点から、公立大学の費用構造を分析した。具体的には、2014－2018年度の5カ年にわたる公立大学の経常経費について、「規模の経済性」および「範囲の経済性」の実態を検証した。分析の結果、以下のことが明らかとなった。

まず、「規模の経済性」については、自然科学系教育、人文社会科学系教育、研究のいずれに関しても個々の活動の「規模の経済性」が認められ、全体の「規模の経済性」も確認された。また、「規模の経済性」の効果はいずれも、大学規模の拡大とともに大きくなることが示された。このことは、わが国の公立大学が現状として規模による経済効率性を有しており、規模の拡大が費用効率性の向上に寄与することを意味する。ここから、大学統合などによる大規模化は、費用効率性の観点からは、支持される。

また、「範囲の経済性」については、教育に関しては認められない一方、研究については、認められた。このことは、人文社会科学系教育と研究への特化や、自然科学系教育と研究への特化という公立大学の形態や再編は、費用効率性の観点から支持される。しかし、いずれの領域であっても、教育から研究だけを分離させることは、費用構造的に非効率な状態となる可能性がある。

公立大学は、義務教育とは異なり、都道府県を越える広域マーケットをターゲットとできるものの、今後、人口減少が進むにつれ、地域間においてターゲットとなる大学生数にも差が生まれ、公立大学の財務運営に与える影響も異なってくると考えられる。分析結果からは、「規模の経済性」が存在することにより、人口減少により学生数を減らすことになれば、学校教育における大学生一人あたり費用は上昇することが示唆されたが、その影響は、「範囲の経済性」を通じても生じてくると思われる。結果として、人口減少が大学生一人あたり教育費の増加を通じて公立大学の財務運営に与える影響も、地域間で異なってくると推察される。

今後の公立学校の財務運営においては、多様な視点からの分析・判断が必要となることを前提としつつも、「規模の経済性」および「範囲の経済性」を意識して、費用負担の効率化という視点から、公立大学の組織構成のあり方を考えることも重要であろう。

人口減少下においても費用効率性を悪化させないためには、公立大学は地元県・市の学生の確保を前提としつつも広域的に国内外から学生を集客することや、大学間の連携や再編なども、一つの効果策であろう。地域に根差す公立大学が自律的に行動し、財務的にも自立できるように、国は自治体に対して、公立大学の組織について新たな挑戦を促す地方財政措置を検討することも有用であろう。

また、第６章での議論と同様に、今後の公立大学の制度設計のあり方を費用面から考える上では、その費用構造の実態をデータで把握することは欠かせない。費用を効率化し、その分を教育研究の質向上に向けた予算へ振り分けるなどの方向性を考える上でも、本章で行った学系別および研究別の「規模の経済性」・「範囲の経済性」に関する実態把握は貴重な情報を提供する。

補論　複数のアウトプットが存在する場合の「規模の経済性」と「範囲の経済性」

本補論では、本章3節で提示した「規模の経済性」および「範囲の経済性」に関して、その数式による定義を提示する。本章では、この数式により、それぞれを計算している。

本章の分析対象である公立大学を、複数アウトプットを生産する経済主体とみなすと、公立大学の費用関数は以下のように定義される。

$$C=C(y,w) \tag{1}$$

ここで、Cは費用、$y=(y_1,...,y_K)$はK個のアウトプットのベクトル、$w=(w_1,...,w_L)$はL個の生産要素価格のベクトルを示す。複数アウトプットを持つ企業の費用構造分析は、Baumol *et al.*（1982）によって理論的に体系化された。

高等教育分野で「規模および範囲の経済性」を推定する場合には、二次関数型を用いた先行研究が圧倒的に多い。高等教育の費用関数を推定している42本の先行研究をサーベイしたZhang and

Worthington（2018）[10] によると、全体の75%の論文が二次関数型を採用していると指摘されている。（1）式に二次関数型の推定モデルを仮定すると、（2）式のように表される。

$$C(y,w)=\alpha 0+\sum_{i=1}^{K}\beta_i y_i+\frac{1}{2}\sum_{i=1}^{K}\sum_{j=1}^{K}\gamma_{ij}y_i y_j+\sum_{l=1}^{L}\delta_l w_l+\varepsilon \qquad (2)$$

ここで、$\alpha_0, \beta_i, \gamma_{ij}, \delta_l$は推定パラメータ、$\varepsilon$は$\varepsilon\sim iid(0, \sigma^2)$を満たす誤差項である。

規模および範囲の経済性は、Baumol *et al.*（1982）に従い、（2）式の推定パラメータを用いて評価する。

(1)　「規模の経済性」

まず、アウトプットの増分費用（Incremental Cost）が以下のように定義される。

$$IC_i(y,w)=C(y,w)-C(y_{K-i}, w) \qquad (3)$$

ここで、yはすべてのアウトプットのベクトル、wはすべての生産要素価格のベクトル、y_{K-i}はアウトプットi以外のすべてのアウトプットのベクトルを示す。したがって、アウトプットiの平均増分費用（Average Incremental Cost：以降ＡＩＣと表記）は以下のように定義される。

$$AIC_i(y,w)=\frac{IC_i(y,w)}{y_i} \tag{4}$$

よって、アウトプットiに関する「規模の経済性」（Product-specific Economies of Scale）が、以下のように定義される。

$$S_i(y,w)=\frac{AIC_i(y,w)}{\partial C/_{\partial yi}} \tag{5}$$

（5）式は、アウトプットがひとつの場合での「規模の経済性」の検証に用いられる平均費用と限界費用の比率に相当する。つまり、$Si(y,w)$が1より大きい場合、アウトプットiについて「規模の経済性」が存在し、1より小さい場合には存在しないと言える。

なお、「全体の規模の経済性」（Ray Economies of Scale）は、以下のように定義される。

$$S_R(y,w)=\frac{C(y,w)}{\sum_{i=1}^{K} y_i(\partial C/\partial y_i)} \tag{6}$$

（6）式において、$S_R(y, w)$が1より大きい場合、アウトプットiについて「規模の経済性」が存在し、1より小さい場合存在しないと言える。

(2)「範囲の経済性」

次に、「範囲の経済性」は、複数のアウトプットをひとつの主体がまとめて生産するときの費用と、それらのアウトプットを別々に生産するときの費用を比較することで評価できる。アウトプットが3種類以上ある場合は、アウトプットごとの「範囲の経済性」（Product-specific Economies of Scope）と全体の「範囲の経済性」（Global Economies of Scope）の2種類の「範囲の経済性」を求めることができる。アウトプットごとの「範囲の経済性」は、次のように定義される。

$$SC_i(y,w)=\left[C(y_i,w)+C(y_{K-i},w)-C(y,w)\right]/C(y,w) \qquad (7)$$

ここで、$C(yi,w)$は、第i番目のアウトプットのみを生産したときの費用を、$C(y_{K-i},w)$は、第i番目のアウトプット以外のすべてのアウトプットを合わせて生産したときの費用を示す。（7）式において、$SC_i(y,w)>0$となる場合、第i番目のアウトプットだけを取り出して個別主体に生産させ、それ以外のすべてのアウトプットを元の主体が生産するほうが、元の主体がすべてのアウトプットを同時に生産するよりも費用が高くなることを示すことから、アウトプットiに関して「範囲の経済性」が存在すると言える。

また、「全体の範囲の経済性」は、以下のように定義される。

$$S_G(y,w)=\left[\sum_{i=1}^{K}C(y_i,w)-C(y_i,w)\right]/C(y,w) \qquad (8)$$

（8）式において、$S_G(y,w) > 0$となる場合、すべてのアウトプットをそれぞれ個別に生産するほうが、すべてのアウトプットを同時に生産するよりも費用が高くなることを示し、全体の「範囲の経済性」が存在すると言える。また、$S_G(y,w)$の大きさは、すべてのアウトプットを同時に生産する場合の費用に占める、すべてのアウトプットをそれぞれ個別に生産する場合の費用の増分割合を示している。

【第7章　注】

（1）本章は、宮錦（2021）をベースに、大幅に加筆修正したものである。

（2）最近の代表的な動きとして、2019年4月に公立大学法人大阪市立大学と公立大学法人大阪府立大学が統合して公立大学法人大阪が設立され、2022年度に大阪公立大学が設置された。

（3）アウトプットが3種類以上ある場合は，アウトプットごとの「範囲の経済性」（Product-specific Economies of Scope）と全体の「範囲の経済性」（Global Economies of Scope）の2種類の「範囲の経済性」を求めることができる。

（4）公立大学の運営財源には地域住民の税金が投入されており、第三のミッションとして，「地域貢献」という役割が国立大学や私立大学よりも強く期待される。本分析では、就職者のうち大学所在地と同一の都道府県内へ就職した者の割合を地域貢献指標の候補としてモデルに考慮したが、有意な結果を得られず採用を見送った。

（5）先行研究では、学問分野別学部学生数と院生数を分ける場合も多く、本章の分析過程でも試みたが、推定係数はいずれも非有意であり、生産物が増えることで多重共線性の問題が深刻となったため、採用を見送った。

（6）ここで、教育のアウトプット指標には、学生数よりも、留年や中退をカウントしない卒業生を採用するほうが望ましい可能性も考えられる。『公立大学実態調査報告書』では2015年度から退学率のデータが所収されているが、一部欠損値がみられることと、本章の分析期間に対応しないため、採用を見送った。この点について、2018年度のデータベースから、8つの学問種別に退学率（標準修業年限前の入学者数に占める退学者の割合）の平均値をそれぞれ導出すると、理科系の3・9パーセントが最も低く、家政・芸術系の4・6パーセントが最も高かった。ここから、全体の退学者は多くないことと、学問種別間の差は大きくないことを確認している。

（7）固定効果モデルと変量効果モデルを選択する検定（ハウスマン検定）の結果では、固定効果モデルが採択されている。

（8）「規模の経済性」のアウトプットの指標が類似している海外の事例と比較すると、英国では、人文社会科学系教育（学部）にも自然科学系教育（学部）にも「規模の経済性」は確認されていない（Johnes and Johnes [2009]）。イタリアでは、人文社会科学系教育（学部）では確認されたものの、それ以外のいずれの活動（自然科学系教育、研究、大学院教育）でも「規模の経済性」は認められず、イタリアの公立大学の規模はすでに大きすぎると指摘している（Agasisti and Johnes [2010]）。国ごとに事情が異なることがわかる。

（9）イタリアの公立大学でも同様の結果が示されている（Agasisti and Johnes [2010]）。

（10）複数生産物を想定した高等教育機関の費用関数を推定し、規模・範囲の経済性を検証している42本の先行研究の結果からメタ回帰分析を行い、規模・範囲の経済性の有無および水準に与える要因を検証している。

あとがき

教育は、多くの人にとって身近な問題であるとともに、多様な学問分野における研究対象となっている。経済学においては、効率性および公平性を確保する観点から、公的部門による教育サービスの供給が求められるものの、その供給をめぐっては、ともすれば、財政負担の規模の多寡に注目がおよびがちである。小中学校における少人数クラスやＩＣＴ教育の推進、高等学校や大学における授業料負担軽減など、時代や社会の変化とともに、教育政策に求められる内容は変化する。しかし、それぞれの教育政策に、どれだけのコストがかかっているのかという点は一般に見えにくく、そのコストを誰がどのように負担しているのか、今後、誰が責任を持ってその財源を確保していくべきかという議論は、十分になされていない。すでに実施された教育政策の評価についても、費用対効果の面から客観的に検証され、一般に広く共有されているとは言えない。

教育支出の費用負担のあり方を議論し、費用対効果の検証を進めるうえで、公的部門による教育サービスがどのような制度（資金配分とガバナンス）のもとで供給されているのか、すなわち、教育の財政構造の理解は欠かせない。本書では、教育の財政制度の実態を示すとともに、公共経済学の視点から、そのあり方を検討してきた。

教育の財政構造を把握するうえで、本書では公的教育機関への機関補助のあり方に着目した。その際、誰が財源を措置し、権限とそれに伴う責任を負うのかという点が、今後の費用負担を考える際に重要となることから、財政的に直接関与している政府部門ごとに教育機関を取り上げている点が、これまでにない特徴となっている。本書では、国立大学・公立小中学校・公立大学を対象として、費用・財源面から、それぞれの財政制度の実態を明らかにし、制度に潜むインセンティブ構造を検証した。加えて、公立小中学校・公立大学については、実証分析を通じて教育サービス供給における費用構造のエビデンスを提示した。このような教育財政における財政構造の多面的な把握は、これまでなされておらず、本書の貢献と言えよう。

本書は、効率的・効果的な教育政策を実現していくための財政構造の制度設計を考える上で、以下の重要な視点を提示している。

国立大学の財源構造に関しては、アウトプット・アウトカム重視の流れにおいて、研究は短期的に成果が出るわけではないという点も考慮し、一定期間は安定的に予算措置し、その後は客観的なアウトプット・アウトカム評価を通じた予算配分の仕組みを制度設計に活かしていくという視点が重要である。客観的なアウトプット・アウトカム評価を通じた予算配分を採用するにおいても、それが大学の経営改革や教育研究活動に対する努力インセンティブを引き出せるような仕組みであることが重要であり、同時に、仕組みと成果との因果関係の検証も求められる。

公立小中学校および公立大学の財源構造に関しては、各運営主体のインセンティブの作用やモラルハザードの発生状況を踏まえたうえで、効率的な制度設計が求められる。

また、人口減少下においても費用効率性を悪化させないために、「規模の経済性」や、公立大学に関しては教育と研究の「範囲の経済性」を意識し、大学間連携・再編などを促す制度設計も有用である。

さらに、義務教育においては、効率性を追求する一方で、地域間での質の格差など、公平性が保たれない状況は回避すべきであり、全国での教育の質と格差の実態を把握し、義務教育の効率性と公平性を保持できる制度設計である必要がある。

最後に、本書で取り扱えなかったが、教育の財政制度を考えるうえでの重要な課題を明示し、締めくくることにしたい。第一は、公平性の議論に寄与する実証分析である。費用効率性に関する実証分析に加え、これまで行われてきた公平性の視点からの教育政策が、費用負担のあり方にもたらした結果についても検証が求められよう。第二は、私立学校・大学等への補助金に関する研究である。これらの私的教育機関への機関補助についても、教育財政の視点から、その制度の実態把握と、費用構造の実証分析が求められよう。第三は、個人への給付金などの「間接的な財政関与」に関する研究である。私的な便益の観点から、教育経済学の分野で研究の蓄積が進んでいるが、教育財政の視点から資金の流れを把握したり、費用構造を分析したりする研究は限られている。今後、効率性および公平性の両面からのエビデンスの構築が求められよう。

著　者

巻末資料　「経済財政運営と改革の基本方針」における教育政策の概要

本資料は、これまでの過去10年の「経済財政運営と改革の基本方針」（２０１３－２０２３年）において、第1章で取り上げた、本書で取り扱う各トピックに関して述べられている部分を抜粋したもの（本書で扱うトピックと関わる部分にラインを付けている）である。このようなかたちで抜粋された資料は存在しないため、国の財政面からの教育方針を学ぶ上では役に立つ（なお、２００９年9月から２０１２年11月までは、民主党政権であったため、基本方針は作られていない）。

A　経済財政運営と改革の基本方針２０１３について　平成25年6月14日

(1)　教育再生の推進と文化・スポーツの振興

（教育再生）

「教育基本法」の理念を始め、教育再生実行会議の提言を踏まえつつ、第2期教育振興基本計画等に基づき、人材養成のための施策を総合的に行い、教育再生を実行する。世界トップレベルの学力の達成等に向け、英語教育・理数教育・ＩＣＴ教育・道徳教育・特別支援教育の強化など社会を生き抜く力の養成を行う。意欲と能力に富む若者の留学環境の整備や大学の国際化によるグローバル化等に対応する人材力の強化や高度外国人材の活用、ガバナンスの強化による大学改革とその教育研究基盤の確立を通じた教育研究の活性化など、未来への飛躍を実現する人材の養成を行う。就学支援を行うとともに高校無償化制度の見直しを行う。幼児教育の無償化に向けた取組を財源を確保しながら段階的に進める。その際、少子化の進展も踏まえエビデンスに基づき効果的・効率的に施策を進め、ＰＤＣＡを確実に実施する。

(以下省略)

B　経済財政運営と改革の基本方針２０１４について　平成26年6月24日

(教育再生)

経済成長の源泉は「人」であり、経済再生のためにも教育再生が重要である。「教育基本法」の理念の実現に向け、教育再生実行会議の提言を踏まえつつ、「第2期教育振興基本計画」等に基づき、学制改革に関する検討を進めるなど、総合的に教育再生を実行する。世界トップレベルの学力と規範意識の達成を目指すとともに、知識だけでなく、思考力・判断力・表現力など社会を生き抜く力、我が国の伝統や文化についての理解、社会の責任ある一員として必要な公共心の養成を行う。今後、少子化が更に進展する中、教育の「質」をより重視した取組を強化する。そのため、少子化の見通しも踏まえ教職員の計画的採用を進めつつ、教職員の質的向上や指導力の強化を推進する。学校規模の適正化に向けて、距離等に基づく学校統廃合の指針について、地域の実情も踏まえつつ見直しを進める。また、専門人材やＩＣＴの活用等により効率的に教育の充実を図る。大学の徹底した国際化、理工系人材の育成、教育研究基盤の確立などにより、グローバル化等に対応する人材の養成を行うとともに、大学改革を推進する。国立大学法人について評価と運営費交付金の配分の在り方を抜本的に見直し、教育研究の質の向上に努力した大学に対して重点的・戦略的配分を行う仕組みを検討する。また、大学による厳格な成績評価や卒業認定の厳格化を進める。さらに、学生の教育費負担に配慮しつつ、産業界・大学双方の連携により奨学金等の支援拡充や授業内容の充実を図るとともに、各国立大学が一定の範囲内で授業料を適切に設定して教育研究の質の向上を図る取組や、各大学における授業料免除などの学生支援の取組等を充実する。地域の大学において、各地域の得意分野を活かす優れた教育研究拠点を創設・選定し、特色ある人材育成を図る。また、奨学金、授業料減免等の就学支援を推進する。さらに、高度な職業教育のための専門学校支援を推進する。「第2期教育振興基本計画」等に基づき、幼児教育の無償化に向けた取組を財源を確保しながら段階的に進める。

（以下省略）

C　経済財政運営と改革の基本方針2015について　平成27年6月30日

（教育再生）

経済成長の源泉は「人」であり、教育を通じた人材育成は極めて重要な先行投資である。「教育基本法」の理念の実現に向け、教育再生実行会議等の提言を踏まえつつ、「第2期教育振興基本計画」等に基づき、総合的に教育再生を実行する。

幼児教育は人格形成の基礎を培うものであり、重要な政策課題として総合的にその振興に取り組む。家庭の教育費負担軽減の観点から、「少子化社会対策大綱」等も踏まえ、幼児教育の無償化に向けた取組を財源を確保しながら段階的に進めるとともに、無利子奨学金の充実や授業料等負担の軽減に取り組む。

世界トップレベルの学力達成と基礎学力の向上に向け、社会を生き抜く力の養成を図りつつ、アクティブ・ラーニングの促進や教職員の質的向上など指導力の強化を進めるとともに、組織的に教育力を向上させる「チーム学校」の考えの下、多様な専門人材の活用や関係機関との連携、特別支援教育等を推進する。

海外留学・外国人留学生受入れ促進など大学の徹底した国際化、高校教育・大学教育と入学者選抜を通じた高大接続改革、成績評価・卒業認定の厳格化等を推進する。実践的な職業教育を行う高等教育機関の制度化を進めるとともに、キャリアの見直しの機会等を提供しつつ、職業教育や社会人の学び直しを推進する。

地域コミュニティの核としての学校の役割を踏まえ、学校統廃合、統合困難な小規模校等の活性化、休校した学校の活用・再開に関する支援など、少子化に対応した活力ある学校づくりをきめ細かく支援する。

（以下省略）

D　経済財政運営と改革の基本方針２０１６について　平成28年6月2日

⑴　生産性革命に向けた取組の加速

①　人材育成

実践的な職業教育を行う新たな高等教育機関の制度化の検討、世界トップレベルの人材を輩出する卓越大学院（仮称）の具体化、高等専門学校教育の高度化など、教育研究拠点を強化するとともに、卓越研究員制度等による、初等中等教育段階からトップレベルの研究者に至るまでの体系的な人材の育成・確保策を講ずる。

②　教育の再生

教育は強い経済の形成の基盤であり、重要な先行投資である。教育基本法の理念の実現に向け、教育再生実行会議の提言を踏まえつつ、「第２期教育振興基本計画」に基づき、総合的に教育再生を実行する。

世界トップレベルの学力達成と基礎学力の向上に向け、アクティブ・ラーニングの視点による学習を促進しつつ、家庭の経済事情、障害、いじめ・不登校、日本語能力の不足など様々な制約を克服し、子供が社会において自立できる力を育成する。このため、学校の指導体制等の充実・確保や教員の資質能力の向上、専門スタッフ等の参画も得たチーム学校の運営体制の構築、学校と地域の連携・協働を一体的に推進する。また、創造性の育成、特別支援教育など多様な個性が長所として活かされる教育、教育の情報化、幼児教育の振興に取り組む。さらに、安全・安心な学校施設整備を推進する。

海外留学・外国人留学生や外国人研究者の受入れ促進を通じた大学の徹底した国際化、高大接続改革を進めるとともに、職業教育や社会人の学び直しを推進する。

幼児教育の無償化に向けた取組を財源を確保しながら段階的に進めるとともに、無利子奨学金の充実や新たな所得連動返還型奨学金制度の導入を進める。また、給付型奨学金について、世代内の公平性や財源などの課題を踏まえ創設に向けて検討を進め、本当に厳しい状況にある子供たちへの給付型支援の拡充を図る。さらに、授業料等負担の軽減に取り組む。

（以下省略）

E　経済財政運営と改革の基本方針2017について　平成29年6月9日

(2)　人材投資・教育

①　人材投資の抜本強化

世代を超えた貧困の連鎖を断ち切り、子供たちの誰もが、家庭の経済事情にかかわらず、未来に希望を持ち、それぞれの夢に向かって頑張ることができる社会を創る。また、誰もが生きがいを持ってその能力を存分に発揮できる一億総活躍社会を実現する。その際、教育が果たすべき役割は極めて大きい。

小中学校9年間の義務教育制度、無償化は、まさに、戦後の発展の大きな原動力となった。70年の時を経て、社会も経済も大きく変化した現在、多様な教育について、全ての国民に真に開かれたものとしなければならない。その第一歩として、幼児教育・保育の早期無償化や待機児童の解消に向け、財政の効率化、税、新たな社会保険方式の活用を含め、安定的な財源確保の進め方を検討し、年内に結論を得、高等教育を含め、社会全体で人材投資を抜本強化するための改革の在り方についても早急に検討を進める。

②　教育の質の向上等

世界トップレベルの学力達成と基礎学力の向上に向け、新学習指導要領の円滑な実施のための体制を整備するとともに、障害、いじめ・不登校、日本語能力の不足など様々な制約を克服し、子供が社会において自立できる力を育成する。教員の厳しい勤務実態を踏まえ、適正な勤務時間管理の実施や業務の効率化・精選を進めるとともに、学校の指導・事務体制の効果的な強化・充実や勤務状況を踏まえた処遇の見直しの検討を通じ、長時間勤務の状況を早急に是正することとし、年末までに緊急対策を取りまとめる。また、チーム学校の運営体制の構築、学校と地域の連携・協働、情報活用能力の育成を含む教育の情報化、幼児教育の振興、安全・安心な学校施設整備を推進する。在外教育施設における教育環境機能の強化を図る。さらに、障害者の生涯を通じた学習活動の充実を図る。

教育へのアクセス向上のため、幼児教育について財源を確保しながら段階的無償化を進めるとともに、高等教育について、進学を確実に後押しする観点から、新たに導入した給付型奨学金制度及び所得連動返還型奨学金制度の円滑かつ着実な実施、無利子奨学金や授業料減免等、必要な負担軽減策を財源を確保しながら進める。

また、大学教育の質の向上を図るため、教育課程等の見直し、教育成果に基づく私学助成の配分見直し、大学教育の質や成果の「見える化」・情報公開、成績評価等の厳格化等を推進し、知の基盤強化を図る。また、外部人材の登用の促進、ガバナンス改革など経営力強化のための取組を進める。少子化や経済社会の変化等を踏まえ、大学の組織再編等を促進するため、設置者の枠を超えた大学の連携・統合を可能とする枠組みや、経営困難な大学の円滑な撤退や事業承継が可能となる枠組みの整備に向けた検討を進める。

卓越大学院プログラム（仮称）の具体化や高等専門学校教育の高度化による教育研究拠点の強化

や卓越研究員制度等による人材の育成・確保等を進める。また、海外留学支援や外国人留学生・研究者の受入れの促進を通じた大学の国際化を進める。
あわせて、人材投資を効果的に行うために必要な教育基盤の確立に向けて、教育再生実行会議の提言も踏まえつつ、新たな教育振興基本計画を年度内に策定し、総合的な取組を推進する。
(以下省略)

F　経済財政運営と改革の基本方針2018について　平成30年6月15日

1．人づくり革命の実現と拡大

(1) 人材への投資

① 幼児教育の無償化

(省略)

② 高等教育の無償化

高等教育の無償化の具体的措置については、次のとおりとする。

(無償化の対象範囲)

第一に、住民税非課税世帯(年収270万円未満)の子供たちに対する授業料の減免措置については、国立大学の場合はその授業料を免除し、公立大学の場合は、国立大学の授業料を上限として対応を図る。また、私立大学の場合は、国立大学の授業料に加え、私立大学の平均授業料と国立大学の授業料の差額の2分の1を加算した額までの対応を図る。1年生に対しては、入学金について、国立大学の場合は免除し、公立大学の場合は国立大学の入学金を上限とした措置とする。私立大学の場合は私立大学の入学金の平均額を上限とした措置とする。短期大学、高等専門学校、専門学校は、大学に準じて措置する。

第二に、給付型奨学金については、住民税非課税世帯の子供たちを対象に、学生が学業に専念するため、学生生活を送るのに必要な生活費を賄えるよう措置を講じることとする。対象経費は、他の学生との公平性の観点を踏まえ、社会通念上妥当なものとすることとし、具体的には、日本学生支援機構「平成24年度、26年度、28年度学生生活調査」の経費区分に従い、修学費、課外活動費、通学費、食費（自宅外生に限って自宅生分を超える額を措置）、住居・光熱費（自宅外生に限る）、保健衛生費、通信費を含むその他日常費、授業料以外の学校納付金（私立学校生に限る）を計上、娯楽・嗜好費を除く。あわせて、大学、短期大学、高等専門学校、専門学校（以下「大学等」という）の受験料を計上する。なお、高等専門学校については、寮生が多く学生生活費の実態が他の学校種と乖離しているため、その実態に応じた額を措置する。全体として支援の崖・谷間が生じないよう、住民税非課税世帯に準ずる世帯の子供たちについても、住民税非課税世帯の子供たちに対する支援措置に準じた支援を段階的に行う。具体的には、年収３００万円未満の世帯については住民税非課税世帯の子供たちに対する授業料減免及び給付型奨学金の3分の2、年収３００万円から年収３８０万円未満の世帯については3分の1の額の支援を行い、給付額の段差をなだらかにする。

在学中に学生の家計が急変した場合については、急変後の所得に基づき、支援対象者の要件を満たすかどうかを判定し、支援措置の対象とする。

③　大学改革

（各大学の役割・機能の明確化）

大学教育の質の向上を図るためには、各大学の役割や特色・強みの明確化を一層進めることが必要である。国立大学については、一部始まっている機能別支援の枠組みを活用して、各々の大学の具体的方向性を明らかにする。私立大学については、各大学が人材育成の3つの観点（世界を牽引する人材、高度な教養と専門性を備えた人材、具体的な職業やスキルを意識した高い実務能力を備えた人材）を踏まえた選択を行うとともに、役割・機能の明確化を加速する支援の枠組みを設ける。

（大学教育の質の向上）

社会の現実のニーズに対応したカリキュラム編成が行えるよう、外部の意見を反映する仕組みづくりが必要である。このため、社会の最前線で実務に当たる人材が教員となる場合は、少ない持ち時間であっても専任教員とすることができる仕組みを学部段階に導入することにより実務経験のある教員を増やし、教授会などの運営にも参画する。また、教員を一つの学部に限り専任教員とする運用を緩和し、学内の人的資源を有効活用することによって社会の新たなニーズに柔軟に対応できる教育プログラムを実現する。授業内容や指導方法の改善を図る教員研修の充実のほか、シラバスの記載の充実、成績評価基準の明確化などについての教学面に係る指針を作成する。

（学生が身に付けた能力・付加価値の見える化）

大学卒業生の質の改善のため、大学に対して学生の学修時間、学修成果などの情報の公開を義務付け、学生が在学中に身に付けた能力・付加価値の見える化を図る。産業界においては、採用プロセスに当たり、「求める人材」のイメージや技能を具体的に示していくことや、大学が示す可視化された学修成果の情報を選考活動において積極的に活用していくことを経済団体を通じて各企業に促すとともに、企業が大学等における学修成果を重視しているとのメッセージを学生に対して積極的に発信する。

(経営力の強化)

大学に学外理事を複数名置くことは、高等教育の無償化の支援措置の対象となる大学の要件にもなっているが、経営力強化のためにも、産業界等の外部人材の理事への登用を一層進める必要がある。国立大学については、国立大学法人法を改正し、民間の外部人材を追加的に任命する場合に限り、その外部人材の人数は法定の理事数を超えて任命できるようにする。私立大学については、関係団体が定める自主行動基準(ガバナンス・コード)を通じて、学外理事を少なくとも複数名置くことを促進する。

(大学の連携・統合等)

大学の組織再編等を促進するため、国立大学においては、国立大学法人法を改正し、一法人の下で複数の大学を運営できる制度を導入する。私立大学については、学部単位での事業譲渡の円滑化や合併の促進など、連携統合や事業承継円滑化の環境整備を図る。あわせて、撤退を含め早期の経営判断を促す経営指導の強化、破綻手続の明確化を進める。

地方においては、地域の高等教育の在り方を議論する「地域連携プラットフォーム(仮称)」を地方大学等の高等教育機関、産業界、地方自治体が構築できるようにする。
これらの施策を進めるとともに、国公私立の枠を超えた大学の連携を可能とする「大学等連携推進法人（仮称）」の創設を検討する。

（高等専門学校、専門学校等における実践的な職業教育の推進）

実践的・創造的技術者を養成することを目的とする高等専門学校の高度化等を進めるとともに、大学・専門学校における専門教育プログラムの開発、専門職大学の開設により、実践的な職業教育を進める。

（中略）

5．重要課題への取組

(1) 規制改革の推進

(2) 投資とイノベーションの促進

① 科学技術・イノベーションの推進

② 教育の質の向上等

「第3期教育振興基本計画」や教育再生実行会議の提言に基づき、「Society 5.0」に向けた総合的な人材育成をはじめとした教育の質の向上に総合的に取り組む。新学習指導要領を円滑に実施するとともに、地域振興の核としての高等学校の機能強化、一人一社制の在り方の検討、子供の体験活動の充実、安全・安心な学校施設の効率的な整備、セーフティプロモーションの考え方も参考にした学校安全の推進などを進める。また、在外教育施設における教育機能の強化を図る。さらに、障害、いじめ・不登校、日本語能力の不足など様々な制約を克服し、チーム学校の実現、障害者の生涯を通じた学習活動の充実を図る。

学校現場での教員の勤務実態を改善するため、適正な勤務時間管理の徹底や業務の効率化・精選などの緊急対策を具体的に推進するとともに、学校の指導・事務体制の効果的な強化・充実や学校の実態に応じた教員の勤務時間制度の在り方などの勤務状況を踏まえた勤務環境の見直し、小学校における教育課程の弾力的運用についての検討を進める。

G　経済財政運営と改革の基本方針２０１９について　令和元年6月21日

（1）規制改革の推進

第2章　Society 5.0時代にふさわしい仕組みづくり

2．人づくり革命、働き方改革、所得向上策の推進

(1) 少子高齢化に対応した人づくり革命の推進

① 幼児教育・保育の無償化等

② 初等中等教育改革等

義務教育における基礎・基本の習得の上に、教育システムを複線型に転換し、多様性を追求できる仕組みづくりを進める。初等中等教育においては、児童・生徒に個別最適化された教育を効果的・効率的に実現するため、希望する全ての小・中・高等学校等で遠隔教育を活用できるよう、ＳＩＮ

ＥＴの活用モデルの提示をはじめとした教育の情報化を推進する。学校ＩＣＴ環境の整備状況に地方自治体間でばらつきが見られる中、国としてもその是正に努めつつ、個人情報の取扱いに適切に配慮した上で、教育データのデジタル化・標準化を進める。また、高等学校教育においては、特色ある教育を推進するための多様化・類型化などの普通科改革、高大連携、地域人材やグローバル人材の育成などの多様な高等学校教育の構築を進める。さらに、中途退学の未然防止の観点からの体制整備を図るとともに、中退者に対する切れ目ない支援を推進する。

改革を加速するため、「第3期教育振興基本計画」や教育再生実行会議の提言に基づき、教育課程、教員養成・免許・採用・研修制度等について総合的な検討を行い、２０２０年度中に結論を得る。

学校における働き方改革を実現するため、適正な勤務時間管理の徹底や業務の効率化・精選などの施策を推進するとともに、学校の指導・事務体制の効果的な強化・充実や、チーム学校の実現、教員の勤務時間の1年単位の変形労働時間制の導入に向けた取組を推進する。新学習指導要領が目指す教育の着実な実現、安全・安心な学校施設の効率的な整備、在外教育施設における教育機能の強化を図る。学校・家庭・地域の連携・協働を進めるとともに、セーフティプロモーションの考え方も参考にした学校安全、農山漁村体験など子供の体験活動の充実、ＳＮＳ等を活用したいじめ・自殺等の相談体制整備、不登校児童生徒の教育機会確保、外国人児童生徒等の教育、夜間中学の設置促進、一人一社制の在り方の検討、特別支援教育の推進、障害者の生涯を通じた学習活動を推進する。

③ 私立高等学校の授業料の実質無償化

２０２０年４月から、安定的な財源を確保しつつ、高等学校等就学支援金の支給上限額を引き上げることにより、年収５９０万円未満世帯を対象とした私立高等学校授業料の実質無償化を実現する。

④ 高等教育無償化

２０２０年４月からの高等教育無償化を円滑に実施するため、新制度の周知や予約採用を着実に実施し、支援対象学生の自立活躍に向けた状況を中心に、新制度の成果や実施状況の把握・検討を行う。独立行政法人日本学生支援機構について、そのために必要な業務の見直しなど機能強化を図る。こうした新制度の実施と併せて、大学改革や教育研究の質の向上、中間所得層における大学等へのアクセスの機会均等について注視・検討する。

⑤ 大学改革等

大学教育において、産学連携を推進しつつ、課題発見・解決力、未来社会の構想・設計力、論理的思考力と規範的判断力など、Society 5.0 時代に求められる能力の育成に向けた取組を強化する。このため、実務家教員の活用による社会の現実のニーズに対応した教育プログラムの実現、教学面に係る指針の作成・活用による各大学の取組の促進など、大学教育の質の向上を図る。

科学技術・イノベーション人材を育成するため、「ＡＩ戦略２０１９」に基づき、数理・データサイエンス・ＡＩ教育の抜本的充実などＳＴＥＡＭ教育の充実等を図る。若手研究者の支援への重点化をはじめとした人材育成支援を行う。

大学・大学院において、文理を横断したリベラルアーツ教育や社会のニーズに応える博士などの高度人材の育成を推進する。高等専門学校の機能の高度化、専門職大学や専門学校等における企業等と連携した実践的な職業教育を進める。学部・研究科などの組織の枠を超えた学位プログラムの制度化により、広さと深さを両立した新たな教育プログラムを推進する。大学や高等専門学校等の国際化を進める。

国立大学における一法人の下で複数の大学を運営できる制度の活用推進、私立大学における学部単位での事業譲渡の円滑化や合併の促進、国公私立の枠を超えた大学等の連携を可能とする「大学等連携推進法人（仮称）」の創設など、大学の連携・統合等を進める。

第3章　経済再生と財政健全化の好循環

2．経済・財政一体改革の推進等

(1) 次世代型行政サービスを通じた効率と質の高い行財政改革

(2) 主要分野ごとの改革の取組

④ 文教・科学技術

（基本的考え方）

新経済・財政再生計画並びに改革工程表に基づいて改革を順次実行に移す。少子化の進展を踏まえた予算の効率化と教育の質の向上に向け、教育政策における外部資源の活用やＰＤＣＡサイクルの徹底、教育研究の定量的成果等に応じた財政支援のメリハリ付けの強化を進める。

イノベーション創出の中核としての国立大学法人については、指定国立大学が先導して、世界の先進大学並みの独立した、個性的かつ戦略的大学経営を可能とする大胆な改革を可及的速やかに断行する。そのため、より高い教育・研究に向けた自由かつ公正な競争を担保するため、国は国立大学との自律的契約関係を再定義し、真の自律的経営に相応しい法的枠組みの再検討を行う。その際、現行の「国立大学法人評価」、「認証評価」及び「重点支援評価」に関し、廃止を含め抜本的な簡素化を図り、教育・研究の成果について、中長期的努力の成果を含め厳正かつ客観的な評価に転換する。また国は、各大学が学長、学部長等を必要な資質能力に関する客観基準により、法律に則り意向投票によることなく選考の上、自らの裁量による経営を可能とするため、授業料、学生定員等の弾力化等、新たな自主財源確保を可能とするなどの各種制度整備を早急に行う。

また各大学は、グローバル人材を糾合できる世界標準の能力・業績評価制度とそれに基づく柔軟な報酬体系を早期に確立させる。あわせて、現代の世界において英語が共通言語化されている状況を踏まえ、真に世界に伍していける大学実現に向け、日常的な英語による教育研究の早期実現を目指す。

また、イノベーション創出による社会的課題解決等の推進、科学技術政策のＥＢＰＭ化等を通じ、予算の質の向上を図る。官民を挙げて研究開発を推進することで、国民の生活の質の向上等に貢献する形でSociety 5.0 やイノベーション・エコシステムの構築等の実現を目指し、世界最高水準の「イノベーション国家創造」の実現につなげる。

（少子化の進展を踏まえた予算の効率化、ＰＤＣＡサイクルの徹底、教育の質の向上）

「第3期教育振興基本計画」に基づき、教育政策全般にわたるエビデンスに基づく実効性のあるPDCAサイクルを確立する体制の構築を進める。教育政策に関する質の高い実証研究や、客観的な証拠の開発に向け、大学生を対象とした調査を実施する。卒業後の状況、学修時間や学修成果、在学中に身に付けた能力・付加価値など、教育成果を客観的・定量的に把握し、エビデンスに基づく効果的・効率的な政策立案を図る。地方自治体や研究機関等のコンソーシアムの構築等により、全国学力・学習状況調査結果など自治体所有データの研究者等による利用の円滑化や当該自治体の教育政策への活用を進めるなど、国のみならず地方自治体の教育政策におけるPDCAサイクルの構築を推進する。あわせて、国の財政支援について、地方自治体の改革の取組や成果に応じて実施する仕組みとする。

頑張る大学の取組を後押しするため、国立大学法人運営費交付金について、教育研究に係る客観・共通指標による成果に基づく配分対象割合・再配分率を順次拡大するとともに、私学助成について、教育の質保証や経営力強化に向けたメリハリある配分の強化を図る。また、国立大学改革を加速するため、大学ガバナンスコードの策定、人事・給与・財務マネジメント改革、厳格な評価と資源配分の仕組みを強化していく。また、国立大学が自らの努力により財源を確保し教育研究に有効活用できるよう、余裕金の共同運用の仕組みの創設、留学生対象授業料に係る規制緩和、大型共同研究の促進や寄附の拡大などの多様な資金の獲得を進める。

H　経済財政運営と改革の基本方針２０２０について　令和２年７月17日

第３章　「新たな日常」の実現

３．「人」・イノベーションへの投資の強化―「新たな日常」を支える生産性向上

⑴　**課題設定・解決力や創造力のある人材の育成**

①　**初等中等教育改革等**

学校の臨時休業等の緊急時においても、安全・安心な教育環境を確保しつつ、全ての子供たちの学びを保障するため、少人数によるきめ細かな指導体制の計画的な整備やＩＣＴの活用など、新しい時代の学びの環境の整備について関係者間で丁寧に検討する。デジタル教科書・教材・コンテンツの開発・活用、外部人材の拡充・ネットワーク化等を通じ、国・地方が一体となってＧＩＧＡスクール構想を加速し、児童生徒１人１台端末、必要な通信環境の整備、効果的な遠隔・オンライン教育を早期に実現する。教師のＩＣＴ活用指導力の伸長、ＩＣＴ活用方法等の支援、学習成果重視への評価の転換、ＩＣＴの活用等を含めた特別支援教育、いじめ・不登校への対応、全ての児童生徒に対学の設置を促進する。豊かな感性・創造性を育む文化芸術や自然体験など子供の体験活動を推進する。

新学習指導要領におけるアクティブ・ラーニングや情報活用能力の育成、ＧＩＧＡスクール構想の効果検証・分析を不断に進め、新たな評価手法の確立、成果や課題の見える化、ＥＢＰＭやＰＤ

CAの取組も通じて、改革の徹底と質の向上を推進する。

② **大学改革等**

STEAM人材の育成に向けて、教育・研究環境のデジタル化・リモート化、研究施設の整備、国内外の大学や企業とも連携した遠隔・オンライン教育を推進するとともに、データサイエンス教育や統計学に関する専門教員の早期育成体制等を整備する。医工連携をはじめとする分野融合人材の育成、高等専門学校の高度化・国際化、専門職大学、専門学校、大学院等における企業等と連携・協働した社会のニーズに応える実践的な職業教育や博士課程教育をはじめとする高度人材教育の構築等を推進する。

優秀な人材を日本に惹きつける国際的な頭脳循環、トビタテ！留学JAPAN、大学間交流協定による単位互換や共同研究、教育プログラムの国際連携などを拡大する。

国立大学法人改革について、戦略的な大学経営を可能とする新たな法的枠組みを検討し、年内に結論を得る。国と新たな自律的契約関係を結ぶ国立大学法人は、グローバルな評価・処遇制度の下、人事の独立性を確保し、学生定員を自律的に管理、デジタル化を活かした質の高い教育を実践、リモート留学生・教員も含めたグローバルキャンパスを実現する。あわせて、戦略的経営を促す財務・会計の在り方等について具体的な検討を行う。国立大学法人運営費交付金の客観・共通指標による成果に基づく配分対象割合・再配分率を順次拡大しつつ、第４期中期目標期間の新たな配分ルールを検討する。大学の連携・統合の推進、地域に貢献する公立大学への地方財政措置を含めた支援の実施、私学助成のメリハリある配分の強化を図る。

感染症による影響を含め、高等教育無償化等の実施状況の検証を行い、中間所得層における大学等へのアクセス状況等を見極めつつ、その機会均等について検討する。

Ⅰ　経済財政運営と改革の基本方針2021について　令和3年6月18日

第2章　次なる時代をリードする新たな成長の源泉～4つの原動力と基盤づくり～

1．グリーン社会の実現

2．官民挙げたデジタル化の加速

3．日本全体を元気にする活力ある地方創り～新たな地方創生の展開と分散型国づくり～

4．少子化の克服、子供を産み育てやすい社会の実現

5．4つの原動力を支える基盤づくり

(1)　デジタル時代の質の高い教育の実現、イノベーションの促進

デジタル時代にふさわしい質の高い教育を実現するため、デジタル教科書の普及促進、小学校における35人学級や高学年の教科担任制の推進、外部人材の活用を図るなど、GIGAスクール構想と連動した教育のハード・ソフト・人材の一体改革を推進する。あわせて、通学時等を含む安全・安心な教育環境を整備しつつ、組織的・実証的な安全対策に取り組むセーフティプロモーションスクールの考え方を参考にした学校安全を推進する。人と人との触れ合いも大事にしながら、これらの取組を通じて個人と社会全体のWell-beingの実現を目指す。1人1台端末をフル活用し、データ

駆動型の教育への転換を図り、EdTech等も活用しながら、個々の教育的ニーズや理解度に応じた学習、ＳＴＥＡＭ教育等の教科等横断的な学習などを進め、「個別最適な学び」と「協働的な学び」を早急に実現する。

この中で、本年3月に明確化した方針に基づき、児童生徒等の発達の段階に応じてオンラインを活用して、時間・場所・教材等に制約されない質の高い教育を実現する。非認知能力の育成に向け、幼児期からの学びの基盤づくりを含む幼児教育の質の向上、様々な体験活動、読書活動を推進する。ＩＣＴも効果的に活用して、重大ないじめ・自殺、不登校等への対応、特別支援教育の質の向上と専門的人材の育成、在外教育施設の機能強化を図る。デジタル時代で求められる教師の役割や質の変化等に対応するため、外部人材の登用を含む教員免許制度等に関する抜本改革を検討し、結論が出たものは本年度内から見直す。高度人材教育や起業家教育を強化するため、企業等と連携・協働した教育プログラムの実施、高等専門学校の高度化・国際化、大学の学部段階における文理融合教育、キャンパスの共創拠点化を推進する。各地方自治体や企業等による奨学金返還支援を促進するとともに、貸与型奨学金について返還困難者に対する返還支援を着実に推進する。感染症による影響を含め、高等教育無償化等の実施状況の検証を行い、中間所得層における大学等へのアクセス状況等を見極めつつ、その機会均等の在り方について検討を促進する。

世界トップレベルの研究基盤の構築に向け、本年度中に運用を始める大学ファンドについて、経営と教学の分離の推進、外部資金の拡大等の参画大学の要件を年内に具体化するとともに、大学改革の制度設計等を踏まえつつ、10兆円規模への拡充について、本年度内に目途を立てる。研究の生産性を高めるため、研究ＤＸを推進するとともに、研究を支える専門職人材の配置を促進する。基礎研究を始めとする研究力の強化に向け、優れた研究者や留学生が世界中から集まる多様性に富んだ国際研究拠点の形成や国際共同研究等の充実により、感染症で停滞した国際頭脳循環を推進する。社会課題の解決に向け、研究成果を社会実装につなげるために、スタートアップの創出や産学官の共創によるイノベーション・エコシステムの全国的な形成を促進する。スタートアップを生み出し、その規模を拡大する環境の整備を進めるため、兼業の仕組みを改革するとともに、資金調達環境の整備や大企業との取引適正化を始めとした包括的な支援策を講じていく。知財戦略を推進するとともに、官民が連携し、先端技術・システム等の標準活用戦略を加速する。破壊的イノベーションの創出に向けた優れた人材の発掘、創発的研究の推進、ムーンショット型研究開発の抜本的な強化とともに、ＡＩ技術、バイオテクノロジー、量子技術、マテリアル、環境エネルギー、安全・安心、健康・医療、小型衛星コンステレーションの構築や月・火星探査等の宇宙分野、北極を含む海洋、食料・農林水産業など、我が国における重要分野の研究開発を推進する。

第３章　感染症で顕在化した課題等を克服する経済・財政一体改革

４．デジタル化等に対応する文教・科学技術の改革

教育・研究環境のデジタル化の遅れや関連する社会課題への対応を加速するため、教育内容・制度の転換を迅速に図りつつ、科学技術・イノベーション政策を戦略的に推進する。ＧＩＧＡスクール構想や小学校における35人学級等の教育効果を実証的に分析・検証する等の取組を行った上で、中

学校を含め、学校の望ましい教育環境や指導体制の在り方を検討するとともに、感染症により対面教育が困難な地域を含め、災害等が生じた場合にいつでもオンライン教育に移行できる態勢を年内に全国で整える。以上の進捗状況と今後の工程管理を年内に示し、教育の質の向上と学習環境の格差防止に取り組む。

デジタル化に伴う学生の多様な学びのニーズに対応するため、施設等の基準、定員管理、授業方法等に関する大学設置基準等の見直しについて本年度内に結論を得て、順次改訂する。国は、真に独立した、個性的、戦略的自律経営を行う、世界に伍する国立大学を実現するため、国立大学との新たな自律的契約関係の法的枠組みにつき、年内に結論を得る。ガバナンス抜本改革等と合わせ、法制化を行う。手厚い税制優遇を受ける公益法人としての学校法人に相応しいガバナンスの抜本改革につき、年内に結論を得、法制化を行う。国立大学法人運営費交付金について、客観・共通指標による成果に基づく配分の見直しを更に進めながら、新たな配分ルールを本年度内に策定し、私学助成等を含めた大学への財政支援の配分のメリハリを強化する。国公私立の枠を超えた大学の連携・統合を促進する。

Society5.0の実現や社会課題の解決に向け、民間資金を拡大しつつ、「第6期科学技術・イノベーション基本計画」をエビデンスに基づき着実に実行する。世界の学術フロンティア等を先導する国際的なものを含む大型研究施設戦略的推進や官民共同の仕組みで大型研究施設の整備・活用を進める。競争的研究費の一体的改革や情報インフラの活用促進、施設・設備の共用化等による基盤構築を図り、生産性向上を目指す。

J　経済財政運営と改革の基本方針2022について　令和4年6月7日

1．新しい資本主義に向けた重点投資分野

(1)　人への投資と分配

(質の高い教育の実現)

人への投資を通じた「成長と分配の好循環」を教育・人材育成においても実現し、「新しい資本主義」の実現に資するため、デジタル化に対応したイノベーション人材の育成等、大学、高等専門学校、専門学校等の社会の変化への対応を加速する。このため、教育未来創造会議の第一次提言等に基づき、以下の課題について、必要な取組を速やかに進める。新たな時代に対応する学びの支援の充実を図る。このため、恒久的な財源も念頭に置きつつ、給付型奨学金と授業料減免を、必要性の高い多子世帯や理工農系の学生等の中間層へ拡大する。また、減額返還制度を見直すほか、在学中は授業料を徴収せず卒業後の所得に応じて納付を可能とする新たな制度を、教育費を親・子供本人・国がどのように負担すべきかという論点や本制度の国民的な理解・受け入れ可能性を十分に考慮した上で、授業料無償化の対象となっていない学生について、安定的な財源を確保しつつ本格導入することに向け検討することとし、まずは大学院段階において導入することにより、ライフイベントも踏まえた柔軟な返還・納付(出世払い)の仕組みの創設を行う。官民共同修学支援プログラムの創設、地方自治体や企業による奨学金返還支援の促進等、若者を始め誰もが、家庭の経済事情にか

かわらず学ぶことができる環境の整備を進める。
未来を支える人材を育む大学等の機能強化を図る。このため、デジタル・グリーンなど成長分野への大学等の再編促進と産学官連携強化等に向け、複数年度にわたり予見可能性をもって再編に取り組める支援の検討や、私学助成のメリハリ付けの活用を始め、必要な仕組みの構築等を進めていく。その際、現在35%にとどまっている自然科学（理系）分野の学問を専攻する学生の割合についてOECD諸国で最も高い水準である5割程度を目指すなど具体的な目標を設定し、今後5～10年程度の期間に集中的に意欲ある大学の主体性をいかした取組を推進する。また、あらゆる分野の知見を総合的に活用し社会課題への的確な対応を図る「総合知」の創出・活用を目指し、専門性を大事にしつつも、文理横断的な大学入学者選抜や学びへの転換を進め、文系・理系の枠を超えた人材育成を加速する。若手研究者と企業との共同研究を通じた人材育成等により大学院教育を強化する。

K　経済財政運営と改革の基本方針2023について　令和5年6月16日

5．経済社会の活力を支える教育・研究活動の推進

（質の高い公教育の再生等）

持続可能な社会づくりを見据え、多様なこどもたちの特性や少子化の急速な進展など地域の実情等を踏まえ、誰一人取り残されず、可能性を最大限に引き出す学びを通じ、個人と社会全体のWell-beingの向上を目指す。このため、こどもを安心して任せることができるよう、教育ＤＸにおける

リアルとデジタルの最適な組合せの観点も踏まえ、「教育振興基本計画」等に基づき、客観的な根拠を重視したＰＤＣＡサイクルを推進しつつ、主体的に調整できる個別最適な学びと協働的な学びの実現を始め、世界に冠たる令和型の質の高い公教育の再生に向けて、教育の質の向上に総合的に取り組む。

教職の魅力向上等を通じ、志ある優れた教師の発掘・確保に全力で取り組む。教師が安心して本務に集中し、志気高く誇りを持ってこどもに向き合うことができるよう、教員勤務実態調査の結果等を踏まえ、働き方改革の更なる加速化、処遇改善、指導・運営体制の充実、育成支援を一体的に進める。教師の時間外在校等時間の上限を定めている指針の実効性向上に向けた具体的検討、コミュニティ・スクール等も活用した社会全体の理解の醸成や慣習にとらわれない廃止等を含む学校・教師が担う業務の適正化等を推進する。我が国の未来を拓くこどもたちを育てるという崇高な使命と高度な専門性・裁量性を有する専門職である教職の特殊性や人材確保法趣旨、喫緊の課題である教師不足解消の必要性等を踏まえ、真に頑張っている教師が報われるよう、教職調整額の水準や新たな手当の創設を含めた各種手当の見直しなど、職務の負荷に応じたメリハリある給与体系の改善を行うなど、給特法等の法制的な枠組みを含め、具体的な制度設計の検討を進め、教師の処遇を抜本的に見直す。35人学級等についての小学校における多面的な効果検証等を踏まえつつ、中学校を含め、学校の望ましい教育環境や指導体制を構築していく。これらの一連の施策を安定的な財源を確保しつつ、２０２４年度から3年間を集中改革期間とし、スピード感を持って、２０２４年度から小学校高学年の教科担任制の強化や教員業務支援員の小・中学校への配置拡大を速やかに進めるとともに、２０２４年度中の給特法改正案の国会提出を検討するなど、少子化が進展する中で、複雑化・多様化する課題に適切に対応するため、計画的・段階的に進める。

ＧＩＧＡスクール構想について、次のフェーズに向けて周辺環境整備を含め、ＩＣＴの利活用を日常化させ、人と人の触れ合いの重要性や発達段階、個人情報保護や健康管理等に留意しながら、誰一人取り残されない教育の一層の推進や情報活用能力の育成など学びの変革、校務改善につなげるため、運営支援センターの全国的な設置促進・機能強化等徹底的な伴走支援の強化により、家庭環境や利活用状況・指導力の格差解消、好事例の創出・展開を本格的に進める。各地方公共団体による維持・更新に係る持続的な利活用計画の状況を検証しつつ、国策として推進するＧＩＧＡスクール構想の１人１台端末について、公教育の必須ツールとして、更新を着実に進める。

安心して柔軟に学べる多様な学びの場の環境整備を強化する。非認知能力の育成に向け、幼児期及び幼保小接続期の教育・保育の質的向上、豊かな感性や創造性を育む文化芸術、スポーツ、自然等の体験活動や読書活動を推進する。栄養教諭を中核とした食育を推進する。地域を始め社会の多様な専門性を有する大人や関係機関が協働してきめ細かく教育に関わるチーム学校との考え方の下、地域と連携したコミュニティ・スクールの導入を加速するとともに、ＩＣＴも効果的に活用し、ＮＰＯ等とも連携した不登校対策や重大ないじめ・自殺への対応、特異な才能への対応やインクルーシブな学校運営モデルの構築など特別支援教育の充実等を図る。その際、不登校特例校や学校内外の教育支援センター、夜間中学の全国的な設置促進・機能強化、養護教諭の支援体制の推進、ＳＣ・ＳＳＷ等の配置促進、こうした専門家や警察にいつでも相談できる環境の整備や福祉との連携を含む組織的な早期対応等を図る。産業界と連携したキャリア教育・職業教育の推進、体力や視力低下に歯止めをかける対策の強化、部活動の地域連携や地域クラブ活動への移行、在外教育施設の機能強化を含め、新しい時代の学びの実現に向けた環境を整備しつつ、セーフティプロモーションスクールの考え方を取り入れた学校安全を推進する。

家庭の経済事情にかかわらず、誰もが学ぶことができるよう、安定的な財源を確保しつつ、高等教育費の負担軽減を着実に進める。２０２４年度から、授業料等減免及び給付型奨学金の多子世帯や理工農系の学生等の中間層への拡大、大学院修士段階における授業料後払い制度の創設及び本格導入に向けた更なる検討、貸与型奨学金における減額返還制度の年収要件等の柔軟化による拡充を図るとともに、多子世帯の学生等に対する授業料等減免について、執行状況や財源等を踏まえつつ、更なる支援拡充を検討し、必要な措置を講ずる。地方自治体や企業による奨学金返還支援など多様な学生支援の取組の促進、初等中等教育段階も含めた関係者への周知等を図る。

参考文献

【邦文文献】

合田隆史（２０１８）「教育振興基本計画への期待」『週刊教育資料』教育公論社

青木栄一（２０２１）『文部科学省―揺らぐ日本の教育と学術』中公新書

赤井伸郎・中村悦広・妹尾渉（２００９ａ）「国立大学財政システムのあり方についての考察―運営費交付金の構造分析」RIETI（経済産業研究所）ワーキングペーパー

――・――・――（２００９ｂ）「国立大学財政システムのあり方についての考察」『阪大経済学』59（３）１３１-１５７ページ

――・妹尾渉（２０１０）「第２章　義務教育費国庫負担制度問題」『教育行財政研究会報告書』国民教育文化総合研究所（２０１０年１月）

――・中村悦広（２０１０）国際公共政策研究「国立大学法人化によるガバナンスと財政運営」『国際公共政策研究』15（１）1-18ページ

――・末富芳・妹尾歩・水田健輔（2013）「教育財政のあり方（教育財政ガバナンス）に関する考察―教育段階を超えた視点も考慮して―」*RIETI Discussion Paper Series* 14-J-009

――編（２０１７）『実践　財政学-基礎・理論・政策を学ぶ』有斐閣

天野郁夫（２００６）「国立大学論―格差構造と法人化」国立大学財務・経営センター『大学財務経営研究』第３号、２０７-２１２ページ

――（２００８）『国立大学・法人化の行方』東信堂

荒井一博（２００２）『教育の経済学・入門』勁草書房

岩崎保道（２０１１）「国立大学法人評価制度の現状と課題―運営費交付金の在り方に着目して―」『大学教育年報』（研究ノート）第７号　17-33ページ

浦田広明（２０１０）「国立大学法人の財源移行」　国立大学財務・経営センター『国立大学法人化後の経営・財務に関する研

究』第12号77-84ページ
大崎仁（２０１１）『国立大学法人の形成』東信堂
大桃敏行・背戸博史編（２０２０）『日本型公教育の再検討—自由、保障、責任から考える』岩波書店
小塩隆士（２００２）『教育の経済分析』日本評論社
——（２００３）『教育を経済学で考える』日本評論社
神林寿幸・樋口修資・青木純一（２０２０）『背景と実態から読み解く教育行財政』明星大学出版部
北坂真一（２０１１ａ）「国立大学の費用関数：トランスログ・コストシェアモデルによる同時推定」同志社大学経済学部ワーキングペーパー No40.
——（２０１１ｂ）「私立大学の費用関数：トランスログ・コストシェアモデルによる同時推定」同志社大学経済学部ワーキングペーパー No41.
公立大学協会（２０００）『分権時代の公立大学』公立大学協会 公立大学のあり方検討会
齊藤仁（２０１１）「公立小学校教育における非効率とその要因分析」『会計検査研究』 会計検査院事務総長官房調査課 編Vol.44 41-53ページ
——・宮錦三樹（２０１７）「教育と政府の役割」「ＰＡＲＴⅡ 歴史・理論を学ぶ：１義務教育：制度と財政の歴史」赤井伸郎編『実践 財政学』第6章、有斐閣
酒井啓至（２０１６）「義務教育費国庫負担金の予算編成をめぐる一考察」日本教育行政学会42巻 19-35ページ
坂本幸一（２００２）「国立大学の法人化」国立国会図書館『レファレンス』第６２２号、5-34ページ
貞広斎子（２０１０）「人口予測データを用いた公教育規模と公教育費規模推計 持続可能な公教育財政システム構築に向けた２０３５年の政策シミュレーション」日本教育行政学会年報 No.36、89-１０４ページ
島一則（２０１８）「国レベルのスタンダードとしての教育振興基本計画を考える——スタンダードの変容と初等中等教育・高等教育の比較から——」日本教育行政学会年報 No.44 27-61ページ
——（２００３）「国立大学間の資金配分方式—法人化による変容とシミュレーション」国立学校財務センター研究報告第8号『国立大学の財政・財務に関する総合的研究』第12章
——（２００７）「国立大学間・内資金配分の実態—評価に基づいて配分される資金と基盤的資金—」、国立大学財務・経営センター研究報告第10号『国立大学法人化後の財務・経営に関する研究』第12章
——（２００９ａ）「国立大学システムの機能に関する実証分析—運営費交付金の適切な配分に向けて—」*RIETI Discussion Paper Series* 09-J-034

――（２００９ｂ）「国立大学における運営費交付金に関する実証的研究～効率化係数・経営改善係数がもたらす影響について～」広島大学高等教育研究開発センター『大学論集』第40集 87-105ページ

――（２０１２）「国立大学財政・財務の動向と課題～法人化後の検証」『高等教育研究』第15集 49-70ページ

――（２０１３）「法人化後の国立大学の収入変動～収入費目に注目して～」広島大学高等教育研究開発センター『大学論集』第44集 35-48ページ

――（２０１４）「高等教育財政・財務に関する研究の展開」『大学論集』第46集 107-138ページ、高等教育研究開発センター

末冨芳（２０１０）『教育費の政治経済学』勁草書房

鈴木宏幸（２０２３）「教育財政における規模の経済性の実証分析―市町村の学校運営費を最小化する学校数と学校規模―」『計画行政』40（2）、39-45ページ

須原三樹・赤井伸郎（２０１３）「公立大学の運営経費と地方交付税による国の財源保障」『会計検査研究』No.47 193-215ページ

妹尾渉（２００４）「研究と教育に関する規模の経済と範囲の経済―日本の国立大学の場合―」『国際公共政策研究』第8巻、2号、1-15ページ

竹内健太（２０１９）「国立大学法人運営費交付金の行方：「評価に基づく配分」をめぐって」『立法と調査』（413）、67-76ページ

塙武郎（２０１２）『アメリカの教育財政（アメリカの財政と分権）』日本経済評論社

田中秀明（２００８）「運営費交付金改革―諸外国の経験と日本の課題―」RIETI政策シンポジウム「経済社会の将来展望を踏まえた大学のあり方」報告資料

――（２００９）「高等教育における評価と資源配分―業績連動型交付金の可能性と課題―」*RIETI Discussion Paper Series* 09-J-008

――（２０１９ａ）「国立大学法人のガバナンス：法人評価と運営費交付金の配分に焦点を当てて（特集 誰が大学改革を行うのか）」国立大学マネジメント研究会『大学マネジメント』15（5）、38-45ページ

――（２０１９ｂ）「国立大学法人の評価と運営費交付金：業績連動型交付金は機能しているのか」行政管理研究センター『季刊行政管理研究』（168）25-44ページ

――（２０２２）「国立大学法人の業績連動型交付金の現状と課題」広島大学高等教育研究開発センター、*Advancement of*

田中宏樹（２０１７）「公教育支出の規定要因」『同志社政策科学研究』19（1）、２３３-２４３ページ
田中弘允・佐藤博明・田原博人（２０１８）『検証　国立大学法人化と大学の責任』東信堂
田村秀（２０２１）『公立大学の過去・現在そして未来』玉川大学出版部
――（２０２２）『自治体と大学―少子化時代の生き残り策』ちくま新書
鳥山亜由美（２０１７）「私立大学の公立化―その背景と過程」『公共政策志林』５号pp. １１９-１３２
――（２０１８）「私立大学の公立大学化が地元定着に及ぼした影響に関する一考察―地元入学者数の推移に着目して―」『地域活性研究』９号pp. ２０１-２０９
――（２０２１ａ）「公立大学が行う地域貢献活動についての一考察」『公共政策志林』９号１０６-１２１ページ
――（２０２１ｂ）「公立大学の設置過程に関する一考察―令和の事例を参考に―」『地域活性研究』Vol.15 １６３-１７２ページ
中澤渉（２０１４）『なぜ日本の公教育費は少ないのか―教育の公的役割を問いなおす』勁草書房
中島英博、キース・Ｊ・モーガンほか（２００４）「国立大学における規模及び範囲の経済に関する実証分析」『名古屋高等教育研究』第４号、91-１０４ページ
中田晃（２０１９）「公立大学の現状と将来像―制度の枠組みと大学改革政策の概要」公立大学協会　公立大学に関する基礎研修　資料２
中村真也（２０２０）「国立大学法人運営費交付金とＥＢＰＭ―評価に基づく配分について―」『ＥＢＰＭ（証拠に基づく政策形成）の取組と課題　総合調査報告書』調査資料　１０１-１１８ページ
――（２０２０）『可能性としての公立大学政策』学校経理研究会
中室牧子（２０１５）『「学力」の経済学』ディスカヴァー・トゥエンティワン
羽田貴史（２００５）「国立大学法人制度論」広島大学高等教育研究開発センター『大学論集』第35号１２７-１４６ページ
林隆之（２０２１）「大学改革政策の展開と新たな大学像の模索」『研究 技術 計画』36巻３号　２５７-２７０ページ
――・齊藤貴浩・水田健輔・米澤彰純・川村真理・安藤二香（２０２０）「大学評価と運営費交付金配分の一体的改革の在り方」調査研究報告：大学支援フォーラム（ＰＥＡＫＳ）評価ＷＧ、政策研究大学院大学科学技術イノベーション政策研究センター　ＧＲＩＰＳワーキングペーパー
福島謙吉（２０１１）「第２期中期目標期間における国立大学法人の財務の展望：国立大学法人運営費交付金減額の対応をめぐって」『大学アドミニストレーション研究』25-37ページ
ヘックマン、ジェームズ・Ｊ（２０１５）『幼児教育の経済学』古草秀子（訳）東洋経済新報社

参考文献

北條雅一（２０２３）『少人数教育の経済学』慶應義塾大学出版会

松塚ゆかり（２０２２）『概説 教育経済学』日本評論社

水田健輔（２００７）「国立大学法人化後の予算管理」『国立大学法人化後の経営・財務に関する研究』第10号 ２０９-２３８ページ

――（２０１６）「公立大学に対する公財政負担」『ＩＤＥ』43-47ページ

――（２０２３）「国立総合大学における内部資源配分の現状と考察」大学論集 55号 広島大学高等教育研究開発センター 93-１０９ページ

宮錦三樹（２０２１）「公立大学の費用構造―規模及び「範囲の経済性」―」『会計検査研究』No.64、39-61ページ

――（２０２２）「学校統廃合が自治体教育財政に与える影響-市町村パネル・データを用いた実証分析による接近」『日本経済研究』（81）35-58ページ

――・赤井伸郎（２０２１）「公立小中学校における規模の経済性―費目別消費的支出額を用いた分析―」*OSIPP discussion paper*.DP2021J005 https://www.osipp.osaka-u.ac.jp/archives/DP/2021/DP2021J005.pdf（参照2024-09-25）

――・岡嶋裕子（２０２１）「学問分野別にみた研究資金と論文生産性の関係～旧七帝大を対象にした部局レベルの実証分析～」日本計画行政学会『計画行政』44（2）46-51ページ

文部科学省（２０１４）『諸外国の教育行財政（教育調査）』ジアース教育新社

安田隆子（２００７）「国立大学法人の財政問題―国立学校特別会計の成立と廃止を踏まえて―」国立国会図書館『調査と情報』No.596

山本清（２００７）「資金配分と大学の戦略」国立大学財務・経営センター研究報告第10号『国立大学法人化後の財務・経営に関する研究』第13章

――（２０１０）「外部資金と大学経営～法人化による影響～」『国立大学法人化後の経営：財務に関する研究』第12号 国立大学財務経営センター １０４-１１４ページ

――（２０１２）「財務面から見た大学の経営行動～国立大学法人の第一期の分析」『大学財務経営研究』第８号 39-50ページ

吉田香奈（２００７）「運営費交付金と自己収入」国立大学財務経営センター研究報告第10号『国立大学法人化後の財務・経営に関する研究』所収

吉田浩（２００７）「国立大学の運営費交付金と外部資金獲得行動に関する実証分析～運営費交付金削減の影響～」『大学財務経

営研究』第４号、国立大学財務　経営センター　１３１-１５０ページ
渡部芳栄（２０１０）「公立大学への公費負担の構造とその変容」『広島大学 高等教育研究開発センター 大学論集』第41集、１４９-１６５ページ

【欧文文献】

Adams, R., and Wu, M. (2002) PISA 2000, *Technical Report*, pp. 217–252.

Afonso, A., Schuknecht, L., and Tanzi, V. (2010) "Income distribution determinants and public spending efficiency," *Journal of Economic Inequal* 8 (3), pp.367–389.

Agasisti, T., and Johnes, G. (2010) "Heterogeneity and the evaluation of efficiency: The case of Italian universities," *Applied Economics* 42(11), pp.1365-1375.

Anderson, J., Lin, H., Treagust, D.F., Ross, S.P., and Yore, L.D. (2007) Using large-scale assessment datasets for research in science and mathematics education.

Baumol, W. J., J. C. Panzar *et al.* (1982) *Contestable Markets and the Theory of Industry Structure*, London, Harcourt Brace Jovanovich.

Brunello, G., and Rocco, L. (2013) "The effect of immigration on the school performance of natives: cross country evidence using PISA test scores," *Economics and Education Review* 32, pp.234–246.

de Groot, H. , McMahon, W. *et al.* (1991) "The cost structure of American research universities," *Review of Economics and Statistics* 73, pp.424-431.

French, J. J., French, A., and Li, W. X. (2015) "The relationship among cultural dimensions, education expenditure, and PISA performance," *International Journal of Educational Development* 42, PP.25-34.

Fu, T., Huang, C. et al. (2008) "University cost structure in Taiwan," *Contemporary Economic Policy* 26(4), pp.651-662.

Getz, M., Siegfried, J. J. *et al.* (1991) "Estimating economies of scale in higher education," *Economics Letters* 37, pp.203-208.

Hashimoto, K., and Cohn, E. (1997) "Economies of Scale and Scope in Japanese Private Universities," *Education Economics* 5 (2), pp.107-115.

Johnes, G., and Johnes, J. (2009) "Higher education institutions' costs and efficiency: Taking the Decomposition a further step," *Economics of Education Review* 28(1), pp.107-113.

Levin, A., Lin, C.F., and Chu, C.S. J.（2002）“Unit root tests in panel data: asymptomatic and finite-sample properties,” *Journal of Econometrics* Vol. 108, pp.1-24.
Yorulmaz, Y. I., Çolak, İ., and Ekinci, C. E.（2017）“An evaluation of PISA 2015 achievements of OECD countries within income distribution and education expenditures,” *Turkish Journal of Education* 6(4), pp.169-185.

【参考資料】

公立大学協会『公立大学実態調査』各年度版
――『公立大学ファクトブック』各年度版
国立大学協会（２０１９）「第４期中期目標期間における国立大学法人の教育・研究に関する客観的指標等の在り方について（論点整理）」国立大学法人における教育・研究の成果に係る評価検討会、２０１９年６月12日
――（２０２０）「第４期中期目標期間へ向けた国立大学法人の在り方にかかる検討課題について（中間まとめ）」２０２０年11月12日
――（２０２１）「第４期中期目標期間へ向けた国立大学法人の在り方について―強靭でインクルーシブな社会実現に貢献するための18の提言―」の公表について、２０２１年６月21日
公立大学のあり方検討会（２０００）『分権時代の公立大学』公立大学協会
財務省（２０１９）「令和２年度予算の編成等に関する建議」令和元年11月25日　財政制度等審議会
https://www.mof.go.jp/about_mof/councils/fiscal_system_council/sub-of_fiscal_system/report/zaiseia20191125/index.html（参照2024-09-25）
――（２０２０ａ）「令和３年度予算の編成等に関する建議」令和２年11月25日財政制度等審議会
https://www.mof.go.jp/about_mof/councils/fiscal_system_council/sub-of_fiscal_system/report/zaiseia20201125/index.html（参照2024-09-25）
――（２０２０ｂ）「文教・科学技術（参考資料）」財政制度等審議会財政制度分科会歳出改革部会提出資料（参考資料１）、２０２０年10月26日
https://www.mof.go.jp/about_mof/councils/fiscal_system_council/sub-of_fiscal_system/proceedings_sk/material/zaiseier20201026/04.pdf（参照2024-09-25）
――（２０２１ａ）「財政健全化に向けた建議」令和３年５月21日　財政制度等審議会

https://www.mof.go.jp/about_mof/councils/fiscal_system_council/sub-of_fiscal_system/report/zaiseia20210521/index.html
（参照2024-09-25）
――（2021b）「令和4年度予算の編成等に関する建議」令和3年12月3日　財政制度等審議会
https://www.mof.go.jp/about_mof/councils/fiscal_system_council/sub-of_fiscal_system/report/zaiseia20211203/index.html
（参照2024-09-25）
総務省「地方財政統計年報」各年度版
――「私立大学の公立化」に関する地方公共団体の財政状況等の見える化
https://www.soumu.go.jp/iken/shiritsu_koritsu.html（参照2024-09-25）
大学ジャーナル（2021）「2022年4月、徳山大学が周南公立大学として開学目指す　周南市議会で可決」（2021年8月25日）https://univ-journal.jp/112891/（参照2024-09-25）
地方財務協会『地方交付税制度解説（単位費用篇）』各年度版
――『地方交付税制度解説（補正係数・基準財政需要額篇）』各年度版
日本経済新聞社（2022）「地方私大　公立化で再生狙う」日本経済新聞2022年4月6日朝刊
文部科学省（2009）「公財政教育支出の対GDP比」『文部科学白書』第1部第1章第2節「教育投資の水準」図表1-1-26、21ページ
https://www.mext.go.jp/b_menu/hakusho/html/hpab200901/1295628_005.pdf（参照2024-09-25）
――（2015）「公立小学校・中学校の適正規模・適正配置等に関する手引」https://www.mext.go.jp/component/a_menu/education/micro_detail/__icsFiles/afieldfile/2015/07/24/1354768_1.pdf（参照2024-09-25）
――「地方教育費調査報告書」各年度版
――「学校基本調査報告書」各年度版
――（2016）「財政制度等審議会財政制度分科会（平成28年11月4日開催）についての見解」
――（2017）「教育需要の減少期における教員養成・研修機能の強化に向けて―日立教員養成大学、学部、大学院、附属学校の改革に関する有識者会議報告書―」
https://www.mext.go.jp/b_menu/shigi/chousakoutou/077/index.html（参照2024-09-27）
――（2020a）「国立大学改革の変遷と現行制度について」国立大学法人の戦略的経営実現に向けた検討会議（第1回）配付資料、2020年2月21日 https://www.mext.go.jp/content/20200226-mxt_hojinka-000005220_4.pdf（参照2024-09-25）
――（2020b）「国立大学法人運営費交付金を取り巻く現状について」第4期中期目標期間における国立大学法人運営費

交付金の在り方に関する検討会（第１回）配布資料、２０２０年10月30日
https://www.mext.go.jp/content/20201104-mxt_hojinka-000010818_4.pdf（参照2024-09-25）
――（２０２０ｃ）「国立大学法人の戦略的な経営実現に向けて～社会変革を駆動する真の経営体へ～最終とりまとめ【本文】」、２０２０年12月25日
――「私立大学の公立化に際しての経済上の影響分析および公立化効果の「見える化」に関するデータ」
https://www.mext.go.jp/a_menu/koutou/kouritsu/1412396.htm（参照2024-09-25）

【著者略歴】

赤井 伸郎（あかい・のぶお）

1968年生まれ。大阪大学大学院経済学研究科修了後、兵庫県立大学を経て、現在、大阪大学大学院国際公共政策研究科教授。大阪大学博士（経済学）。専門は財政学・公共経済学。
主要な著書として『地方交付税の経済学』有斐閣2003年(共著)、『行政組織とガバナンスの経済学―官民分担と統治システムを考える―』有斐閣2006年（単著）、『地方財政健全化法とガバナンスの経済学――制度本格施行後10年での実証的評価』2019年（共著）などがある。

宮錦 三樹（みやき・みき）

1984年生まれ。大阪大学大学院国際公共政策研究科修了後、立教大学経営学部助教を経て、現在、中央大学経済学部准教授。大阪大学博士（国際公共政策）。専門は財政学・教育財政学。
主要な業績として、「学校統廃合が自治体教育財政に与える影響―市町村パネル・データを用いた実証分析による接近」（『日本経済研究』第81号 pp.35-58 2023年)、「日本における公的部門・民間部門の教育支出と相互依存関係の検証」（共著、日本財政学会編『財政研究　第18巻』有斐閣 2022年 所収)、"Public nursery school costs and the effects of the funding reforms in Japan," *International Journal of Public Administration*39, pp.1215-1228, 2016などがある。

教育の財政構造
―― 経済学からみた費用と財源

2025年1月30日　初版第1刷発行

著　者 ――― 赤井伸郎・宮錦三樹
発行者 ――― 大野友寛
発行所 ――― 慶應義塾大学出版会株式会社
〒108-8346　東京都港区三田2-19-30
TEL〔編集部〕03-3451-0931
〔営業部〕03-3451-3584〈ご注文〉
〔 〃 〕03-3451-6926
FAX〔営業部〕03-3451-3122
振替　00190-8-155497
https://www.keio-up.co.jp/
装　丁 ――― 岩橋香月（デザインフォリオ）
組　版 ――― 株式会社シーエーシー
印刷・製本 ―― 中央精版印刷株式会社
カバー印刷 ―― 株式会社太平印刷社

Printed in Japan　ISBN978-4-7664-3006-6

現代経済解説シリーズ◆好評の既刊書

失業なき雇用流動化　山田久著　2750円［2500円］

金融政策の「誤解」　早川英男著　2750円［2500円］
◎第57回エコノミスト賞受賞

国民視点の医療改革　翁百合著　2750円［2500円］

アジア都市の成長戦略　後藤康浩著　2750円［2500円］
◎第6回岡倉天心記念賞受賞

日本の水産資源管理　片野歩　阪口功著　2750円［2500円］

日本のセーフティーネット格差　酒井正著　2970円［2700円］
◎第42回サントリー学芸賞受賞
◎第43回労働関係図書優秀賞受賞
◎第63回日経・経済図書文化賞受賞

（定価。［ ］内は本体価格。）

現代経済解説シリーズ◆好評の既刊書

医療保険制度の再構築　西沢和彦著　2970円［2700円］

「副業」の研究　川上淳之著　2970円［2700円］
◎第44回労働関係図書優秀賞受賞

地域金融の経済学　小倉義明著　2970円［2700円］
◎第62回エコノミスト賞受賞

成長の臨界　河野龍太郎著　2750円［2500円］

少人数学級の経済学　北條雅一著　2970円［2700円］

「新しい国民皆保険」構想　田中秀明著　2970円［2700円］

（定価。［ ］内は本体価格。）